KB235151

한·중·일
한자와 한자어
비교 사전

오 동 환 지음

한 · 중 · 일 한자와 한자어 비교 사전

제1판 1쇄 발행 / 2012년 4월 30일
지은이 / 오동환　　　　펴낸이 / 소준선
펴낸곳 / 도서출판 세시　　출판등록 / 제3-553호
주소 / 서울 마포구 대흥동 303번지 3층
전화 / 715-0066　　　　팩스 / 715-0033
E-mail / sesi3344@hanmail.net

ISBN / 978-89-85982-50-4 14710

한 · 중 · 일 한자와 한자어 비교 사전

지은이-오동환

세시

책머리에…

한·중·일 한자와 한자어 3국이 이렇게 다르다

한·중·일 세 나라 한자 문제에 앞서 잠시 영어 이야기부터 해 보자.

영어 알파벳 A, B, C, D…는 '메이드 인 USA'도 아니고 'UK(영국)제(製)'도 아니다. 중국인들이 '라띵쯔무(拉丁字母)'라고 일컫는 라마(罗马 : 羅馬-루어마) 문자, 즉 고대 로마 문자가 바로 A, B, C, D… 알파벳이라는 것이고 우리가 약칭 '로마자'라고 부르고 '나전어(羅甸語)'라고도 일컫는 고대 라틴어(Lingua Latina) 표기 문자가 바로 로마자라는 것을 알아야 한다.

로마자 알파벳－문자뿐이 아니다. 전체 영어 어휘의 65%가 고대 라틴어에서 유래했다. 예컨대 라틴어 fater(파테르)와 māter(마테르)가 없었다면 영어 father, mother도 없어 영어 사용 국민의 존재부터가 불가능하고 사랑(lubet)도 없고 돈(monēta)도, 경제(oeconomia)도 없을 뿐 아니라 교육(ēducatio)도 못 받고 국가(status)와 사회(societās)도 있을 수 없을 것이다. 아니, 인간(hūmānus)을 비롯한 모든 주요 영어 자체가 라틴어가 없이는 존재하지 못한다. 프랑스어(French)만 해도 마찬가지다. 단어 70~80%의 어원이 라틴어다.

그밖에도 고대 로마의 땅이었던 이탈리아의 언어(Italian)는 물론, 현대 로망스(Romance)어로 발전한 독일어(German), 에스파냐-스페인어(Spanish), 포르투갈어(Portuguese), 루마니아어(Rumanian) 등도 다를 바 없다. 똑같은 고대 로마자를 쓰고 있고 대부분이 라틴어가 어원이다.

라틴어의 문법 구조는 간단하고 논리적이고 일관돼 있다. 라틴어는 거의가 철자 소리 그대로 읽고 묵음(默音)이라는 게 없다. 따라서 배우기 쉬운 라틴어를 어릴 때부터 익히면 영어 이해의 깊이와 폭을 넓히는데 크게 도움이 된다고 해서 초등학교 때부터 가르치고 있는 나라가 미국이고 재정이 열악한 지자체 시골 학교의 라틴어 수업을 돕기 위해 1970~80년대엔 재정적인 지원을 크게 늘렸던 나라도 미국이다. 프랑스의 경우도 현재 중고교 선택과목인 라틴어 교육을 강화해야 한다는 목소리가 높고 다른 나라도 그렇다.

책머리에 영어와 라틴어 이야기부터 꺼낸 까닭은 다른 데에 있지 않다. 65%가 라틴어에서 유래한 영어와 70%가 한자어인 우리말의 경우가 거의 같기 때문이다. 그런데도, 만약에 '영어가 고대 로마자를 쓰고 있고 거의가 라틴어에서 왔기 때문에 영어를 쓰지 말고 내다버리자'고 미국, 영국 등 영어 사용 국가 국민 중 누군가 주장하고 나선다면 어떻게 하겠는가 다그쳐 묻고 싶기 때문이다. 아마 그런 얼빠진 상식 이하의 사람이 있다면 논의의 여지도 없이 그는 곧장 정신병원으로 보내져야 할지도 모른다.

한·중·일 3국 언어의 표기 문자인 한자 문제도 같은 경우다. 한자는 기원 전 6천~5천년에 창조한 세계 최고(最古)의 차이니스 캐릭터(Chinese Character), 즉 중국 문자이고 정확히는 한어(漢語)-한자(漢字)다. 그러나 그 시대 이후 사정은 사뭇 달라졌다. 이미 당나라 이전에, 우리의 삼국시대 이전에 이 땅에 들어와 우리 국적의 우리 글자로 귀화했고 우리 식대로 우리만이 쓰고 있는 글자, 중국 한자와는 전혀 다른 우리 글자와 우리 언어 표기 문자가 돼버렸기 때문이다.

일본만의 일본식 한자도 마찬가지다. 마치 영어와 독, 불, 이, 스페인어 등이 모두 고대 로마자를 쓰고 있고 대부분 라틴어를 어원으로 하고 있지만 mother(영) Mutter(독) mère(불) madre(이, 스) 등 각각 다른 언어로 갈려 쓰이고 있는 경우처럼 한·중·일의 한자 역시 중국의 간자(簡字), 일본의 약자로 인해 우리 한자와는 모양부터 달라지고 발음 또한 물론 다르고 한자 어휘의 뜻도 각각 생판 다르고 전혀 달리 쓰이고 있다는 사실을 분명히 알아야 할 것이다.

예를 들면 '漢字'부터가 중국에선 간자(簡字)체인 '汉字'로 표기하고 발음도 '한쯔'다. 일본에선 '간지'라고 발음한다. 중국인들은 '중국어'보다는 '한위(汉语 : 한어)'라고 말하고 '화위(华语 : 화어)' '화원(华文 : 화문)'이라 부른다. '화(華)'자도 간자체 '华'자를 쓰고 있다. 자기네 나라가 가장 훌륭하다는 호칭인 '중화(中华)'만 해도 일본에선 먹는 국수의 일종인 '추카소바(ちゅうかそば)'의 준말로도 쓰인다. '中国'이라는 발음도 중국서는 '중궈' 일본서는 '추코쿠'다. '日本'이라는 발음 역시 중국서는 '르번' 일본서는 '니혼' 또는 '닛폰'이다. 공자, 맹자, 노자, 장자만 해도 중국서는

쿵쯔, 멍쯔, 라오쯔, 좡쯔, 일본에선 코시, 모시, 로시, 소시로 읽는다.

상상을 초월한다. 한·중·일의 한자가 각각 자기네 식대로 글자 모양도, 발음도, 뜻도 어떻게 달리 쓰이고 있는가를 안다면 놀랄 수밖에 없다. 이 말을 뒤집으면 3국의 한자는 각각 그 나라만의 언어 표기 도구로 굳어져 절대로 같아질 수가 없다는 것이다. 설혹 3국의 한자를 통일한다고 해도 그것은 어디까지나 글자 모양(字體)만 같아질 뿐 발음과 뜻은 같아질 수 없는 것이다. 따라서 한자가 원래 중국하고도 한(漢)나라 글자라고는 하지만 절대로 버릴 수 없는 게 한국과 일본의 처지다. 우리의 한자는 어디까지나 오직 우리만의 한자가 돼버렸기 때문이다.

그런데도 우리는 현대에 들어 한자를 무참히 외면, 배격해 오고 있다. 우리말 어휘의 70% 이상이 한자어인데도 한자를 버리자는 것은 국어 자체를 버리자는 것이나 마찬가지다. 더욱 웃기는 건 '한자어'는 쓰고 있으면서 '한자'는 쓰지 않는다는 사실이다.

또한 순 우리말로 잘못 알고 있는 숱한 어휘, 예컨대 한국인이 가장 아름다운 말로 여긴다는 단어 '사랑'부터가 '思量(사량)'에서 왔다는 사실을 알아야 한다. '이승'과 '저승'도 '此生(차생)'과 '彼生(피생)'에서 유래했고 艱難(간난)→가난, 山行(산행)→사냥, 次第(차제)→차뎨→차례, 寶貝(보패)→보배, 大路(대로)→한길, 假家(가가)→가게, 邊+두리→변두리, 僧(승)님→스님, 白菜(백채)→배추, 生菜(생채)→상추, 冬沈(동침)→동치미, 塗貌紙(도모지)→도무지, 諱之秘之(휘지비지)→흐지부지 등 이루 열거할 수도 없을 정도다. 한자를 쓰지 말자, 버리자고 한다면 이런 말들부터 당장 쓸어다 버리든지 대체어를 새로 만들어야 할 것이다.

중국과 일본의 지식인들이 한국인을 가리켜 '고려 몽둥이(高丽棒子 : 까오리빵쯔)'니 '조선인 하인배(朝鮮人下郎 : 조센진 게로)' 따위 경멸하는 말로 무시하는 까닭이 무엇인가? 이 나라 모든 고전(古典)이 한자로 표기, 기록돼 있는 등 문화 자체가 한자 문화권인 국가가 어떻게 한자를 배제할 수 있느냐'는 이유에서다. 그건 곧 국어를 버리는 짓이 아닌가.

이 책을 쓰게 된 동기는 한·중·일 3국의 한자와 한자어가 어떻게 서로 생판 다르고 우리의 한자는 우리만이 쓰고 있는 오직 우리만의 한자라는 것을 확실하고도 세세히 알림으로써 독자의 이해를 돕기 위함이다. 또한 3국의 한자와 한자어가 이토록 서로 다르지만 그래도 한자를 쓸 경우 3국이 대충은 서로 통할 수 있다는 점, 더구나 21세기는 한·중·일 3국의 극동 세력이 세계를 지배할 것이라는 연유로도 3국의 공통 문자인 한자는 절대로 버릴 수 없고 쓰지 않을 수 없다는 점을 강조하기 위해서고 한자를 알면 지식의 깊이가 깊어지고 말할 수 없이 즐겁고 행복해진다는 점도 덧붙여 강조해 알리기 위해서다.

●●● 2012년 2월 저자 씀

차 례

중국의 간자화(簡字化)는 문자혁명인가 쿠데타인가

01 • • •

중국의 간자화(簡字化)는 문자혁명인가 쿠데타인가

중국의 간자(簡字 : 지엔쯔)엔 두 가지 뜻이 있다. ① 간화한자(簡化漢字 : 지엔화한쯔)와 ② 청말(淸末) 노내선(勞乃宣 : 라오나이쉬엔)이 고안한 표음문자다.

①의 간화한자, 즉 간자체(簡字體), 간체자는 한 마디로 한자의 획을 간단히 줄인 것이다. 예를 들어 '漢'은 '汉'으로, '禮'는 '礼'로, '動'은 '动'으로 간화한 것이다. 또한 한자의 수도 정리해 이체자(異體字) 중에서 하나만을 사용하도록 했다. 예컨대 劫, 刦. 去에 刀 또는 刃이 붙은 네 '겁'자 중 劫자만을 사용키로 한 것이다. 중국은 이런 식의 간자를 2,200자 넘게 만들었고 이체자를 하나만으로 통일했다. 이게 바로 1958년 이른 바 그들의 문자혁명이었다.

그런데 이건 순탄하고 순리적인 글자혁명이 아니라 대(對)문자 쿠데타였다고 해도 과언이 아니다. 사회주의 혁명분자의 말투대로라면 다짜고짜 대들어 마구 '까부수고' 못쓰게 망가뜨렸다는 느낌을 누를 길 없고 부인할 수 없다. 앞의 예처럼 漢을 汉으로, 禮를 礼로, 動을 动으로 줄인 건 비교적 순리적인 작업으로 보인다. 그러나 鄕을 乡으로, 關을 关으로, 業을 业으로, 務를 务로 줄인 것 따위는 무조건 글자에 달려들어 잘라내고 떼어내고 때려 부수듯 했다는 느낌을 금할 수 없다.

이런 정도는 또 약과다. 도무지 어떤 기준과 근거, 어느 격식으로 어떻게 줄였는지 전혀 상상할 수 없는 간자화도 부지기수다. 예를 들면 衛를 卫로, 頭를 头로, 醜를 丑로, 葉을 叶으로 줄인 것 따위다. '기축년(己丑年)'이라고 할 때의 '소 丑'자는 수갑 추, 사람 이름 추자로도 발음하기 때문에 음만은 '추할 醜'자와 같다. 그러나 왜, 어떻게, 어떤 다른 이유로 이처럼 줄일 수 있었는지는 상상하기 어렵다. '잎새 葉'자를 叶으로 줄인 것도 이해할 수 없다. 더구나 叶은 '화합할 協'자의 고자(古字)이기 때문이다.

중국의 베이징(北京)이나 상하이(上海) 등 번화가에 가 보면 그 숱한 간판들이 이미 이러한 어처구니없는 간자체 간판들로 가득 차 있다. 그들의 이런 간자체를 모른다면 아무리 한국이나 일본의 한학자가 거기에 가더라도 거의 문맹으로 당황할 수밖에 없을 것이다.

그래서인가 대만, 홍콩의 경우 간자화하지 않고 번자체(繁字體)-정자체를 그대로 쓰고 있다. 미국 대통령 오바마도 중국서는 '奥巴马'지만 대만서는 '歐巴馬'다. 쉬쉬에런(許學仁) 중국문자학회 이사장 등 대만 학자들이 중국의 간자화를 비난하고 있는 이유도 중국의 이러한 파격적이다 못해 상상할 수도 없는 글자 파괴 행위가 못마땅하기 때문이다. 기원 전 6천~5천년에 창조해 장장 7천~8천년 간 고이 써온 정자체를 어떻게 하루아침에 무참히 파괴할 수 있느냐는 것이다. 하지만 유엔도 2008년 이미 간자체로 중국어 표기를 통일해버렸다. 그리고 신기한 것은 '제2

의 한자' 창조나 다름없이 생소하기 짝이 없는 간자체를 중국인들은 어떻게 군소리 없이, 저항감 없이 따라 쓰고 있느냐 하는 점이다.

중국의 참혹한 글자 파괴의 예(비교적 쉬운 글자만)를 가나다 순으로 열거하면 다음과 같다.

ㄱ

△가(價→价)＝'값 가' '가치 가'자의 이런 간자화는 얼토당토않다. 价는 '착할 개' '클 개' 자로 발음도 뜻도 전혀 다른 별개의 글자이기 때문이다. 한국과 일본이 쓰고 있는 일본식 약자는 '価'다.

△강(薑→姜)＝'생강 강'자의 간자를 '姜'으로 쓰고 있다. 한국의 강씨 종친회에서 소송이라도 제기해야 할 문제다. 발음도 '강'이 아닌 '장'이다.

△강(講→讲)＝강의실, 강당이라고 할 때의 '강론할 강' '강구할 강'자, 중국에선 '이야기할 강'자로 더 통하는 講자에 '우물 井'자를 파 넣은 이런 간자화는 전혀 근거를 상상할 수 없다.

△개(個→个)＝个는 '낱(枚) 개'자로 個, 箇자와 같고 介와 통한다. 따라서 個를 피하고 간략한 个로 쓰자는 것이다.

△개(開→开)＝'열 개'자의 이러한 간자화도 '파격적'이라고 할까 '파괴적' 또는 '파쇄(破碎)적'이라고 할까.

△개(蓋→盖)＝盖는 '덮을 개'자의 속자다. '덮을 합(盍)'자와도 통한다. 그런데 주의할 점은 蓋가 '이엉 덮을 합'과 '성씨 갑'

등 음이 세 가지라는 것이다.

△건(乾→干) = 乾은 '하늘 건' 干은 '방패 간'자지만 乾과 干은 또한 '마를 간'자다. 그러므로 干으로 쓰자는 것이다. '건곤(乾坤)'을 '干坤'으로 쓰는 꼴이다.

△격(擊→击) = 이런 간자화의 근거도 상상할 수 없다. '칠 격'자를 그야말로 마구 쳐부순 형상이다.

△결(潔→洁) = '깨끗할 결'자의 간자화도 근거를 알 수 없다.

△경(經→经) = '날 경' '경영할 경'자는 속자인 '経'이 있는데도 비슷한 간자 '经'을 만들 필요가 있었을까?

△경(競→竞) = '다툴 경'자는 간단히 반쪽을 떼어버린 것이다. 유의할 점은 競과는 별개의 글자인 '마칠 경' '필경 경(竟)'자가 두 개 붙은 글자도 같은 '다툴 경'자라는 것이다.

△경(慶→庆) = '경사 경'자의 이 대담한 간자화도 놀랍다. 경사란 무조건 커(大)야 좋다는 것인가?

△경(驚→惊) = '놀랄 경'자야말로 놀랄 만큼 파격적이다. 혹여 '서울(京)이 놀랍다'는 뜻(忄)인가?

△계(啓→启) = '열 계' '가르칠 계'자의 간자 启는 타당하다. 启는 啓와 같은 글자이기 때문이다.

△계(階→阶) = '값 가(價)'자의 간자도 价로 만들더니 '섬돌 계' '층 계(階)'자의 간자도 阶로 만들었다. 個나 箇와 통하는 介자가 그리도 만만한 것인가.

△계(鷄→鸡) = '닭 계'자의 왼쪽 부분을 又자로 바꿔 간자화한 근거 또한 이해하기 어렵다.

△곡(穀→谷) = '곡식 곡' '낟알 곡'자의 간자 谷도 납득하기

난감하다. 穀과 谷은 발음(중국어)만 '구'로 같을 뿐 전혀 다른 글자이기 때문이다. 谷은 '골 곡'자이면서 '성(姓) 욕' '나라 욕'자로 두 가지 음을 갖고 있다. 穀 또한 '녹(祿) 구'자이기도 해 음이 두 가지다.

△공(鞏→巩) = 튼튼하게 하다, 공고(鞏固)히 한다고 할 때의 '굳을 공'자는 아래 부분인 革자를 과감히 떼어버렸다.

△과(過→过) = '지날 과' '지나칠 과' '허물 과'자의 원래 약자가 过다. 약자를 간자로 그냥 쓰자는 것이다. 주의할 점은 중국서는 邊의 간자로 '边'을, 한국과 일본서는 邊의 약자로 '辺'을 쓰고 있지만 원래 邊의 약자 또한 '过'이라는 점이다.

△과(誇→夸) = '자랑할 과(誇)'자는 왼쪽의 言을 간단히 뜯어내버렸다. 그런데 夸는 誇大 = 夸大' '誇言 = 夸言' 등 誇와 비슷하게 쓰이긴 하지만 원래는 '큰 체 할 과' '사치할 과'자로 별개의 글자다.

△관(關→关) = '통할 관' '관문 관'자의 간자도 상상을 초월할 만큼 파격적이다. 關의 약자인 関 가지고도 모자랐던지 門까지 걷어버리고 关만 남겼다. 关은 八 밑에 天자가 붙은 '웃을 소(笑)'자의 고자(古字)와 비슷한 것 같지만 아니다. 유의할 것은 關은 또한 '문지방 완' '빗장 완'자로 두 가지 음을 갖고 있다는 점이다.

△관(觀→观) = '볼 관(觀)'자의 약자는 観이고 又에 見이 붙은 글자도 觀의 약자다. 그러니까 간자 观은 見자조차 见으로 줄여버린 형상이다. 유념할 것은 文에 見을 붙여 쓰는 觀의 약자는 근거가 없다는 점이다.

△광(廣→广)＝'넓을 광'자의 广 밑에 '나 사(厶)'자를 붙여 쓰는 한국과 일본의 약자와는 달리 广만 남기고 몽땅 털어내 버렸다. 하지만 广자는 '바위 집(岩屋) 엄'자로 별개의 글자다.

△괴(壞→坏)＝'무너뜨릴 괴'자의 간자도 이해하기 어렵다. 坏자는 '기와 배' '흙으로 틈 막을 배' '뒷담 배'자로 '괴'와는 음이 다른 별개의 글자이기 때문이다. 그리고 유념할 것은 '무너뜨릴 괴'자가 타동사가 아닌 자동사로 쓰일 때는 '무너질 회'자라는 점이다. 무너지는 신체 조직은 '괴사(壞死)'가 아니고 '회사(壞死)'다.

△교(橋→桥)＝'다리 교'자가 뭐가 어렵다고 이런 별난 간자를 만들었는지 모를 일이다.

△교(僑→侨)＝'붙어 살 교' '우거(寓居)할 교'자의 간자 侨야말로 어디에 붙어 임시로 머무는 모습과 같다.

△구(構→构)＝'얽을 구' '닥나무 구'자의 간자 构는 '구부러질 구'자로 構와는 다른 글자 같지만 같은 '닥나무 구'자로 통하는 글자다. 그러므로 構의 간자 构는 타당성을 인정할 수 있다.

△궁(窮→穷)＝'다할 궁' '마칠 궁'자의 간자 穷도 엉뚱하다. 躬 대신 力자가 들어간 까닭을 알 수 없다. 차라리 '높을 궁' '하늘 궁' '활꼴 궁(穹)'자를 窮자와 함께 쓰는 게 어떨까.

△권(權→权)＝우리가 쓰고 있는 '권세 권'자의 약자도 权이다. 일본식 약자는 '権'이고….

△권(勸→劝)＝'권할 권'자의 이런 간자화 근거도 알 수 없다.

△귀(歸→归)＝'돌아갈 귀'자의 속자(俗字)인 帰나 약자(白옆에 攵을 붙인)도 아닌 기이한 몰골이다.

△극(極→极)＝'다할 극' '마칠 극' '용마루 극'자의 오른쪽 부분 개조도 '극(極)히' 이상해 이해하기 곤란하다.

△극(劇→剧)＝'심할 극' '연극 극'자도 居자가 들어간 좌측 개조의 연유가 모호하다.

△급(給→给)＝'줄 급'자의 간자는 바탕 글자와 별로 다를 바 없지 않은가.

△기(幾→几)＝几는 '안석 궤' '책상 궤'자다. 机자와 통한다. 그런데 어떻게 '얼마 幾'자의 간자가 될 수 있다는 것인가.

△기(機→机)＝幾의 간자가 几니까 '틀 기(機)자'의 간자도 机임은 당연할지 모른다. 그러나 机는 별개의 글자로 '책상 궤'자다. '궤안(机案→지엔)'은 긴 책상을 가리키고 학식 있는 분에게 편지를 보낼 때 그 겉봉에 '아무개 귀하' 대신 '아무개 궤하(机下→지시아)'라고 쓰는 것도 机자가 '책상 궤'자이기 때문이다.

△기(饑→饥)＝饑자도 飢자도 똑같이 '주릴 기' '굶주릴 기' '흉년들 기'자니까 획수가 적은 饥를 택한 것 같다.

△기(氣→气)＝气자엔 두 가지 뜻이 있다. ① 氣와 같은 '기운 기'자 ② 乞자와 같은 '구할(求)할 걸'자다.

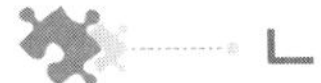

ㄴ

△난(難→难)＝'어려울 난'자의 간자도 又자가 들어간 근거 추측이 '難堪'(난감)하다. 참고할 점은 '성할 나'자이기도 해 음이

두 가지라는 것이다.

△녕(寧→宁) = 宁자는 '조회 받는 곳 저' '멈출 저'자로 '寧'과는 별개의 글자다. 그런데 어떻게 '편안할 녕'자의 간자가 될 수 있다는 것인가.

△농(農→农) = '농사 농' '힘쓸 농'자의 간자도 희한한 모습이다. 어디에 근거한 형상화란 말인가?

ㄷ

△단(團→团) = '둥글 단'자의 일본식 약자는 団이다. 중국의 간자 团과는 다르다.

△단(壇→坛) = '단 단(封土)'자의 亶 부분을 云으로 바꿔 간자화한 연유도 추측하기 어렵다. 참고할 것은 壇자가 罎, 罈과 통하는 글자로 '목 긴 항아리 담'자이기도 하다는 점이다.

△달(達→达) = '통할 달' '이를(到) 달'자의 간자 '达'도 납득하기 어렵다. 达은 '미끄러질 체'자로 達과는 음도 다른 별개의 글자다.

△당(當→当) = '마땅 당' '당할 당'자의 간자는 한국과 일본이 쓰고 있는 약자(当)와도 같다.

△대(隊→队) = '대오 대'자를 阝변에 人자를 넣어 간략화한 근거도 알 길이 없다.

△대(對→对) = '대답할 대' '마주볼 대'자의 일본식 약자는 対('文+寸')다. '又+寸'의 중국 간자는 '対'와도 다르다.

△대(臺→台) = 한국과 일본서도 臺의 약자로 台를 쓰고 있

으니까 중국서도 臺의 간자로 台를 사용하는 건 이상할 게 없을지 모른다. 그러나 '돈대 대' '집 대' '무대 대'의 臺와 '별 태'자인 台는 원래 다른 글자다. 지금의 저장(浙江)성 일대에 있던 옛날의 주(州) 이름이 '타이저우(台州)'였고 지금도 저장성에 있는 현(縣) 이름은 '톈타이시엔(天台縣)'이다. 그런데다 '태풍'이라고 할때의 '몹시 부는 바람 태(颱)'자의 간자까지 중국서는 '台'를 쓰고 있다. '몹시 부는 바람'인데도 '바람 풍(風)'자를 아예 떼어버린 것이다. '台風'이라면 하늘의 '별 바람'이라는 뜻이 아닌가.

△도(圖→图) = '그림 도' '꾀할 도'자의 간자가 '图'라는 것도 용인하기 어렵다. 圖의 약자인 図를 쓰면 될 터인데….

△도(導→导) = '이끌 도' '인도할 도(導)'자는 '길 도(道)'자와 통한다. 그런데 어떻게 導자의 윗부분인 道자를 '뱀 사(巳)'자와 바꿔 '导'로 간자화할 수 있는지 신기하다. 아무튼 중국 영화를 보면 그 배역 자막 중 '다오이엔(导演)'이라는 게 나온다. 그게 바로 감독 또는 연출자를 뜻한다.

△동(動→动) = '움직일 동'자의 왼쪽 부분 重자를 云자로 바꿔 간자화한 것은 云이 '이를(曰) 운'자이면서 또한 '움직일 운'자이기 때문인가.

△두(頭→头) = '머리 두'자를 박살낸 느낌이다. 頭의 초서체도 아니고 '斗'와 닮은 头는 어디서 연유한 것인가.

△등(燈→灯) = '등잔 등' '등불 등'자인 燈과 灯은 서로 통하는 글자다. 일본식 약자도 灯이고 '鐙'도 燈과 같은 글자다.

△등(鄧→邓) = '덩샤오핑(鄧小平)'의 '등나라 등'자도 登자 대신 '또 우(又)'자 하나를 때려 넣어 무자비하게 줄여버렸다.

△라(羅→罗)＝'그물 라'자 역시 그물 모양이 이상하게 돼버렸다.

△락(樂→乐)＝'즐길 락' '풍류 악' '좋아할 요' 등 세 가지 음의 樂자를 乐으로 간자화한 근거도 유추하기 어렵다. 樂의 초서체도 아니고….

△란(蘭→兰)＝'난초 란'자를 참으로 기묘하게 줄여버렸다.

△란(亂→乱)＝'어지러울 란' '얽힐 란'자의 간자 乱은 원래 亂의 속자다.

△래(來→来)＝來는 원래 '올 래'자의 약자니까 당연하다.

△량(糧→粮)＝둘 다 같은 '식량 량'자로 粮이 획수가 조금 적을 뿐이다.

△려(慮→虑)＝가운데 田자만 빼버린 '생각 려'자의 간자도 기괴하다.

△려(麗→丽)＝'고울 려'자를 곱지 않게 무참히 망가뜨렸다. 눈알(丽)만 남겨놓은 채 고운 사슴(鹿)의 몸뚱이는 왕창 떼어버린 몰골이다. 아무튼 '고운 물'이라는 뜻의 지명 '麗水'는 중국 저장(浙江)성에도 있다. 현(縣) 이름이다.

△력(歷→历)＝'지낼 력(歷)'자와 '셀 력(曆)'자의 간자체가 모두 '历'이다. 서로 통하는 글자기 때문에 당연하다.

△렵(獵→猎)＝'사냥 렵'자의 약자는 猟이다. 그런데 굳이 巤을 昔으로 바꿔 간자를 만들 필요가 있는지 알 수 없다.

△령(靈→灵)＝당연하다. '신령 령' '혼백 령'자의 약자이자

속자인 灵이 있는데도 또 다른 간자를 만들 필요는 없었을 것이다.

△로(廬→庐)＝'술집 로' '사냥개 로' '검은 빛 로'자를 이렇게 때려 줄인 근거가 무엇일까. 마냥 절묘하다고나 할까.

△록(錄→录)＝'적을 록' '문서 록'자의 간자는 錄에서 金자를 간단히 떼어낸 형상이다. 하지만 彔자는 '나무 깎을 록'자로 별개의 글자다.

△론(論→论)＝'말할 론' '변론할 론'자의 이러한 간자화도 근거를 찾기 어렵다. 그런데 論은 또한 '차례 륜'자이기도 하다.

△롱(籠→笼)＝'용 룡(龍)'자의 간자가 龙이니까 '대그릇 롱'자의 간자도 당연히 '笼'인가.

△료(療→疗)＝'병 나을 료' '병 고칠 료'자의 간자 역시 아무리 봐도 괴기하게 '고쳐' 놓은 것 같다.

△료(瞭→了)＝瞭는 '일목요연(一目瞭然)'이라고 할 때의 그 '아득하게 보일 료'자다. 그런데 '마칠 료(了)'자가 어떻게 간자가 될 수 있다는 것인가.

△료(遼→辽)＝'아득히 멀다' '요원(遼遠)하다'고 할 때의 '멀 遼'자가 辽자로 둔갑한 내력도 알 길이 막막하다.

△룡(龍→龙)＝龍의 초서체 비슷한 것 같지만 아니다. 어떻게 '더욱 우(尤)'자에다 작대기 하나 삐친 글자(龙)로 '용 룡'자를 만들 수 있었는지 모를 일이다.

△류(類→类)＝'무리 류' '종류 류'자의 간자 类는 원래 類와 같은 글자니까 당연하다.

△류(劉→刘)＝刘는 원래 劉의 약자다. 그런데 '삼국지'의

유비(劉備 : 리우뻬이)나 한(漢) 고조 유방(劉邦 : 리우빵)처럼 劉를 '성씨 류'자로만 알고 있기 쉽지만 劉는 또한 '죽일 류' '자귀(나무 깎는 연장) 류'로 무서운 글자다.

△륙(陸→陆) = 북한식으로 말하면 '륙지(陸地)'요 '륙군(陸軍)'인 '뭍 륙'자의 간자 陆은 바탕체인 陸자보다 별로 간단해 보이지도 않는다.

ㄹ

△륜(倫→伦) = '인륜 륜'자의 이러한 간자도 근거 추측이 어렵다.

△리(裏→里) = '마을 리(里)'자가 어떻게 '속 리' '안 리(裏)'자의 간자가 될 수 있다는 것인가. 裏의 머리와 팔다리를 잘라버린 형상이다. 裏의 속자인 裡의 간자가 里라면 납득하기 쉽겠다.

△리(離→离) = 둘 다 '떠날 리'자니까 离를 쓰자는 것인가.

ㅁ

△망(網→网) = 網자도 网자도 똑같은 '그물 망'자니까 网자만 쓰자는 것이다.

△매(賣→卖) = '팔 매'자의 간자 몰골이 참으로 기괴하다. 왜 멀쩡한 약자 売를 놔두고 구태여 이런 간자를 만들었는지

이해할 수 없다.

△매(邁→迈) = '일만 만(萬)'자의 간자가 万이니까 '멀리 갈 매' '지나갈 매(邁)'자의 간자도 迈인가.

△멸(滅→灭) = '다할 멸'자를 다 걷어내고 가운데 부분만 달랑 남겨 놓았다.

△몽(夢→梦) = 梦은 원래 '꿈 몽'자의 속자다.

△무(務→务) = '힘쓸 무'자의 오른쪽이 아닌 왼쪽 반 토막을 떼어버린 이유는 무엇일까.

ㅂ

△박(撲→扑) = 撲은 '칠(擊) 박' 扑은 '칠 복'자로 음도 다른 별개의 글자지만 서로 통하는 글자다. 따라서 撲자는 버리고 扑자만 쓰자는 것이다.

△박(樸→朴) = 樸은 '떡갈나무 복' '순박할 박'으로 두 가지 음을 갖고 있고 朴은 '진실할 박'자지만 두 글자는 서로 통한다. 따라서 樸의 간자로 朴을 쓰자는 것이다.

△반(盤→盘) = '소반 반'자의 오른쪽 殳자를 간단히 떼어버렸다.

△발(發→发) = 한국과 일본서 쓰고 있는 '펼 발(發)' '쏠 발'자의 약자는 '発'이다. 중국이 發의 간자로 '发'을 택한 것은 發의 초서체를 취택한 것 같다. 그런데 이해할 수 없는 건 '머리 발(髮)'자의 간자까지 똑같은 '发'로 정했다는 점이다.

△범(範→范) = '법 범' '본보기 범'자의 간자 范은 원래 範과

통하는 글자다. 그런데 範과 같은 글자인 '范'자를 간자로 택하지 않은 것은 '范'자보다는 한 획이라도 많기 때문인가?

△변(邊→边) = 한국과 일본서 쓰고 있는 '가 변'자의 약자인 '辺'과는 다른 모양의 '边'이다.

△변(變→变) = '변할 변' '고칠 변'자의 간자는 우리가 흔히 燮(섭)의 약자로 알기 쉬운 모습이다.

△보(報→报) = '고할 보' '대답할 보'의 幸 부분을 扌로 바꾼 근거가 무엇일까. 마치 '취급(取扱)한다'고 할 때의 그 '걷어가질 급(扱)'자처럼 돼버렸다. 그런데 기억해 둘 것은 질병 따위가 빠르다고 할 때는 報자의 음이 '보'가 아니라 '부'라는 사실이다. '빠를 부'자다.

△보(補→补) = '도울 보' '기울(綴) 보'자의 간자가 补인 것도 상상하기 어렵다.

△복(復→复) = '돌아올 복' '다시 부'의 彳자를 떼어낸 형상이지만 复은 '갈 복' '돌아갈 복'자로 별개의 글자다. '복'이 아닌 '복'이다. 한국서는 '거듭 부' '겹옷 복(複)'자를 '復'자와 구별해 달리 쓰지만 중국서는 함께 쓰고 있는 것이다. 따라서 '複'의 간자도 复으로 정한 것이다.

△복(蔔→卜) = 蔔은 '무 복'자, 卜은 '점 복'자로 별개의 글자인데도 간자를 卜으로 정했다.

△복(僕→仆) = 僕은 '공복(公僕)'이라고 할 때의 '종 복'자. 그러나 仆은 '엎드러질 부' '뒤집어질 부'자로 僕과는 별개의 글자다.

△봉(鳳→凤) = '봉새 봉'자의 내장을 又자로 간략화한 근거

도 헤아리기 어렵다.

△부(婦→妇) = '여자 부' '지어미 부' '며느리 부' '암컷 부'자의 간자도 별나다. ヨ는 '돼지머리 계' '고슴도치 머리 계'자거늘 여자(女)한테 함부로 ヨ를 갖다 붙이는 건 여자에 대한 모독이 아닐까.

△부(膚→肤) = '살 부' '피부 부'자도 원래 피부와는 전혀 다른 '성형'이 돼버렸다.

△분(奮→奋) = '떨칠 분' '드날릴 분'자의 간자도 상상을 초월한다.

△비(飛→飞) = '날 비'자의 위아래 두 날개 중 아래 날개와 연결 고리를 털어내 버렸다.

△비(備→备) = '갖출 비' '방비할 비'자의 간자야말로 기상천외한 탈바꿈이다. 亻에 备가 붙은 俻의 속자에서 亻을 떼어낸 것이다.

△빈(賓→宾) = '兵'을 투입해 '손님 빈'자의 간자를 만든 근거 또한 알 수 없다.

ㅅ

△사(捨→舍) = 捨는 '버릴 사' 舍는 '집 사'자로만 알기 쉽지만 둘 다 '놓을(釋) 사'자이기도 하다. 같은 글자다.

△산(産→产) = '낳을 산'자의 아래 生자를 간단히 떼어버린 상태다. '産業'을 '产业'으로 쓰자는 것이다.

△살(殺→杀) = '죽일 살'자의 이러한 간자화도 원칙 없는 편

법에 따른 것 같다. 참고로 殺자엔 세 가지 음이 있다는 걸 알아둘 필요가 있다. ①죽일 살 ②내릴(降) 쇄, 감(減)할 쇄 ③죽일 시(弑)다. 그러니까 '살해(殺害)'는 '시해(弑害)'의 뜻이 될 수도 있다는 것이다.

△상(傷→伤) = '아플 상' '상할 상'자의 이런 간자도 근거를 짐작하기 어렵다.

△서(書→书) = '글 서'자의 초서체도 아니고 기괴한 형상이다.

△성(聖→圣) = 언뜻 보면 '성스러울 성(聖)'자가 아닌 '날 경(經)' '지낼 경'자의 간자가 아닌가 싶지만 經의 간자는 '经'이다.

△세(歲→岁) = '해 세'자의 간자는 또 어디서 연유했을까. 혹시 '저녁(夕)으로 넘어가는 서산(山)의 해(sunset)'를 형상화한 건 아닐까. 떠오르는 해는 놔두고….

△소(蘇→苏) = 중국의 '蘇'자는 장쑤(江蘇)성 또는 쑤저우(蘇州)의 준말로 통하고 소비에트(Soviet)나 옛 소련(蘇聯)의 준말이기도 하다. 그런데 '蘇'자가 절묘하다. 흔히 '차조기(풀 이름) 소'자로 알고 있지만 '까무러칠 소'에다 '깨어날 소'자이기도 하다. 북송의 시인 소동파(蘇東坡 : 쑤둥포)는 이런 뜻을 알고 있었는지 모른다. 한데 '蘇'의 간자인 '苏' 또한 별나다. ++아랫부분을 마치 창(剏)자의 오른쪽 부분과 비슷한 '상처 창'자로 바꿔버렸다. 이제 중국의 명승지 쑤저우(蘇州)는 '苏州'로 표기한다.

△소(掃→扫) = 청소(淸掃)한다고 할 때의 '쓸 소'자 역시 오른쪽 밑 부분을 떼어낸 모양이다.

△손(孫→孙) = '손자 손'자의 간자가 참으로 절묘하다. 사실상 '큰 아들'이라는 뜻의 영어 '손자(grandson)'와는 반대로 '작

은 아들(孙)'이라는 뜻으로 형상화했기 때문이다.

△수(獸→兽) = '개 견(犬)'자가 빠지니까 짐승(獸) 같은 느낌이 들지 않는다.

△술(術→术) = 术자가 '삽주 뿌리 출'자를 닮았지만 다르다. 한약방에서 일컫는 '창출'과 '백출'의 그 출자는 術자의 중간 부분 그대로다. 그런데 术과 비슷한 그 '출'자의 속음이 '술'이기 때문에 이런 간자를 만든 것인가?

△습(習→习) = 飛자를 飞로 줄이는 방식 그대로다.

△승(勝→胜) = '이길 승'자의 간자도 가당치 않다. 胜은 '비릴 성' '개기름 냄새 성'자로 별개의 글자다.

△식(識→识) = '알(知) 식' '기록할 지' 두 가지 음을 가진 識자의 간자가 识이라는 것도 전혀 '識'할 수가 없고 기록하기도 어색하다. '認識'이 '认识'으로 바뀐 걸 인식하기 난감하다.

△심(審→审) = '살필 심'자의 간자 역시 어디를 어떻게 '살펴' 만든 것인지 알 수 없다.

△심(尋→寻) = '찾을 심'자는 가운데 토막을 들어내 버린 꼴이다.

△아(兒→儿) = 儿가 '사람 인' '어린 사람 궤'자이기 때문인가.

△압(壓→压) = 한국과 일본서 쓰고 있는 '누를 압(壓)'자의 약자는 圧이다. 그런데 왜 중국서는 圧자에다 점 하나를 찍어 压이라는 간자를 만들었을까.

△야(爺→爷) = 중국 사람들이 많이 쓰는 '아비 야'자의 이런 간자화도 근거 추측이 어렵다. 耶자가 별 뜻이 없는 '어조사 야' 자라서 그냥 주저 없이 떼어버린 것인가.

△약(躍→跃) = '뛸 약'자의 翟을 夭로 바꾼 근거도 찾을 길 없다.

△양(樣→样) = '모양 양'자는 永자를 간단히 떼어버렸다. 주의할 점은 樣이 '도토리 상'자이기도 하다는 것이다.

△양(養→养) = '기를 양' '자랄 양'자에서 '먹이(食)'를 빼버려도 자랄 수 있다는 것인가.

△양(讓→让) = '양보(讓步)한다'고 할 때의 '사양할 양'자가 이렇게 바뀐 사연 또한 추측하기 난감하다.

△억(億→亿) = '억 억' '많을 억'자의 오른쪽 부분, 즉 '필경(畢竟)'이라고 할 때의 '마칠 경' '다할 경(竟)'자를 어떻게 乙자로 바꿀 수 있었는지도 의문이다.

△억(憶→忆) = 億자의 간자가 亿이니까 '기억할 억(憶)'자의 간자도 忆인가.

△업(業→业) = '일 업'자의 머리만 남기고 몸체 전부를 떼어 버리는 바람에 대부분의 일거리가 날아가 버렸다.

△엄(嚴→严) = '엄할 엄' '굳셀 엄'자의 간자가 처참할 만큼 기괴해 '嚴'자의 엄하고도 굳센 기세가 여지없이 훼손된 느낌이다. 차라리 '바위 집 엄(广)'자나 '굴 바위 엄(厂)'자로 간자를 정했으면 어땠을까. 하긴 '넓을 광(廣)'자의 간자를 이미 '广'으로 정해버렸으니 어쩔 수 없었겠지만….

△여(餘→余) = '나머지 여' '남을 여'자인 餘와 余는 통하는 글자다. 그러나 '余'는 '남을 여'자인 동시에 '나(我) 여'자이기도

하고 '予'와 같은 글자다.

△역(譯→译) = '번역할 역' '통변할 역'자의 간자 译은 또 어디서 근거한 것인가. 譯의 약자인 訳을 쓰면 될 것 아닌가.

△연(淵→渊) = '못 연'자의 간자는 口 안에 水가 들어간 淵의 고자(古字)로 정했더라면 어땠을까?

△염(厭→厌) = '싫어할 염(厭)'자에서 '작은 벌레 연(肙)'자를 간단히 떼어버린 형상이다.

△염(鹽→盐) = '소금 염'자는 약자인 '塩'을 가지고도 모자랐던지 참 별난 간자다.

△예(藝→艺) = 億자도 意자 대신 乙자를 때려 넣어 亿으로 만들더니 '재주 예(藝)'자에도 乙자를 쑤셔 넣어 艺로 만들었다. 乙이 그렇게 만만한 글자인가? 아무튼 '예술(藝術)'은 이제 '艺术'로 처참하게 망가져버렸다. 그런데 유념할 것은 藝의 약자로 芸를 쓰고 있지만 芸는 蕓자와 같은 '운향(蕓香 : 식물) 운'자로 藝와는 별개의 글자라는 점이다.

△옹(擁→拥) = '안을 옹' '품을 옹'자의 간자도 엉뚱하다. 아무튼 중국인들은 '인권 옹호'라고 할 때의 '옹호'를 '拥护'라고 표기한다. 발음 역시 엉뚱하게도 '융후'다.

△우(憂→忧) = '근심 우' '걱정할 우'자의 간자 忧도 인정하기 어렵다. 忧는 '마음 동할 우'자로 憂와는 별개의 글자일 뿐더러 憂자와 忧자는 오히려 정반대의 정서가 짙은 글자이기 때문이다.

△우(郵→邮) = '역(驛)말 우' '우편 우'자의 간자 邮도 이해하기 어렵다. 중국어에서 郵자가 명사로 쓰일 때는 '잘못' '허물'

'과실'이라는 뜻이라는 것 역시 그 연유를 납득하기 어렵다.

△우(優→优)＝'뛰어날 우'자의 이런 간자도 근거 추측이 어렵다. 亻 변에 '근심할 우(憂)'자 대신 뜻이 좋은 '가장 우(尤)' '더욱 우'자를 간단히 집어넣은 건 아닐까. 아무튼 '배우(俳優 : 뛰어난 광대)'라는 글자 뜻만 봐서는 이 세상엔 모두가 뛰어난 1류 배우만 있지 3류 배우는 없다.

△운(雲→云)＝"…云云"이라고 할 때의 '云'은 '이를 운' '이러저러할 운'자로 별개의 글자다. 어떻게 '구름 운'자와 바꿀 수 있다는 것인가.

△운(運→运)＝'움직일 운' '돌 운'자의 이런 간자야말로 간자화 체계의 결정적인 잘못이 아닌가 싶다. 왜냐하면 '云'자 자체가 '이를 운'자이면서 '움직일 운'자이기 때문이다. 그런데도 간자를 云으로 하지 않고 굳이 运으로 바꾼 것은 '구름 운(雲)'자의 간자 '云'과의 중복을 피하기 위함인가. 아무튼 이제 '운동(運動)'은 '运动'이 돼버렸다.

△울(鬱→郁)＝'울릉도'라고 할 때의 '우거질 울' '답답할 울(鬱)'자와 '성할 욱(郁)'자는 뜻이 비슷하긴 하지만 전혀 별개의 글자로 간자로 채택한다는 것은 있을 수 없다.

△원(園→园)＝'동산 원'자의 간자가 园이라니? 园은 '둥글게 깎을 완'자로 음부터 다른 별개의 글자다.

△원(遠→远)＝'멀 원'자의 袁 부분을 元으로 바꿔 간자화한 근거를 찾는 길 역시 아득히 멀기만 하다.

△원(願→愿)＝愿은 '성실할 원' '정성 원'자로 '바랄 원(願)'자와는 별개의 글자다. 그런데 어떻게 愿을 간자로 설정한 것

인가.

△위(爲→为)＝'행할 위'자도 초서체도 아니고 별난 꼴이다. 한국과 일본이 쓰고 있는 爲의 약자는 為다.

△위(僞→伪)＝'행할 위(爲)'자의 간자가 为니까 '거짓 위(僞)'자의 간자도 伪인 것인가. 한국과 일본이 사용하는 약자는 偽다.

△위(偉→伟)＝'클 위' '거룩할 위'자의 간자체 伟는 偉의 초서체를 간택한 것 같다.

△위(衛→卫)＝'지킴 위'자의 간자를 卫로 만든 근거 또한 오리무중이다.

△의(義→义)＝어떤 근거로 '옳을 의(義)'자의 간자를 요상한 꼴의 义로 만들었는지 전혀 '옳지 않은' 것 같다.

△의(儀→仪)＝義의 간자가 义니까 '거동 의(儀)자'의 간자도 仪임은 당연한 것인가.

△의(議→议)＝국회의사당의 '의논할 의'자 역시 义자 돌림으로 개조했다.

△의(醫→医)＝医는 '의원 의(醫)' '병 고칠 의'자의 약자다. 그러나 医는 '활집 예' '동개 예'자로 醫와는 별개의 글자로도 쓰인다. '동개'란 활과 화살을 넣는 통이다.

△이(爾→尔)＝'너 이' '가까울 이' '어조사 이(爾)'자는 尔와 같은 글자인 동시에 入 밑에 小가 붙은 '너 니'자 와도 같다. 따라서 爾의 간자로 尔를 쓰자는 것은 당연하다. 참고로 '首尔(서우얼)'이라고 표기하는 '서울'의 글자 뜻을 굳이 밝히자면 '머리 너!' '머리 그대!' '머리여!'쯤이 될 것이다. '首二' '首耳'로 써도

발음은 '서우얼'이다.

△인(認→认) = '알 인'자의 오른쪽 '참을 인(忍)'자를 人으로 줄인 근거는 또 무엇인가. 忍과 人의 음만 거의 같을 뿐이다.

ㅈ

△잡(雜→杂) = '섞일 잡'자의 속자가 본자와는 달리 杂에다 隹자를 붙인 글자니까 雜의 간자화는 바로 이 속자에서 떼어낸 것 같다. 참고로 襍도 雜과 같은 글자라는 점과 중국서는 '雜'에서 '隹'를 떼어버린 왼쪽 글자도 같은 '잡'자로 쓰고 있다는 점을 알아둘 필요가 있다.

△장(莊→庄) = 莊은 '씩씩할 장' '단정할 장'자이면서 또한 '농막(農幕) 장' '농가(田舍) 장'자이기도 하다. '농막 장' '전장(田舍) 장'자인 庄과는 일부 뜻이 같다. 따라서 莊의 간자가 庄인 것은 무리가 없어 보인다.

△장(臟→脏) = '오장(臟)' 속에 감춰져(藏) 있는 게 마치 '육신의 전장(田舍)'과 같다는 것인가?

△재(齋→斋) = '목욕재계'라고 할 때의 '재계할 재' '집 재'자의 간자 斋는 齋의 약자다. 하지만 흔히 알려진 齋의 약자는 斋보다 斎가 아닌가.

△저(這→这) = 우리말에서는 '저간(這間 : 그동안)' 외에 별로 쓰이지 않는 글자가 '이것 저' '여기 저(這)'자지만 중국어에서는 말머리마다 쓰이는 글자다. '저거(这个 : 이, 이것)' '저머(这么 : 이러한, 이와 같은)' '저덩(这等 : 이런, 이런 따위의)' '저리(这

里 : 여기, 이곳)' '저후이(这回 : 이번, 금번)' 등. 그런데 별로 복잡하지도 않은 글자 這를 굳이 这로 간자를 만들 필요가 있었는지 의문이고 言을 文으로 바꾼 근거 역시 납득하기 어렵다. 또 하나 기억해 둘 것은 這자가 '맞이할 언'자이기도 하다는 점이다.

△저(貯→贮) = '쌓을 저' '저축할 저'자의 간자야말로 가관 중의 가관이다.

△적(適→适) = '맞을 적' '마침 적'자의 간자 適은 '빠를 괄'자로 適과는 전혀 별개의 글자다.

△적(積→积) = '포갤 적'자의 責을 만만한 只로 바꾼 편법도 알 길이 없다. 주의할 점은 '쌓을 자' '저축할 자' 등 '자' 음도 갖고 있다는 것이다.

△전(專→专) = 专은 '오로지 전(專)'자의 초서체를 취한 것 같다.

△전(傳→传) = 專의 간자가 专이니까 傳의 간자도 传임은 당연한 선택인가.

△전(電→电) = 아주 간단하게 '번개 전'자의 상체 雨를 떼어버렸다.

△절(節→节) = '마디 절'자 또한 어떤 기준에 의거한 간자화인지 상상할 수 없다.

△제(際→际) = '가장자리 제' '끝 제'자는 오른쪽 윗부분만 간단히 떼어버렸다.

△제(製→制) = 製는 '지을 제' '마를(裁) 제'자, 制는 '법도 제'자로만 알기 쉽지만 制자 또한 '지을 제' '마를 제'자로 製와 같은 글자다. 그러므로 '制'로 통일하자는 것인가.

△조(條→条)＝'곁가지 조' '조목 조' '가닥 조'자의 간자 条는 원래 條의 약자다.

△조(趙→赵)＝'조나라 조'자도 무참히 망가져버렸다.

△종(從→从)＝'따를 종(從)'자의 본자(本字)가 从이므로 간단한 글자를 택한 것 같다.

△종(縱→纵)＝從자의 간자가 从이니까 '세로 종' '세울 종(縱)'자의 간자체도 纵일 수밖에 없을 것이다. 그런데 유의할 것은 縱이 '바쁠 총'자이기도 해 두 가지 음을 갖고 있다는 점과 縱자의 가운데 彳이 빠진 '물들인 비단 종'자와 혼동하기 쉽다는 점이다.

△종(鐘→钟)＝'쇠북 종'자의 오른쪽 부분 童자가 中으로 바뀐 근거를 알 수 없다. '씨 종(種)'자의 간자 '种'도 마찬가지다.

△중(衆→众)＝'무리 중'자의 간자야말로 흥미롭다. '사람 인(人)'자 셋을 포개 '무리－많은 사람'을 형상화했기 때문이다. 衆의 본자도 亻亻人이 가로(橫) 붙어 무리를 표상하고 있어 흥미롭다.

△지(遲→迟)＝'지체(遲滯)' '지연(遲延)'이라고 할 때의 '오랠 지' '더딜 지'자도 尺자를 넣어 간자를 만든 까닭을 짐작하기 어렵다.

△직(職→职)＝'구실 직' '직분 직'자의 간자도 只자가 들어간 연유가 궁금하다. 그런데 중국에선 耳 옆에 戈가 붙은 글자도 함께 쓰고 있다.

△직(織→织)＝'짤 직'자의 간자에도 只자가 들어갔다. 織은 '직' 말고도 '실 뽑을 지' '기(旗) 치' 등 세 가지 음을 갖고 있다.

△진(進→进)＝'나아갈 진'자의 간자를 이렇게 만든 근거도

오리무중이다.

△진(盡→尽) = 尽은 '다할 진' '마칠 진'자의 속자다.

△진(塵→尘) = '티끌 진'자의 간자도 근거 추측이 난감하다. 혹여 모든 쓰레기, 티끌의 대표가 먼지(dust)니까 바로 그 먼지를 '小+土'로 형상화한 건 아닐까.

△집(執→执) = '잡을 執'자의 왼쪽 부분 幸자를 '손 수(扌)'로 바꿔 별난 간자를 만든 근거와 이유도 알 길이 없다.

△징(徵→征) = 徵은 '부를 징' '세 거둘 징'자, 征은 '갈 정' '칠 정'자로 별개의 글자다. 또한 알아 둘 것은 徵은 또 '치성 치'자이기도 하다는 점이다.

△징(懲→惩) = 徵의 간자가 征이니까 '징역'이라고 할 때의 '징계할 징'자의 간자도 '惩'이 된 것인가. '懲'이라는 무서운 글자를 마구 '쳐들어가(征)' 무색하게 만든 꼴이다.

△찬(燦→灿) = '빛날 찬' '밝을 찬'자의 간자가 灿인 것도 엉뚱하기만 하다. 차라리 '밥 찬'자이긴 하지만 燦과 통하는 글자인 粲을 택했더라면 어땠을까. 粲 역시 획수가 많다고 여겼기 때문인가.

△창(倉→仓) = '곳집(창고) 창'자를 仓으로 줄인 근거도 알 수 없다. 倉의 초서체도 아니고.

△창(廠→厂) = 廠은 '헛간 창'자다. 내장을 몽땅 들어내고 머리꼭지까지 떼어낸 모습이다.

△처(處→处) = 일본식 약자인 '処'도 아니고 处로 간자화한 근거와 기준 역시 유추하기 어렵다.

△척(隻→只) = '하나 척(隻)'자의 간자가 只이라니 이해할 수 없다. 只는 '다만 지'자로 별개의 글자다.

△천(薦→荐) = '천거할 천' '쑥 천'자의 간자도 납득하기 어렵다. 荐은 '거듭 천' '풀(草) 천'자로 별개의 글자이기 때문이다.

△천(遷→迁) = 迁은 '쓰마치엔(司馬遷)'이라고 할 때의 그 '옮길 천(遷)'자의 속자(俗字)다. 간단한 글자인 迁을 쓰자는 것인가.

△청(聽→听) = '들을 청'자는 중국어에서 아주 많이 쓰이는 글자다. "팅수어" "팅수어(听说)" →"듣자니" "듣건대" 하며 말머리마다 꺼내는 말이 "팅수어"다. 그런데 聽의 간자 听은 '들을 은'자로 뜻은 같지만 음이 다른 별개의 글자다.

△청(廳→厅) = '대청 청' '관청 청'자의 일본식 약자는 广 밑에 丁이 붙었지만 중국 간자는 广의 꼭지까지 떼어 버린 厂 밑에 丁을 달았다.

△체(體→体) = '몸체' '친할 체'자의 간자 体는 원래 體의 속자다. 그런데 유념할 것은 体가 '용렬할 분' '추할 분' '거칠 분'자로 體와는 뜻도 음도 다른 별개의 글자이기도 하다는 점이다.

△체(遞→递) = '갈마들 체'자는 속자 '逓'도 있는데 굳이 간자를 만들 필요가 있었을까.

△초(礎→础) = '주춧돌 초'자의 楚를 出로 바꾸면 주춧돌이 튀어나오는 게 아닐까?

△총(總→总) = '합칠 총' '다 총'자의 간자는 '惣' 아니면 囪

으로 정했으면 어땠을까. 두 글자의 음도 '총' 아닌가. 总은 엉뚱하다.

△총(叢→丛) = '따를 종(從)'자의 본자가 从이라고 밝힌 바 있으나 이 从자 밑에 작대기 하나를 가로질러 '모일 총(叢)'자의 간자로 만든 근거를 알 수 없다.

△추(墜→坠) = '대오 대(隊)'자의 간자가 '队'니까 '추락(墜落)'이라고 할 때의 '떨어질 추(墜)'자의 간자도 '坠'로 정한 것인가. 그런데 글자 모양새가 가관이다.

△충(衝→冲) = 衝은 '찌를 충' '충돌할 충'자, 冲은 '화할(和) 충' '깊을 충'자로 별개의 글자다.

△층(層→层) = '겹 층' '거듭 층'자의 간자 层도 별나기 짝이 없다. 만만한 云자를 여기에도 때려 넣은 것이다. 차라리 꼭대기 '주검 시(尸)'자를 걷어낸 모양의 '일찍 증(曾)'자를 간자로 택했더라면 어땠을까. 曾은 고음(古音)이 '층'으로 層자와 통하는 글자가 아닌가.

△치(緻→致) ='치밀하다'고 할 때의 '톡톡할 치' '찬찬할 치(緻)'와 '이를 치(致)'자는 통하는 글자다.

△친(親→亲) = '친할 친' '육친 친'자에서 '볼 견(見)'자를 뺀다면 보지 않고도 친해질 수 있다는 것인가.

ㅌ

△탁(濁→浊) = '흐릴 탁'자의 간자는 '물(氵)에 벌레(虫)가 들어가 흐려 놓음'을 상징화한 것인가?

△탄(嘆→叹)＝'한숨쉴 탄'자의 간자인 叹도 도무지 근거와 연유를 알 수 없다.

△탈(奪→夺)＝'빼앗을 탈'자의 중간 부분인 隹자를 들어내 버린 형상이다.

△태(態→态)＝'태도 태' '모양 태'자 간자의 모양 역시 원래의 모양을 상상하기 어렵다.

△택(擇→择)＝'가릴 택' '추릴 택'자의 간자 '择'도 전혀 이해할 수 없다. 扌변에 尺자를 붙인 약자가 择보다는 훨씬 쉽지 않은가?

ㅍ

△파(罷→罢)＝'파업'이라고 할 때의 '파할(休) 파'자 간자도 기괴한 모습이다. 주의할 점은 '파' 외에도 '그칠 패' '고달플 피' 등 모두 세 가지 음의 글자라는 것이다.

△판(辦→办)＝'힘들일 판' '힘쓸 판'자의 가운데 '힘 력(力)'자 양쪽에 붙은 辛자를 점 하나씩으로 대신할 수 있다니 신기하기만 하다. 그런데 '힘 력'이 아닌 '칼 도(刀)'자 양쪽에 점을 찍은 글자는 '상처 창'자로 별개의 글자다.

△폐(幣→币)＝'재물 幣'자의 간자 币는 마치 '둘릴 잡(帀)'자 같지만 꼭대기 획이 다르다.

△풍(風→风)＝'바람 풍'자의 간자 风은 또 어떤 근거로 만든 것인가.

△표(標→标)＝'나무 끝 표' '표찰 표'자의 票를 示로 바꾼

연유를 알 수 없다.

△풍(諷→讽) = 風의 간자가 风이니까 '풍자(諷刺)' '풍자 시'라고 할 때의 '변죽 울릴 풍(諷)'자의 간자도 讽임은 당연한 것인가.

△풍(豐→丰) = 丰은 '예쁠 봉' '풀 무성할 봉'자로 '풍년 풍'자와는 전혀 다른 글자다. 참고로 '豊'자는 豐자의 약자이자 禮자의 고자(古字)이기도 하다는 점을 기억해 둘 필요가 있다.

△필(筆→笔) = 筆이나 笔이나 같은 '붓 필'자다.

△필(畢→毕) = '마칠 필'자의 이러한 간자 역시 근거 추측이 어렵다. 혹시 比자에 연유한 건 아닐까. 比자는 '고를 비' '비교할 비' '견줄 비'자지만 畢과 같은 발음인 '차례 필'자이기도 하기 때문이다.

ㅎ

△한(漢→汉) = 嘆자도 '또 우(又)'자를 써 '叹'으로 줄였으니까 '한수 한'자 역시 又자를 써 汉으로 간자를 만든 것인가.

△함(艦→舰) = '싸움배 함'자의 監을 见으로 바꾼 건 '싸움배=볼만한 배'라는 뜻인가?

△합(閤→合) = '각하(閣下)' 또는 '합하(閤下)'라고 할 때의 이 '협문(작은 문) 합(閤)'자의 간자가 '합할 합(合)'자라는 것도 납득하기 어렵다. 한데 유의할 것은 閤자의 본음은 '합'이 아닌 '갑'이라는 점이다. '합하'가 아니라 '갑하'였다.

△향(響→响) = '울림 향'자의 간자도 엉뚱해 보이지만 响은 響의 속자다.

△향(嚮→向) = 군대를 겪은 사람은 다 아는 말이 '향도(嚮導 : 안내자, 선도자)'지만 嚮은 '향할 향' '누릴 향'자로 '향할 향(向)'자와는 통하는 글자다. 중국어 발음도 같은 '시앙'이다. 따라서 嚮의 간자 向은 그럴 듯하다. 그런데 유의할 점은 '向'은 '향할 향'자이면서 '성씨 상'자라는 것이다. '향선생'이 아니라 '상선생'이다.

△헌(憲→宪) = '집(宀)에선 법이 먼저(先)'라는 뜻인지는 몰라도 무자비한 '범법(犯法)'이 아닌가.

△험(驗→验) = '시험할 험' '증험할 험'자는 약자 '験'이 있는데도 해괴한 몰골의 간자를 만든 것이다. 그야말로 '어려운 시험'을 연상케 하는 글자다.

△현(顯→显) = '나타날 현'자의 약자인 顕의 왼쪽 부분을 취했다. 차라리 顯자의 왼쪽 부분과 비슷한 '누에고치 현'자를 취택했더라면 어땠을까.

△현(懸→悬) = '매달 현'자라면 縣도 같은 글자다. 그런데 굳이 悬과 같은 괴이한 간자를 만들 필요가 있었을까.

△협(協→协) = '화할 협' '도울 협'자의 간자인 协의 力 양쪽에 점을 찍은 게 刀자의 양쪽에 점을 찍은 '상처 창'자와 비슷한 것 같지만 다르다.

△호(護→护) = '호위할 호' '구조할 호'자의 간자도 어떻게 이런 형상이 됐는지 궁금하다.

△화(華→华) = '중화민국(中华民国→중화민궈)'이라고 할 때의 '빛 화' '빛날 화' '꽃 화'자의 이런 간자도 그냥 아무렇게나 化자를 때려 넣은 건 아닌지 의심스럽다. 차라리 '車'자와 비슷

하되 꼭대기 '一'자가 빠진 것 같은 모양의 '화'자를 택했더라면 어땠을까. 華와 같은 글자지만 華보다는 간단한 글자니까.

△화(禍→祸) = '재앙 화'자가 크게 재앙을 당한 꼴이다.

△확(確→确) = 确은 '돌 자갈 땅 학'자로 음도 같지 않은 전혀 별개의 글자다. '정확할 확'자가 간자가 될 수 없다. 차라리 '새 높이 날 확(隺)'자로 정했더라면 어땠을까. 음도 같은 '확'이 아닌가.

△확(擴→扩) = '확대(擴大)한다'고 할 때의 '넓힐 확'자의 간자도 일본식 약자인 '拡'과는 다르다. 黄자 대신 '사사 사' '나 사(厶)'자를 넣은 일본식 약자와는 달리 黄자를 아예 없애버렸다.

△환(歡→欢) = '볼 관(觀)'자도 观으로 줄이더니 '기뻐할 환(歡)'자도 欢으로 만들었다. 歡의 약자는 歓이다.

△환(還→还) = 어떻게 不자를 때려 넣어 '돌아올 환' '돌아갈 환'자의 간자를 만들었는지 묻고 싶다. 참고로 還자는 '돌(轉) 선' '빠를 선'자로 '선'음을 갖고 있다는 것도 기억해 둘 필요가 있다.

△환(環→环) = '돌아올 환(還)'자도 '아니 불(不)'자를 넣어 간자를 만들더니 '옥고리 환' '둘레 환(環)'자의 간자도 不자를 넣어 环으로 만들어버렸다.

△회(懷→怀) = '생각할 회' '품을 회'자의 간자 怀는 忄옆에 '아니 불(不)'자를 때려 넣어 '생각'하는 것도 '품는' 것도 아예 부정해 버린 듯한 느낌이다.

△획(劃→划) = '그을 획'자의 이러한 간자도 이해, 납득하기 어렵다. 划자는 배를 젓는 '삿대 화'자로 劃과는 음도 다른 전혀

별개의 글자이기 때문이다.

△획(獲→获)＝'얻을 획'자도 隻을 犬으로 바꿔 간자로 만든 연유를 알 수 없다. 더욱 이해할 수 없는 건 '곡식 거둘 확(穫)' 자의 간자 또한 같다는 것이다.

△후(後→后)＝后는 '임금 후' '왕비 후'자지만 '뒤 후(後)'자와 통용된다. 그러므로 後자의 간자가 后인 것은 당연하다. 일본어에서도 後의 대용으로 后자를 쓰고 있다.

△희(戲→戏)＝'희롱할 희' '놀 희'자 역시 만만한 '또 우(又)' 자를 넣어 간자 처리한 편법의 근거가 아리송하다. 戱는 戲의 속자다. 그런데 참고할 것은 戲에는 세 가지 음이 있다는 것이다. '희'음 말고도 '휘(麾)'와 같은 글자인 '기(旗) 휘' 그리고 '오호(嗚呼)'라고 할 때의 그 '서러울 호'이기도 하다.

일본의 한자와 약자

02

일본의 한자와 약자

일본에 한자(Kanzi)가 전해진 것은 잘 알려진 대로 4세기 말 백제의 아직기(阿直岐)와 왕인(王仁 : 일본 발음 와니)이 일본 왕자들에게 한자를 가르치면서부터였다. 일본 최고(最古)의 정사(正史) 기록서인 '니혼쇼기(日本書紀)'에 의하면 오진(應神)조(朝) 16년에 백제에서 그들이 도일(渡日)해 왕자들에게 중국의 경전 등을 가르쳤다는 것이다.

그런 일본이 마치 신라의 향찰(鄕札)과 비슷한 기능으로, 다시 말해 자기네 말을 표기하기 위해 한자의 음(音) 또는 훈(訓)을 빌어 표현한 그들 일본인만의 글자인 이른바 가나(仮名→音仮名와 訓仮名)가 만들어져 사용된 것은 한글 창제보다 훨씬 전인 9세기 후반 헤이안(平安)시대로 알려져 있다. 그 가나는 만요가나(萬葉仮名)의 초서체를 차차 간략하게 씀으로써 생겨난 히라가나(平仮名)와 가타가나(片仮名)로 나누어지는데 '가나(仮名)'라는 말은 한자를 참 글자(眞名 : mana, 眞字 : sinzi, 本字 : honzi)라고 여기는데 대해 일본의 글자는 가자(仮字), 가차자(仮借字), 즉 '가짜 글자'라는 뜻이다. 그 이유는 이른바 '가나 고주옹(仮名 五十音)' 즉 50개 글자가 순전히 한자를 모태로, 또는 한자의 일부분을 떼어내 만들었기 때문이다. 예컨대 히라가나 あいうえお(아 이 우 에 오)는 安 以 宇 衣 於에서, 가타카나 アイウエオ는 阿 伊 宇 江 於의 일부를 따온 글자다.

그런데 한글 창제 초기에는 한글이 주로 여자들의 문자였던 것처럼 그들 또한 가나 창제 초기에는 주로 여자들이 사용했고 가마쿠라(鎌倉)시대(12~14세기) 이후에는 한자와 가나가 혼용되었다.

그러한 일본에서도 한 때 한자폐지론은 불거져 나왔다. 1866년 마에지마(前島來輔)라는 사람이 바쿠후(幕府)의 쇼군(將軍)에게 건의한 게 '한자를 없애고 히라가나만으로 국자(國字)를 삼자'는 것이었다. 한 마디로 '참 글자를 버리고 가짜글자로 국자를 삼자'는 주장이었고 두 마디로 일본 국자 가나의 모태인 한자를 버리자는 것이었다. 하지만 그렇게 하지 못한 이유는 너무도 뻔하고 분명하다. 한자가 없으면 일본어 자체가 무너지기 때문이다.

그런데 한자폐지론이 아닌 '한자체감론(遞減論)'만은 일본에서 긍정론과 설득력을 얻기 시작했다. 상용한자를 줄이고 자체, 즉 글자 모양도 간략화하자는 것이다. 그래서 2차대전 직후, 중국이 간자체 한자를 공포하기 12년 전인 1946년 1,850자의 이른바 '도요간지(當用漢字)'를 공포했고 자체(字體)의 간략화, 바꿔 말해 가급적 약자를 쓰기로 한 것도 그 때부터였다. 그런 일본이 '국자(國字 : kokuzi)'라고 해서 일본제 한자는 왜 만들었는지 알다가도 모를 일이다. '働'자를 비롯해 田변에 鳥가 붙은 글자, 口변에 新이 붙은 글자, 身+美 등 81개 글자가 바로 그것이다.

아무튼 일본식 약자는 중국의 간자와 함께 쓰이는 글자가 다수 있기는 있다. 또한 한국에서도 함께 쓰고 있는 글자들이다. 예를 들면 区(區), 旧(舊), 欧(歐), 殴(毆), 国(國), 担(擔), 当(當),

党(黨), 台(臺), 独(獨), 灯(燈), 乱(亂), 恋(戀), 礼(禮), 万(萬), 蛮(蠻), 麦(麥), 弥(彌), 宝(寶), 写(寫), 辞(辭), 声(聲), 寿(壽), 与(與), 芸(藝), 尽(盡), 体(體), 枢(樞), 学(學), 号(號), 会(會), 등이다. 그런가하면 중국 간자(앞)와 일본식 약자가 비슷하지만 약간 다른 예도 있다. 经↔経(經), 团↔団(團), 对↔対(對), 边↔辺(邊), 实↔実(實), 压↔圧(壓), 应↔応(應), 处↔処(處) 등이다.

하지만 간과해선 안 될 중요한 사실은 첫째 중국의 간자와 일본식 약자의 대부분은 서로 전혀 다르고, 둘째 중국 간자의 대부분이 '무작위'로 '마구' 파괴하듯이 줄였다는 느낌을 지울 수 없는데 반해 일본식 약자는 아주 조심스레, 심지어 획 하나를 줄이는 데도 무척 고심한 흔적이 역력하다는 것이다. 그리고 셋째 중국 간자의 일부와 일본식 약자의 상당수는 중국 청나라 때(1716년 : 康熙55년) 편찬된 최대의 자전(48,641字 수록)인 강희자전(康熙字典 : 캉시쯔띠엔)에 수록된 한자의 약자와 속자, 동자(同字)를 그대로 쓰고 있고 한국에서도 대부분 함께 사용하고 있다는 점이다.

일본식 약자를 가나다순으로 열거하면 다음과 같다.

△假→仮(거짓 가) △價→価(값 가)△覺→覚(깨달을 각)
△渴→渇(목마를 갈) △據→拠(의거할 거) △擧→挙(들 거)
△儉→倹(검소할 검) △劍→剣(칼 검)△檢→検(검사할 검)
△兼→兼(겸할 겸) △謙→謙(겸손할 겸) △鎌→鎌(낫 겸)
△徑→径(지름 경) △經→経(지낼 경) △輕→軽(가벼울 경)
△溪→渓(시냇물 계) △繼→継(이을 계)△鷄→鶏(닭 계)

△關→関(관계할 관) △觀→観(볼 관) △廣→広(넓을 광)
△鑛→鉱(쇳돌 광) △壞→壊(무너질 괴) △區→区(나눌 구)
△舊→旧(예 구) △歐→欧(유럽 구) △毆→殴(때릴 구)
△驅→駆(말 달릴 구)△國→国(나라 국) △勸→勧(권할 권)
△權→権(권세 권)△歸→帰(돌아갈 귀) △龜→亀(거북 귀)
△氣→気(기운 기) △器→器(그릇 기)△旣→既(이미 기)

△惱→悩(괴로워할 뇌) △腦→脳(뇌수 뇌)

△團→団(둥글 단) △單→単(홑 단) △斷→断(끊을 단)
△擔→担(짊어질 담) △膽→胆(쓸개 담) △當→当(마땅 당)
△黨→党(무리 당) △臺→台(집 대)△對→対(마주볼 대)
△帶→帯(띠 대) △隊→隊(무리 대) △德→徳(덕 덕)
△圖→図(그림 도) △道→道(길 도)△途→途(길 도)
△盜→盗(훔칠 도)△逃→逃(달아날 도) △稻→稲(벼 도)
△獨→独(홀로 독) △讀→読(읽을 독)△燈→灯(등잔 등)
△亂→乱(어지러울 란) △覽→覧(볼 람) △來→来(올 래)
△兩→両(두 량) △旅→旅(나그네 려) △勵→励(힘쓸 려)
△歷→歴(지낼 력) △曆→暦(달력 력)△連→連(이을 련)
△戀→恋(그리울 련) △練→練(익힐 련) △鍊→錬(불릴 련)
△廉→廉(청렴할 렴)△獵→猟(사냥 렵) △靈→霊(신령 령)
△齡→齢(나이 령) △禮→礼(예 례)△勞→労(힘쓸 로)
△爐→炉(화로 로) △虜→虜(포로 로) △綠→緑(초록빛 록)
△錄→録(적을 록)△賴→頼(의뢰할 뢰) △龍→竜(용 룡)
△淚→涙(눈물 루)△樓→楼(다락 루) △壘→塁(진 루)

△類→类(무리 류)

△痲→麻(삼 마) △摩→摩(만질 마) △磨→磨(갈 마)
△魔→魔(마귀 마) △萬→万(일만 만)△滿→満(찰 만)
△蠻→蛮(오랑캐 만) △灣→湾(물굽이 만) △每→毎(마다 매)
△賣→売(팔 매) △梅→梅(매화나무 매) △麥→麦(보리 맥)
△脈→脈(맥 맥) △侮→侮(업신여길 모) △迷→迷(헤맬 미)
△彌→弥(두루 미) △微→微(작을 미)△敏→敏(민첩할 민)
△迫→迫(닥칠 박) △博→博(넓을 박) △返→返(돌아올 반)
△伴→伴(짝 반) △畔→畔(두둑 반) △發→発(쏠 발)
△拜→拝(절 배)△辯→弁(말 잘할 변) △邊→辺(가 변)
△變→変(변할 변) △竝→並(나란히 설 병) △寶→宝(보배 보)
△佛→仏(부처 불) △拂→払(떨 불)△濱→浜(물가 빈)
△寫→写(베낄 사) △絲→糸(실 사)△辭→辞(말 사)
△澁→渋(껄끄러울 삽) △狀→状(모양 상) △敍→叙(차례 서)
△釋→釈(풀 석) △扇→扇(부채 선) △選→選(가릴 선)
△禪→禅(선 선) △說→説(말씀 설) △纖→繊(가늘 섬)
△攝→摂(집행할 섭)△聲→声(소리 성)△稅→税(구실 세)
△巢→巣(새집 소) △燒→焼(탈 소)△騷→騒(떠들 소)
△速→速(빠를 속) △續→続(이을 속) △屬→属(무리 속)
△送→送(보낼 송) △碎→砕(부술 쇄)△衰→衰(쇠할 쇠)
△收→収(거둘 수) △壽→寿(목숨 수) △數→数(셈 수)
△搜→捜(찾을 수) △粹→粋(순수할 수)△隨→随(따를 수)
△遂→遂(이룰 수) △穗→穂(이삭 수) △獸→獣(짐승 수)
△輸→輸(보낼 수)△髓→髄(골 수)△肅→粛(엄숙할 숙)

△習→習(익힐 습) △濕→湿(축축할 습) △僧→僧(중 승)
△繩→縄(노 승) △愼→慎(삼갈 신) △實→実(열매 실)
△雙→双(쌍 쌍)

△亞→亜(버금 아) △兒→児(아이 아) △惡→悪(모질 악)
△樂→楽(풍류 악) △謁→謁(뵐 알) △巖→巌(바위 암)
△壓→圧(누를 압) △礙→碍(막을 애) △櫻→桜(앵두나무 앵)
△躍→躍(뛰어오를 약) △藥→薬(약 약) △樣→様(모양 양)
△壤→壌(땅 양) △孃→嬢(계집 양) △讓→譲(사양할 양)
△釀→醸(빚을 양) △嚴→厳(엄할 엄) △與→与(함께 여)
△餘→余(남을 여) △譯→訳(통변할 역) △驛→駅(역말 역)
△硏→研(갈 연) △沿→沿(물 따라갈 연) △煙→煙(연기 연)
△悅→悦(기뻐할 열) △閱→閲(점고할 열) △鹽→塩(소금 염)
△榮→栄(번영할 영) △營→営(경영할 영) △豫→予(미리 예)
△藝→芸(재주 예) △譽→誉(명예 예) △銳→鋭(날카로울 예)
△吳→呉(오나라 오) △娛→娯(즐거워할 오) △誤→誤(잘못할 오)
△奧→奥(깊을 오) △溫→温(따뜻할 온) △穩→穏(안온할 온)
△翁→翁(늙은이 옹) △謠→謡(노래 요) △搖→揺(흔들릴 요)
△曜→曜(햇빛 요) △圓→円(둥글 원) △圍→囲(에울 위)
△爲→為(행할 위) △僞→偽(거짓 위) △猶→猶(오히려 유)
△遊→遊(놀 유) △隱→隠(숨을 은) △應→応(응할 응)
△醫→医(의원 의) △貳→弐(두 이) △益→益(더할 익)
△翌→翌(이튿날 익) △壹→壱(하나 일)△逸→逸(편안할 일)

△殘→残(해칠 잔) △棧→栈(잔교 잔) △潛→潜(잠길 잠)
△蠶→蚕(누에 잠) △雜→雑(섞일 잡) △壯→壮(왕성할 장)
△莊→荘(별장 장) △將→将(장수 장) △裝→装(차릴 장)
△藏→蔵(감출 장) △齋→斎(재계할 재) △爭→争(다툴 쟁)
△適→適(알맞을 적) △全→全(온통 전) △傳→伝(전할 전)
△專→専(오로지 전) △轉→転(구를 전) △戰→戦(싸울 전)
△錢→銭(돈 전) △竊→窃(훔칠 절) △點→点(점 점)
△淨→浄(맑을 정) △靜→静(조용할 정) △齊→斉(가지런할 제)
△濟→済(건널 제) △劑→剤(약제 제) △條→条(가지 조)
△造→造(만들 조) △尊→尊(높을 존) △從→従(따를 종)
△縱→縦(세로 종) △晝→昼(낮 주) △鑄→鋳(부어 만들 주)
△遵→遵(따라갈 준) △增→増(늘 증)△憎→憎(미워할 증)
△贈→贈(줄 증)△遲→遅(늦을 지) △盡→尽(다할 진)
△眞→真(참 진) △進→進(나아갈 진)△晉→晋(진나라 진)
△鎭→鎮(누를 진)

△贊→賛(도울 찬) △參→参(뵐 참) △慘→惨(혹독할 참)
△處→処(곳 처) △淺→浅(얕을 천) △踐→践(밟을 천)
△鐵→鉄(쇠 철) △疊→畳(접을 첩) △廳→庁(마을 청)
△聽→聴(들을 청) △體→体(몸 체) △遞→逓(갈마들 체)
△滯→滞(막힐 체) △逮→逮(잡을 체) △觸→触(닿을 촉)
△囑→嘱(부탁할 촉) △聰→聡(귀 밝을 총) △樞→枢(지도리 추)
△墜→墜(떨어질 추) △逐→逐(쫓을 축) △蟲→虫(벌레 충)

△醉→酔(취할 취) △層→層(층 층) △齒→歯(이 치)
△癡→痴(어리석을 치) △寢→寝(잘 침) △稱→称(일컬을 칭)

△墮→堕(떨어질 타) △彈→弾(탄알 탄) △脫→脱(벗을 탈)
△擇→択(가릴 택) △澤→沢(못 택) △通→通(통할 통)
△鬪→闘(싸울 투)
△派→派(갈래 파) △廢→廃(폐할 폐) △豐→豊(풍년들 풍)

△學→学(배울 학) △陷→陥(빠질 함) △鄕→郷(마을 향)
△虛→虚(빌 허) △險→険(험할 험) △驗→験(증험 험)
△縣→県(고을 현) △顯→顕(드러날 현) △嫌→嫌(싫어할 혐)
△挾→挟(낄 협)△峽→峡(골짜기 협) △狹→狭(좁을 협)
△螢→蛍(개똥벌레 형) △惠→恵(은혜 혜) △號→号(부르짖을 호)
△畵→画(그림 화) △擴→拡(넓힐 확) △歡→歓(기뻐할 환)
△環→環(고리 환) △會→会(모일 회) △灰→灰(재 회) △繪→絵(그림 회) △懷→懐(품을 회) △悔→悔(뉘우칠 회)
△曉→暁(새벽 효) △黑→黒(검을 흑) △犧→犠(희생 희)

chapter 03

한자의 음(音)-자음(字音), 발음도 세 나라가 전혀 다르다

03 • • •

한자의 음(音)-자음(字音), 발음도 세 나라가 전혀 다르다

한・중・일 세 나라의 한자 발음도 각각 전혀 다르고 사뭇 다르다.

'가' 음의 한자부터 보자. 중국 발음은 '가'가 아니라 커(可), 지에(價), 꺼(歌), 시아(暇), 간(笴) 등 각각 다르다. '家(가)'자는 '지아' '지에' 두 가지 음을 갖고 있고 '伽(가)'자는 세 가지 음(까, 지아, 치에)'으로 발음한다. 그런가하면 '價'자만 발음이 '지에'가 아니라 '竭(갈)' '介(개)' '傑(걸)' '劫(겁)' '揭(게)' '結 潔(결)' '界 戒(계)'도 '지에'로 발음하고 '節(절)' '睫(첩)' '解(해)'도 발음이 '지에'다. 이렇게 뒤죽박죽 엉망진창의 중국 한자 발음을 안다면 놀라고 웃다 못해 까무러칠 일이 아닐 수 없다.

같은 '가' 음 한자의 일본 발음도 엉뚱하기는 마찬가지다. 아(我 雅 餓 芽), 하(賀), 화(画) 음의 한자를 모두 '가'로 발음하고 하(下 何 夏 河 荷)와 화(化 火 花 華 貨 禍 靴), 과(果 科 過 課 寡 菓)와 개(箇), 와(渦)도 '카'에 가까운 '가'로 읽는다. 그런가하면 우리 한국인이 읽는 발음은 전혀 다른 한자들이지만 일본에선 모두 같은 발음으로 읽는 한자도 수두룩하다. 乾(건), 官 冠 寬 慣 管(관), 甘 感 勘 堪 憾(감), 卷 勸(권), 岸 眼 顔(안), 完 緩(완), 願(원), 韓 漢 汗 寒(한), 含 陷 緘 艦(함), 丸 患

換 喚 環(환) 등이 모두 '간' 발음이다. 이런 예를 들자면 끝도 없다. '흡사하다'고 할 때의 '恰(흡)'자와 '흡족하다'고 할 때의 '洽(흡)'자는 어떤가. 중국에선 '흡'을 '치아'로 발음하고 일본에선 '코'로 읽는다. 어이없고 우습기 짝이 없는 예는 얼마든지 더 있다. '귤(橘)'의 발음도 중국에선 '쥐' 일본에선 '키쓰'다.

우리 한자음은 오직 우리만의 발음일 뿐이라는 점을 알고 또 알아야 할 것이다.

중국 최대의 자전인 강희자전(康熙字典 : 캉시쯔띠엔)에 수록된 48,641자 중에서 한·중·일 3국이 같거나 거의 같은 발음으로 읽는 한자는 극히 드물다. 굳이 예를 든다면 나→那 拏, 난→難, 니→尼, 란→蘭 瀾 欄 爛, 래→來, 류→流 柳 劉 留, 리→吏 利 理 李 里 梨 離 裏, 린→隣 吝 燐 鱗, 마→痲, 만→滿 曼 漫 慢 瞞 饅, 민→民, 산→山 散 傘, 신→信 新 辛 薪, 안→安 案 鞍, 완→腕 碗, 이→已 以 夷 移 異 伊 痍 姨, 인→印 因 引 姻 寅 靭, 진→盡, 타→他, 탄→炭 歎 坦에 불과하다.

두 음절 이상의 어휘는 어떤가. 한·중·일 세 나라의 독음(讀音), 즉 읽는 발음이 같거나 거의 같은 어휘는 내가 알기로는 단 하나 '移民(이민)'밖에 없다. 중국 발음도, 일본 발음도 '이민'이다. '漢字(한자)'라는 단어부터 중국인은 '한쯔'라 읽고 일본인은 '칸지'라 발음한다. '국어(國語)'도 중국 음은 '궈위'지만 일본서는 '고쿠고'라 읽는다. '중국어(中國語)'도 일본인은 '주고쿠고'라 발음하지만 중국인은 '중궈위'고 그보다는 보통 '한위(漢

語)'라 하고 '일본(日本)'도 일본인에겐 '닛폰' 또는 '니혼'이지만 중국인에겐 '르번'이다. '인생'은 코후쿠'다. '결혼'은 '지에훈'과 '켓콘'이고 '런성(중국)'과 '진세이(일본)' '성공'은 '청꿍'과 '세이코' '행복'은 '싱푸'와 '사망'은 '스왕'과 '시보'다.

3국이 아닌 한·중 또는 한·일 두 나라만의 발음이 같거나 거의 같은 어휘, 단어도 소수에 불과하다. 예거하면 이렇다.

△한·중의 예→拇印(무인) 民主(민주) 新郎(신랑) 新春(신춘) 移山(이산) 異數(이수) 異樣 : 异样(이양) 已往(이왕) 移住(이주) 異趣(이취) 異化(이화) 印章(인장) 長官(장관) 整理(정리) 正中(정중) 正餐(정찬) 주민(住民) 主上(주상) 主因(주인) 主張(주장) 遵信(준신→믿고 따르다) 遵章(준장→규칙을 따르다) 中餐(중찬) 등.

△한·일의 경우 같거나 거의 같은 발음의 어휘는 꽤 많은 것 같지만 전체 어휘 수에 비하면 극소수에 불과하다.

歌壇(가단) 加味(가미) 歌謠(가요) 家運(가운) 干滿(간만) 幹部(간부) 簡素(간소) 諫臣(간신) 簡易(간이) 教壇(교단) 教団(교단) 教導(교도) 教理(교리) 教条(교조) 区民(구민) 区分(구분) 具備(구비) 具有(구유) 軍団(군단) 軍部(군부) 軍費(군비) 軍神(군신) 器具(기구) 気流(기류) 欺瞞(기만) 奇妙(기묘) 基部(기부) 気分(기분) 起訴(기소) 起案(기안) 気温(기온) 気運(기운) 機運(기운) 奇異(기이) 基因(기인) 起因(기인) 緊要(긴요)

難民(난민) 難易(난이)

多難(다난) 多毛(다모) 多分(다분) 単価(단가) 旦那(단나) 単身(단신) 断案(단안) 道具(도구) 盗難(도난) 道斷(도단) 道路(도로) 塗料(도료) 道理(도리) 桃李(도리) 島民(도민) 陶冶(도야)

磨耗(마모) 満身(만신) 妙技(묘기) 妙味(묘미) 妙案(묘안) 無価(무가) 無料(무료) 無理(무리) 無視(무시) 未満(미만) 未分(미분) 微塵(미진) 民団(민단) 民度(민도) 民謡(민요)

分斷(분단) 分流(분류) 分離(분리) 分身(분신) 分派(분파)

詐欺(사기) 山道(산도) 酸度(산도) 散亂(산란) 散漫(산만) 酸味(산미) 山野(산야) 騷亂(소란) 素因(소인) 訴因(소인) 塑造(소조) 素地(소지) 市価(시가) 市道(시도) 試料(시료) 詩論(시론) 市民(시민) 示唆(시사) 視野(시야) 新教(신교) 神技(신기) 新道(신도) 神妙(신묘) 新盤(신반) 辛酸(신산) 新案(신안) 信者(신자) 新造(신조) 新派(신파)

亞痲(아마) 亞流(아류) 安価(안가) 安堵(안도) 按摩(안마) 安易(안이) 安住(안주) 夜雨(야우) 野遊(야유) 汚吏(오리) 溫度(온도) 溫存(온존) 要路(요로) 妖魔(요마) 雲散(운산) 遊技(유기) 誘導(유도) 有利(유리) 誘因(유인) 異教(이교) 引導(인도)

殘留(잔류) 住民(주민) 住持(주지) 準備(준비) 등이다.

우리 한자음은 우리만의 소리, 오직 대한민국 국민인 우리만의 발음일 뿐이다. 한·중·일 3국의 한자음, 한자 독음은 3국이 각각 다르고 생판 다르고 완전히 다르다. 어떻게 얼마나 다른지 비교적 쉬운 글자만을 예로 들어 가나다순으로 비교해 보면 다음과 같다.

보기→〈중→중국 음, 일→일본 음〉

ㄱ

△加(가)→지아(중), 카(일) △可(가)→커(중), 카(일)

△家(가)→지아 지에(중), 카 케(일) △街(가)→지에(중), 가이 카이(일) △假(가)→지아(중), 카 케(일) △伽(가)→까 지아 치에(중), 카 가 캬(일)

△暇(가)→시아(중), 카(일) △茄(가)→치에(중), 카(일)

△笴(가)→간(중), 카(일)

△各(각)→거 꺼(중), 카쿠(일) △角(각)→쟈오 쥐에(중), 카쿠(일)

△却(각)→취에(중), 캬쿠(일) △覺(각)→쥐에(중), 카쿠(일)

△脚(각)→쟈오 쥐에(중), 캬쿠 카쿠 캬(일)

△殼(각)→커 챠오(중), 카쿠(일) △閣(각)→가오(중), 카쿠(일)

△刊(간)→칸(중), 칸(일) △間(간)→지엔(중), 칸 켄(일)

△澗(간)→지엔(중), 칸(일) △癇(간)→시엔(중), 칸(일)

△懇(간)→컨(중), 콘(일)

△渴(갈)→커(중), 카쓰(일) △喝(갈)→허(중), 카쓰(일)

△葛(갈)→거(중), 카쓰(일) △碣(갈)→지에(중), 게쓰(일)

△蝎(갈)→시에(중), 카쓰(일)

△甘(감)→깐(중), 칸(일) △感(감)→간(중), 칸(일)

△監(감)→지엔(중), 칸 켄(일) △鑑(감)→지엔(중), 칸(일)

△嵌(감)→칸 치엔(중), 칸(일)

△甲(갑)→지아(중), 코 칸(일) △匣(갑)→시아(중), 코(일)

△閘(갑)→자(중), 코(일)

△江(강)→쟝(중), 코(일) △康(강)→캉(중), 코(일)

△强(강)→쟝 챵(중), 쿄, 고(일) △剛(강)→깡(중), 고(일)

△姜(강)→쟝(중), 쿄(일)

△個(개)→거 꺼(중), 코 카(일) △開(개)→카이(중), 카이(일)

△改(개)→가이(중), 카이(일) △皆(개)→지에(중), 카이(일)

△箇(개)→꺼(중), 카 코(일) △介(개)→지에(중), 카이(일)

△蓋(개)→거 까이(중), 가이(일) △凱(개)→카이(중), 가이(일)

△客(객)→커(중), 캬쿠 카쿠(일)

△更(갱)→껑(중), 코(일) △坑(갱)→컹(중), 코(일)

△巨(거) → 쥐(중), 쿄(일) △去(거) → 취(중), 쿄 코(일)

△居(거) → 쥐(중), 쿄(일) △拒(거) → 쥐(중), 쿄(일)

△擧(거) → 쥐(중), 쿄(일) △渠(거) → 취(중), 쿄(일)

△件(건) → 지엔(중), 켄(일) △乾(건) → 깐 치엔(중), 칸(일)

△建(건) → 지엔(중), 켄 콘(일) △巾(건) → 진(중), 킨(일)

△虔(건) → 치엔(중), 켄(일)

△乞(걸) → 치(중), 키쓰 코쓰(일) △傑(걸) → 지에(중), 케쓰

△劍(검) → 지엔(중), 켄(일) △檢(검) → 지엔(중), 켄(일)

△劫(겁) → 지에(중), 쿄 코 고(일) △怯(겁) → 치에(중), 쿄(일)

△偈(게) → 지(중), 케이(일) △揭(게) → 지에(중), 케이(일)

△憩(게) → 치(중), 케이(일)

△格(격) → 꺼(중), 카쿠(일) △擊(격) → 지(중), 게키(일)

△隔(격) → 꺼(중), 카쿠(일) △激(격) → 지(중), 게키(일)

△見(견) → 지엔(중), 켄 겐(일) △犬(견) → 취엔(중), 켄(일)

△堅(견) → 지엔(중), 켄(일) △牽(견) → 치엔(중), 켄(일)

△決(결) → 쥐에(중), 케쓰(일) △結(결) → 지에(중), 케쓰 케치(일)

△缺(결) → 취에(중), 케쓰(일) △潔(결) → 지에(중), 케쓰(일)

△兼(겸) → 지엔(중), 켄(일) △謙(겸) → 치엔(중), 켄(일)
△鎌(겸) → 리엔(중), 렌(일)

△京(경) → 징(중), 쿄, 케이(일) △更(경) → 껑(중), 코(일)
△慶(경) → 칭(중), 케이 쿄(일) △境(경) → 징(중), 쿄 케이(일)
△頃(경) → 칭(중), 케이(일) △警(경) → 징(중), 케이 쿄(일)
△耕(경) → 껑(중), 코(일) △景(경) → 징(중), 케이 쿄(일)
△輕(경) → 칭(중), 케이 쿄(일) △競(경) → 징(중), 쿄 케이(일)
△硬(경) → 잉(중), 코(일) △經(경) → 징(중), 케이 쿄(일)
△敬(경) → 징(중), 케이 쿄(일) △瓊(경) → 치웅(중), 케이(일)
△炅(경) → 지웅(중), 케이(일) △耿(경) → 겅(중), 쿄(일)

△系(계) → 시(중), 케이(일) △界(계) → 지에(중), 카이(일)
△計(계) → 지(중), 케이(일) △係(계) → 시(중), 케이(일)
△季(계) → 지(중), 키(일) △戒(계) → 지에(중), 카이(일)
△癸(계) → 꾸이(중), 키(일) △啓(계) → 치(중), 케이(일)
△桂(계) → 꾸이(중), 케이(일) △階(계) → 지에(중), 카이(일)
△契(계) → 치(중), 케이 케쓰 키쓰(일) △械(계) → 시에(중), 카이(일)
△溪(계) → 시(중), 케이(일) △繼(계) → 지(중), 케이(일)
△鷄(계) → 지(중), 케이(일)

△高(고) → 까오(중), 코(일) △古(고) → 구(중), 코(일)
△告(고) → 까오(중), 코쿠 코(일) △固(고) → 꾸(중), 코(일)
△考(고) → 카오(중), 코(일) △故(고) → 꾸(중), 코(일)

△枯(고)→쿠(중), 코(일) △苦(고)→쿠(중), 쿠(일)
△孤(고)→꾸(중), 코(일) △稿(고)→까오(중), 코(일)
△鼓(고)→구(중), 코 쿠(일) △姑(고)→꾸(중), 코(일)

△谷(곡)→구(중), 코쿠(일) △曲(곡)→취(중), 쿄쿠(일)
△哭(곡)→쿠(중), 코쿠(일) △穀(곡)→구(중), 코쿠(일)
△鵠(곡)→구(중), 코쿠(일)

△困(곤)→쿤(중), 콘(일) △坤(곤)→쿤(중), 콘(일)
△昆(곤)→쿤(중), 콘(일) △棍(곤)→췬(중), 콘(일)

△公(공)→꿍(중), 코 쿠(일) △共(공)→꿍(중), 쿄(일)
△工(공)→꿍(중), 코 쿠(일) △功(공)→꿍(중), 코 쿠(일)
△空(공)→쿵(중), 코(일) △攻(공)→꿍(중), 코(일)
△孔(공)→쿵(중), 코 쿠(일) △供(공)→꿍(중), 쿄 쿠 구(일)

△果(과)→꾸어(중), 카(일) △科(과)→커(중), 카(일)
△過(과)→꾸어(중), 카(일) △課(과)→커(중), 카(일)
△菓(과)→꾸어(중), 카(일) △瓜(과)→꾸아(중), 카(일)
△戈(과)→꺼(중), 카(일) △寡(과)→꾸아(중), 카(일)
△誇(과)→쿠아(중), 코(일)

△郭(곽)→꾸어(중), 카쿠(일) △藿(곽)→후어(중), 카쿠(일)

△官(관)→꾸안(중), 칸(일) △寬→쿠안(중), 칸(일)
△關(관)→꾸안(중), 칸(일) △管(관)→꾸안(중), 칸(일)

△冠(관)→꾸안(중), 칸(일) △觀(관)→꾸안(중), 칸(일)
△貫(관)→꾸안(중), 칸(일) △館(관)→꾸안(중), 칸(일)

△刮(괄)→꾸아(중), 카쓰(일) △括(괄)→꾸아(중), 카쓰(일)

△光(광)→꾸앙(중), 코(일) △廣(광)→꾸앙(중), 코(일)
△狂(광)→쿠앙(중), 쿄(일) △鑛(광)→쿠앙(중), 코(일)
△匡(광)→쿠앙(중), 쿄(일)

△卦(괘)→꾸아(중), 케(일) △掛(괘)→꾸아(중), 카 케이(일)

△怪(괴)→꽈이(중), 카이 케(일) △壞(괴)→화이(중), 카이(일)
△傀(괴)→꾸이 쿠이(중), 카이(일) △塊(괴)→콰이(중), 카이(일)
△愧(괴)→쿠이(중), 키(일) △拐(괴)→꽈이(중), 카이(일)
△槐(괴)→화이(중), 카이(일) △魁(괴)→쿠이(중), 카이(일)

△交(교)→쟈오(중), 코 쿄(일) △校(교)→쟈오 샤오(중), 코 쿄(일)
△橋(교)→챠오(중), 쿄(일) △敎(교)→쟈오(중), 쿄(일)
△僑(교)→챠오(중), 쿄(일) △巧(교)→챠오(중), 코(일)
△郊(교)→쟈오(중), 코(일) △喬(교)→챠오(중), 쿄(일)
△較(교)→쟈오(중), 카쿠 코(일) △矯(교)→쟈오(중), 쿄(일)
△咬(교)→야오(중), 코 쿄(일)

△九(구)→지우(중), 큐 쿠(일) △口(구)→커우(중), 코 쿠(일)

△求(구) → 치우(중), 큐 구(일) △久(구) → 지우(중), 큐 쿠(일)

△丘(구) → 치우(중), 큐(일) △區(구) → 취(중), 쿠(일)

△具(구) → 쥐(중), 구(일) △句(구) → 꺼우 쥐(중), 쿠(일)

△邱(구) → 치우(중), 큐(일) △球(구) → 치우(중), 큐(일)

△拘(구) → 쥐(중), 코 쿠(일) △狗(구) → 거우(중), 코 쿠(일)

△究(구) → 지우(중), 큐(일) △救(구) → 지우(중), 큐 쿠(일)

△構(구) → 꺼우(중), 코(일) △歐(구) → 오우(중), 오(일)

△毆(구) → 오우(중), 오(일) △龜(구) → 치우(중), 키(일)

△購(구) → 꺼우(중), 코(일) △垢(구) → 꺼우(중), 코(일)

△鳩(구) → 지우(중), 큐(일) △軀(구) → 취(중), 쿠(일)

△鷗(구) → 오우(중), 오(일) △驅(구) → 취(중), 쿠(일)

△國(국) → 궈(중), 코쿠(일) △局(국) → 쥐(중), 쿄쿠(일)

△菊(국) → 쥐(중), 키쿠(일)

△君(군) → 쥔(중), 쿤(일) △軍(군) → 쥔(중), 군(일)

△郡(군) → 쥔(중), 군(일) △群(군) → 췬(중), 군(일)

△裙(군) → 췬(중), 쿤(일)

△屈(굴) → 취(중), 쿠쓰(일) △窟(굴) → 쿠(중), 쿠쓰(일)

△掘(굴) → 쥐에(중), 쿠쓰(일)

△宮(궁) → 꿍(중), 큐 구 쿠(일) △弓(궁) → 꿍(중), 큐(일)

△窮(궁) → 치웅(중), 큐(일)

△權(권) → 취엔(중), 켄 곤(일) △卷(권) → 쥐엔 취엔(중), 칸 켄(일)

△券(권) → 쥐엔 취엔 쉬엔(중), 켄(일) △拳(권) → 취엔(중), 켄(일)

△圈(권) → 쥐엔 취엔(중), 켄(일) △勸(권) → 취엔(중), 칸 켄(일)

△眷(권) → 쥐엔(중), 켄(일)

△闕(궐) → 취에(중), 케쓰(일) △蹶(궐) → 쥐에(중), 케쓰(일)

△軌(궤) → 꾸이(중), 키(일) △詭(궤) → 꾸이(중), 키(일)

△潰(궤) → 쿠이(중), 카이(일) △跪(궤) → 꾸이(중), 키(일)

△貴(귀) → 꾸이(중), 키(일) △歸(귀) → 꾸이(중), 키(일)

△鬼(귀) → 꾸이(중), 키(일)

△圭(규) → 꾸이(중), 케이(일) △奎(규) → 쿠이(중), 케이(일)

△規(규) → 꾸이(중), 키(일) △閨(규) → 꾸이(중), 케이(일)

△糾(규) → 지우(중), 큐(일) △叫(규) → 쟈오(중), 쿄(일)

△珪(규) → 꾸이(중), 케이(일) △葵(규) → 쿠이(중), 키(일)

△揆(규) → 쿠이(중), 키(일) △窺(규) → 쿠이(중), 키(일)

△均(균) → 쥔(중), 킨(일) △菌(균) → 쥔(중), 킨(일)

△筠(균) → 쥔 윈(중), 인(일) △鈞(균) → 쥔(중), 킨(일)

△橘(귤) → 쥐(중), 키쓰(일)

△克(극) → 커(중), 코쿠(일) △極(극) → 지(중), 쿄쿠 교쿠(일)

△劇(극) → 쥐(중), 게키(일) △戟(극) → 지(중), 게키(일)

△剋(극) → 커이(중), 코쿠(일) △隙(극) → 시(중), 게키(일)

△近(근) → 진(중), 킨 콘(일) △根(근) → 껀(중), 콘(일)

△斤(근) → 진(중), 킨(일) △勤(근) → 친(중), 킨 곤(일)

△槿(근) → 진(중), 킨(일) △謹(근) → 진(중), 킨(일)

△芹(근) → 친(중), 킨(일) △筋(근) → 진(중), 킨(일)

△今(금) → 진(중), 콘 킨(일) △金(금) → 진(중), 킨 콘(일)

△琴(금) → 친(중), 킨 곤(일) △禁(금) → 진(중), 킨(일)

△禽(금) → 친(중), 킨(일) △錦(금) → 진(중), 킨(일)

△衾(금) → 친(중), 킨(일) △襟(금) → 진(중), 킨(일)

△及(급) → 지(중), 큐(일) △急(급) → 지(중), 큐(일)

△給(급) → 게이(중), 큐(일) △級(급) → 지(중), 큐(일)

△汲(급) → 지(중), 큐(일)

△肯(긍) → 컨(중), 코(일) △亘(긍) → 껀(중), 코(일)

△矜(긍) → 진(중), 쿄(일) △兢(긍) → 징(중), 쿄(일)

△己(기) → 지(중), 키 코(일) △其(기) → 지 치(중), 키(일)

△企(기) → 치(중), 키(일) △基(기) → 지(중), 키(일)

△記(기)→지(중), 키(일) △氣(기)→치(중), 키 케(일)

△起(기)→치(중), 키(일) △期(기)→지 치(중), 키 고(일)

△汽(기)→치(중), 키(일) △技(기)→지(중), 기(일)

△器(기)→치(중), 키(일) △幾(기)→지(중), 키(일)

△奇(기)→지 치(중), 키(일) △旗(기)→치(중), 키(일)

△譏(기)→지(중), 키(일) △寄(기)→지(중), 키(일)

△紀(기)→지(중), 키(일) △祈(기)→치(중), 키(일)

△旣(기)→지(중), 키(일) △欺(기)→치(중), 기 키(일)

△機(기)→지(중), 키(일) △棄(기)→치(중), 키(일)

△忌(기)→지(중), 키(일) △妓(기)→지(중), 기(일)

△岐(기)→치(중), 키 기(일) △綺(기)→치(중), 키(일)

△騎(기)→치(중), 키(일) △飢(기)→지(중), 키 케(일)

△麒(기)→치(중), 키(일)

△吉(길)→지(중), 키치 키쓰(일) △拮(길)→지에(중), 키쓰(일)

△桔(길)→지에 쥐(중), 케쓰 키쓰(일)

ㄴ

△那(나)→나 나이 네이 너(중), 나(일) △拏(나)→나(중), 나(일)

△拿(나)→나(중), 다 나(일) △娜(나)→나 누어(중), 다 나(일)

△諾(낙)→누어(중), 다쿠(일)

△暖(난)→누안(중), 단(일) △煖(난)→누안(중), 단(일)
△難(난)→난(중), 난(일)

△捺(날)→나(중), 나쓰(일) △捏(날)→니에(중), 네쓰 데쓰(일)

△男(남)→난(중), 단 난(일) △南(남)→나 난(중), 난(일)
△楠(남)→난(중), 난(일)

△納(납)→나(중), 노 도 나(일) △衲(납)→나(중), 노(일)

△娘(낭)→냥(중), 죠(일) △囊(낭)→낭(중), 노(일)

△內(내)→네이(중), 나이 다이(일) △乃(내)→나이(중), 다이 나이(일) △耐(내)→나이(중), 다이(일) △奈(내)→나이(중), 다이 나(일)

△女(녀)→뉘(중), 죠 뇨(일)

△年(년)→니엔(중), 넨(일)

△念(념)→니엔(중), 넨(일) △恬(념)→티엔(중), 텐(일)

△寧(녕)→닝(중), 네이(일)

△努(노)→누(중), 도(일) △怒(노)→누(중), 도 누(일)
△奴(노)→누(중), 도 누(일) △瑙(노)→나오(중), 노 도(일)

△農(농) → 눙(중), 노(일) △濃(농) → 눙(중), 노(일)
△膿(농) → 눙(중), 노(일)

△腦(뇌) → 나오(중), 노(일) △惱(뇌) → 나오(중), 노(일)

△尿(뇨) → 냐오(중), 뇨(일)

△能(능) → 넝(중), 노(일)

△尼(니) → 니(중), 니 지(일) △泥(니) → 니(중), 디(일)
△你(니) → 니(중), 니 지(일)

△匿(닉) → 니(중), 토쿠(일) △溺(닉) → 니(중), 디키(일)

ㄷ

△多(다) → 뚜어(중), 타(일) △茶(다) → 차(중), 사 차(일)

△丹(단) → 딴(중), 탄(일) △但(단) → 딴(중), 탄(일)
△單(단) → 딴(중), 탄(일) △團(단) → 투안(중), 단 톤(일)
△旦(단) → 딴(중), 탄(일) △短(단) → 두안(중), 탄(일)
△端(단) → 뚜안(중), 탄(일) △段(단) → 뚜안(중), 단 탄(일)
△斷(단) → 뚜안(중), 단(일) △壇(단) → 탄(중), 단 탄(일)
△檀(단) → 탄(중), 단 탄(일) △蛋(단) → 딴(중), 탄(일)
△鍛(단) → 뚜안(중), 탄(일)

△達(달)→다 타(중), 타쓰 타치(일) △撻(달)→타(중), 타쓰(일)

△談(담)→탄(중), 단(일) △淡(담)→딴(중), 탄(일)
△擔(담)→딴(중), 탄(일) △譚(담)→탄(중), 탄(일)
△潭(담)→탄(중), 탄(일) △曇(담)→탄(중), 돈 탄(일)
△膽(담)→단(중), 탄(일) △聃(담)→딴(중), 탄(일)

△答(답)→따 다(중), 토(일) △踏(답)→타(중), 토(일)
△沓(답)→다 타(중), 토(일)

△當(당)→땅(중), 토(일) △堂(당)→탕(중), 도(일)
△唐(당)→탕(중), 토(일) △黨(당)→당(중), 토(일)
△棠(당)→탕(중), 토(일) △糖(당)→탕(중), 토(일)
△塘(당)→탕(중), 토(일) △撞(당)→주앙(중), 토 도 쥬(일)
△幢(당)→추앙 주앙(중), 토(일)

△大(대)→따 따이(중), 다이 타이(일) △代(대)→따이(중), 다이 타이(일)
△對(대)→뚜이(중), 타이 쓰이(일) △待(대)→따이(중), 타이(일)
△臺(대)→타이(중), 다이 타이(일) △隊(대)→뚜이(중), 타이(일)
△帶(대)→따이(중), 타이(일) △貸(대)→따이(중), 타이(일)
△袋(대)→따이(중), 타이(일) △戴(대)→따이(중), 타이(일)

△德(덕)→더(중), 토쿠(일)

△刀(도)→따오(중), 토(일) △道(도)→따오(중), 도 토(일)

△都(도)→떠우 뚜(중), 토 쓰(일) △度(도)→뚜(중), 도 토(일)

△島(도)→다오(중), 토(일) △圖(도)→투(중), 즈 토(일)

△到(도)→따오(중), 토(일) △徒(도)→투(중), 토 즈(일)

△導(도)→다오(중), 도(일) △倒(도)→다오 따오(중), 토(일)

△渡(도)→뚜(중), 토(일) △盜(도)→따오(중), 토(일)

△稻(도)→따오(중), 토(일) △桃(도)→타오(중), 토(일)

△逃(도)→타오(중), 토(일) △挑(도)→타오(중), 쵸(일)

△陶(도)→타오(중), 토(일) △淘(도)→타오(중), 토(일)

△屠(도)→투(중), 토(일) △濤(도)→타오(중), 토(일)

△禱(도)→다오(중), 토(일) △跳(도)→탸오(중), 쵸(일)

△賭(도)→두(중), 토(일) △塗(도)→투(중), 토(일)

△悼(도)→따오(중), 토(일) △燾(도)→따오 타오(중), 토(일)

△蹈(도)→다오(중), 토(일) △鍍(도)→뚜(중), 토(일)

△讀(독)→두(중), 도쿠 토쿠 토(일) △獨(독)→두(중), 도쿠(일)

△毒(독)→두(중), 도쿠(일) △督(독)→뚜(중), 토쿠(일)

△篤(독)→두(중), 토쿠(일) △瀆(독)→두(중), 토쿠(일)

△禿(독)→투(중), 토쿠(일)

△敦(돈)→뚠(중), 톤(일) △豚(돈)→툰(중), 톤(일)

△頓(돈)→뚠(중), 톤(일) △沌(돈)→뚠 주안(중), 톤(일)

△突(돌)→투(중), 토쓰(일) △咄(돌)→뚜어(중), 토쓰(일)

△同(동)→퉁(중), 도(일) △東(동)→뚱(중), 토(일)

△冬(동)→뚱(중), 토(일) △動(동)→뚱(중), 도(일)

△童(동)→퉁(중), 도(일) △洞(동)→뚱(중), 도 토(일)

△棟(동)→뚱(중), 토(일) △銅(동)→퉁(중), 도(일)

△凍(동)→뚱(중), 토(일) △董(동)→둥(중), 토(일)

△桐(동)→퉁(중), 토 도(일) △瞳(동)→퉁(중), 도(일)

△疼(동)→텅(중), 토(일)

△斗(두)→더우(중), 토 도(일) △頭(두)→터우(중), 토 즈(일)

△豆(두)→떠우(중), 토 즈(일) △杜(두)→뚜(중), 토 즈(일)

△痘(두)→떠우(중), 토(일) △肚(두)→두 뚜(중), 토(일)

△屯(둔)→툰(중), 톤 츈(일) △鈍(둔)→뚠(중), 돈(일)

△遁(둔)→뚠(중), 톤 슌(일) △臀(둔)→툰(중), 덴(일)

△得(득)→떠 더 데이(중), 토쿠(일)

△登(등)→떵(중), 토(일) △等(등)→덩(중), 토(일)

△燈(등)→떵(중), 토(일) △藤(등)→텅(중), 토(일)

△鄧(등)→떵(중), 토(일) △騰(등)→텅(중), 토(일)

ㄹ

△羅(라)→루어(중), 라(일) △裸(라)→루어(중), 라(일)

△懶(라) → 란(중), 라(일) △螺(라) → 루어(중), 라(일)
△癩(라) → 라이(중), 라이(일)

△落(락) → 라 라오 루어(중) 라쿠(일) △樂(락) → 러(중), 라쿠(일)
△絡(락) → 라오 루어(중), 라쿠(일) △珞(락) → 루어(중), 라쿠(일)
△洛(락) → 루어(중), 라쿠(일) △烙(락) → 라오 루어(중), 라쿠(일)
△酪(락) → 라오(중), 라쿠(일) △駱(락) → 루어(중), 라쿠(일)

△卵(란) → 루안(중), 란(일) △亂(란) → 루안(중), 란(일)
△蘭(란) → 란(중), 란(일) △爛(란) → 란(중), 란(일)
△欄(란) → 란(중), 란(일) △瀾(란) → 란(중), 란(일)

△剌(랄) → 라(중) 라쓰(일) △辣(랄) → 라(중), 라쓰(일)

△覽(람) → 란(중), 란(일) △籃(람) → 란(중), 란(일)
△濫(람) → 란(중), 란(일) △藍(람) → 란(중), 란(일)
△嵐(람) → 란(중), 란(일) △襤(람) → 란(중), 란(일)

△拉(랍) → 라(중), 로 라쓰(일) △臘(랍) → 라(중), 로(일)
△蠟(랍) → 라(중), 로(일)

△郞(랑) → 랑(중), 로(일) △浪(랑) → 랑(중), 로(일)
△朗(랑) → 랑(중), 로(일) △廊(랑) → 랑(중), 로(일)
△狼(랑) → 랑(중), 로(일)

△來(래) → 라이(중), 라이(일) △萊(래) → 라이(중), 라이(일)

△冷(랭) → 렁(중), 레이(일)

△略(략) → 뤼에(중), 랴쿠(일) △掠(략) → 뤼에(중), 랴쿠(일)

△良(량) → 량(중), 료(일) △兩(량) → 량(중), 료(일)
△量(량) → 량(중), 료(일) △梁(량) → 량(중), 료(일)
△亮(량) → 량(중), 료(일) △凉(량) → 량(중), 료(일)
△糧(량) → 량(중), 료(일) △諒(량) → 량(중), 료(일)
△輛(량) → 량(중), 료(일) △樑(량) → 량(중), 료(일)

△呂(려) → 뤼(중), 료 로(일) △旅(려) → 뤼(중), 료(일)
△慮(려) → 뤼(중), 료(일) △麗(려) → 리(중), 레이(일)
△侶(려) → 뤼(중), 료 로(일) △戾(려) → 리(중), 레이 라이(일)
△濾(려) → 뤼(중), 로(일) △勵(려) → 리(중), 레이(일)
△黎(려) → 리(중), 레이(일) △閭(려) → 뤼(중), 료(일)
△櫚(려) → 뤼(중), 료 로(일)

△力(력) → 리(중), 료쿠 리키(일) △歷(력) → 리(중), 레키(일)
△曆(력) → 리(중), 레키 랴쿠(일) △轢(력) → 리(중), 레키(일)
△靂(력) → 리(중), 레키(일)

△連(련) → 리엔(중), 렌(일) △戀(련) → 리엔(중), 렌(일)
△聯(련) → 리엔(중), 렌(일) △蓮(련) → 리엔(중), 렌(일)

△憐(련)→리엔(중), 렌(일) △練(련)→리엔(중), 렌(일)
△煉(련)→리엔(중), 렌(일) △鍊(련)→리엔(중), 렌(일)
△輦(련)→니엔(중), 렌(일) △漣(련)→리엔(중), 렌(일)
△璉(련)→리엔(중), 렌(일)

△列(렬)→리에(중), 레쓰(일) △烈(렬)→리에(중), 레쓰(일)
△劣(렬)→리에(중), 레쓰(일) △裂(렬)→리에(중), 레쓰(일)
△洌(렬)→리에(중), 레쓰(일) △冽(렬)→리에(중), 레쓰(일)

△廉(렴)→리엔(중), 렌(일) △簾(렴)→리엔(중), 렌(일)
△斂(렴)→리엔(중), 렌(일) △濂(렴)→리엔(중), 렌(일)

△獵(렵)→리에(중), 료(일) △鬣(렵)→리에(중), 료(일)

△令(령)→링(중), 레이 료(일) △領(령)→링(중), 료 레이(일)
△零(령)→링(중), 레이(일) △靈(령)→링(중), 레이 료(일)
△嶺(령)→링(중), 레이(일) △玲(령)→링(중), 레이(일)
△囹(령)→링(중), 레이(일) △鈴(령)→링(중), 레이 린(일)
△齡(령)→링(중), 레이(일) △逞(령)→청(중), 테이(일)

△例(례)→리(중), 레이(일) △禮(례)→리(중), 레이 라이(일)
△隷(례)→리(중), 레이(일) △醴(례)→리(중), 레이(일)

△勞(로)→라오(중), 로(일) △老(로)→라오(중), 로(일)
△路(로)→루(중), 로(일) △盧(로)→루(중), 로(일)

△露(로) → 러우(중), 로(일) △魯(로) → 루(중), 로(일)
△蘆(로) → 루(중), 로(일) △虜(로) → 루(중), 료(일)
△爐(로) → 루(중), 로(일) △鷺(로) → 루(중), 로(일)
△櫓(로) → 루(중), 로(일) △鹵(로) → 루(중), 로(일)

△綠(록) → 루 뤼(중), 료쿠 로쿠(일) △鹿(록) → 루(중), 로쿠(일)
△祿(록) → 루(중), 로쿠(일) △錄(록) → 루(중), 로쿠(일)
△麓(록) → 루(중), 로쿠(일) △碌(록) → 리우 류(중), 로쿠(일)

△論(론) → 룬(중), 론(일)

△弄(롱) → 룽 눙(중), 로(일) △籠(롱) → 룽(중), 로(일)
△聾(롱) → 룽(중), 로(일)

△雷(뢰) → 레이(중), 라이(일) △賂(뢰) → 루(중), 로(일)
△賴(뢰) → 라이(중), 라이(일) △牢(뢰) → 라오(중), 로(일)
△儡(뢰) → 레이(중), 라이(일) △瀨(뢰) → 라이(중), 라이(일)

△了(료) → 랴오 러(중), 료(일) △料(료) → 랴오(중), 료(일)
△僚(료) → 랴오(중), 료(일) △聊(료) → 랴오(중), 료(일)
△遼(료) → 랴오(중), 료(일) △療(료) → 랴오(중), 료(일)
△瞭(료) → 랴오(중), 료(일) △寮(료) → 랴오(중), 료(일)
△燎(료) → 랴오(중), 료(일)

△龍(룡) → 룽(중), 류 료(일)

△累(루)→레이(중), 루이(일) △淚(루)→레이(중), 루이(일)
△樓(루)→러우(중), 로(일) △漏(루)→러우(중), 로(일)
△壘(루)→레이(중), 루이(일) △陋(루)→러우(중), 로(일)

△流(류)→리우(중), 류 루(일) △留(류)→리우(중), 류 루(일)
△柳(류)→리우(중), 류(일) △類(류)→레이(중), 루이(일)
△劉(류)→리우(중), 류(일) △溜(류)→리우(중), 류(일)
△謬(류)→미우(중), 뷰(일) △硫(류)→리우(중), 류(일)
△琉(류)→리우(중), 류(일)

△六(륙)→리우 루(중), 로쿠 리쿠(일) △陸(륙)→리우 루(중), 리쿠 로쿠(일)
△戮(륙)→루(중), 류(일)

△倫(륜)→룬(중), 린(일) △輪(륜)→룬(중), 린(일)
△淪(륜)→룬(중), 린(일)

△律(률)→뤼(중), 리쓰 리치(일) △率(률)→뤼(중), 리쓰(일)
△栗(률)→리(중), 리쓰(일) △慄(률)→리(중), 리쓰(일)

△隆(륭)→룽(중), 류(일)

△勒(륵)→레이 러(중), 로쿠(일) △肋(륵)→러 레이(중), 로쿠(일)

△凜(름)→린(중), 린(일) △懍(름)→린(중), 린 란(일)

△陵(릉)→링(중), 료(일) △凌(릉)→링(중), 료(일)
△綾(릉)→링(중), 료(일) △菱(릉)→링(중), 료(일) △稜(릉)
→렁(중), 료(일)

△里(리)→리(중), 리(일) △李(리)→리(중), 리(일)
△利(리)→리(중), 리(일) △理(리)→리(중), 리(일)
△梨(리)→리(중), 리(일) △裏(리)→리(중), 리(일)
△吏(리)→리(중), 리(일) △離(리)→리(중), 리(일)
△裡(리)→리(중), 리(일) △履(리)→뤼(중), 리(일)
△罹(리)→리(중), 리(일) △鯉(리)→리(중), 리(일)
△狸(리)→리(중), 리(일)

△隣(린)→린(중), 린(일) △吝(린)→린(중), 린(일)
△燐(린)→린(중), 린(일) △璘(린)→린(중), 린(일)
△鱗(린)→린(중), 린(일)

△林(림)→린(중), 린(일) △臨(림)→린(중), 린(일)
△霖(림)→린(중), 린(일) △淋(림)→린(중), 린(일)

△立(립)→리(중), 리쓰 류(일) △笠(립)→리(중), 류(일)
△粒(립)→리(중), 류(일)

ㅁ

△馬(마)→마(중), 바 메 마(일) △痲(마)→마(중), 마(일)
△磨(마)→모(중), 마(일) △摩(마)→마 모(중), 마(일)
△魔(마)→모(중), 마(일) △瑪(마)→마(중), 메(일)

△幕(막)→무(중), 마쿠 바쿠(일) △莫(막)→모(중), 바쿠(일)
△膜(막)→모(중), 마쿠(일) △漠(막)→모(중), 바쿠(일)

△萬(만)→완(중), 만 반(일) △滿(만)→만(중), 만(일)
△晩(만)→완(중), 반(일) △娩(만)→미엔(중), 벤(일)
△漫(만)→만(중), 만(일) △曼(만)→만(중), 만(일)
△挽(만)→완(중), 반(일) △慢(만)→만(중), 만(일)
△灣(만)→완(중), 완(일) △輓(만)→완(중), 반(일)
△瞞(만)→만(중), 만(일) △卍(만)→완(중), 반(일)
△蠻(만)→만(중), 반(일) △蔓(만)→만 완(중), 만(일)
△饅(만)→만(중), 만(일)

△末(말)→모(중), 마쓰 바쓰(일) △抹(말)→마 모(중), 마쓰(일)
△沫(말)→모(중), 마쓰(일) △亡(망)→왕(중), 보 모(일)
△望(망)→왕(중), 보 모(일) △忙(망)→망(중), 보(일)
△忘(망)→왕(중), 보(일) △妄(망)→왕(중), 모 보(일)
△網(망)→왕(중), 모(일) △罔(망)→왕(중), 보 모(일)
△茫(망)→망(중), 보(일)

△每(매)→메이(중), 마이(일) △賣(매)→마이(중), 바이(일)
△買(매)→마이(중), 바이(일) △妹(매)→메이(중), 마이(일)
△昧(매)→메이(중), 마이(일) △枚(매)→메이(중), 마이 바이(일)
△梅(매)→메이(중), 바이(일) △媒(매)→메이(중), 바이(일)
△煤(매)→메이(중), 바이(일) △埋(매)→마이 만(중), 마이(일)
△魅(매)→메이(중), 미(일) △邁(매)→마이(중), 마이(일)
△罵(매)→마(중), 바(일)

△脈(맥)→마이 모(중), 먀쿠(일) △麥(맥)→마이(중), 바쿠(일)

△孟(맹)→멍(중), 모(일) △盟(맹)→멍(중), 메이(일)
△盲(맹)→망(중), 모(일) △萌(맹)→멍(중), 호 보(일)
△氓(맹)→망 멍(중), 보(일)

△面(면)→미엔(중), 멘(일) △免(면)→미엔(중), 멘(일)
△眠(면)→미엔(중), 민(일) △勉(면)→미엔(중), 벤(일)
△綿(면)→미엔(중), 멘(일) △麵(면)→미엔(중), 멘(일)

△滅(멸)→미에(중), 메쓰(일) △蔑(멸)→미에(중), 베쓰(일)

△名(명)→밍(중), 메이 묘(일) △命(명)→밍(중), 메이 묘(일)
△明(명)→밍(중), 메이 묘(일) △鳴(명)→밍(중), 메이 묘(일)
△銘(명)→밍(중), 메이(일) △皿(명)→민(중), 베이(일)
△瞑(명)→밍(중), 메이(일) △酩(명)→밍(중), 메이(일)
△冥(명)→밍(중), 메이 묘(일) △茗(명)→밍(중), 묘 메이(일)

△母(모)→무(중), 보 모(일) △某(모)→머우(중), 보(일)
△毛(모)→마오(중), 모(일) △矛(모)→마오(중), 무 보(일)
△募(모)→무(중), 보(일) △慕(모)→무(중), 보(일)
△模(모)→모 무(중), 모 보(일) △貌(모)→마오(중), 보(일)
△謀(모)→머우(중), 보 무(일) △帽(모)→마오(중), 보(일)
△侮(모)→우(중), 부(일) △耗(모)→하오(중), 모 코(일)
△暮(모)→무(중), 보(일) △牡(모)→무(중), 보(일)
△茅(모)→마오(중), 보(일) △冒(모)→마오(중), 보(일)

△木(목)→무(중), 보쿠 모쿠(일) △目(목)→무(중), 모쿠 보쿠(일)
△牧(목)→무(중), 보쿠(일) △沐(목)→무(중), 모쿠(일)
△睦(목)→무(중), 보쿠(일)

△沒(몰)→메이 모(중), 보쓰(일) △歿(몰)→모(중), 보쓰(일)

△夢(몽)→멍(중), 무(일) △蒙(몽)→멍(중), 모(일)

△卯(묘)→마오(중), 보(일) △妙(묘)→먀오(중), 묘(일)
△描(묘)→먀오(중), 뵤(일) △苗(묘)→먀오(중), 뵤 묘(일)
△猫(묘)→마오(중), 뵤(일) △墓(묘)→무(중), 보(일)
△廟(묘)→먀오(중), 뵤(일) △杳(묘)→야오(중), 요(일)

△無(무)→모 우(중), 부 무(일) △務(무)→우(중), 무(일)
△武(무)→우(중), 부 무(일) △貿(무)→마오(중), 보(일)

△戊(무)→우(중), 보(일) △茂(무)→마오(중), 모(일)
△舞(무)→우(중), 부(일) △霧(무)→우(중), 무(일)
△蕪(무)→우(중), 부(일) △誣(무)→우(중), 부 후(일)
△撫(무)→푸(중), 부(일)

△墨(묵)→모(중), 보쿠(일) △默(묵)→모(중), 모쿠(일)

△文(문)→원(중), 분 몬(일) △門(문)→먼(중), 몬(일)
△問(문)→원(중), 몬(일) △聞(문)→원(중), 분 몬(일)
△紋(문)→원(중), 몬(일) △蚊(문)→원(중), 분(일)
△吻(문)→원(중), 분 훈(일) △們(문)→먼(중), 몬(일)

△物(물)→우(중), 부쓰 모쓰(일) △勿(물)→우(중), 부쓰 모치(일)

△未(미)→웨이(중), 미 비(일) △美(미)→메이(중), 비 미(일)
△米(미)→미(중), 베이 마이(일) △味(미)→웨이(중), 미(일)
△尾(미)→웨이 이(중), 비(일) △微(미)→웨이(중), 비미(일)
△眉(미)→메이(중), 비 미(일) △迷(미)→미(중), 메이(일)
△彌(미)→미(중), 미비(일) △媚(미)→메이(중), 비(일)
△薇(미)→웨이(중), 비(일)

△民(민)→민(중), 민(일) △敏(민)→민(중), 빈(중)
△閔(민)→민(중), 빈 민(일) △悶(민)→먼(중), 몬(일)
△憫(민)→민(중), 빈(일)

△密(밀)→미(중), 미쓰(일) △蜜(밀)→미(중), 미쓰(일)

ㅂ

△朴(박)→퍄오 포(중), 보쿠(일) △博(박)→보(중), 하쿠 바쿠(일)

△迫(박)→파이 포(중), 하쿠(일) △拍(박)→파이 포(중), 하쿠 효(일)

△薄(박)→바오 보 뽀(중), 하쿠(일) △泊(박)→보 포(중), 하쿠(일)

△粕(박)→포(중), 하쿠(일) △膊(박)→보(중), 하쿠(일)

△駁(박)→보(중), 하쿠 바쿠(일) △箔(박)→보(중), 하쿠(일)

△縛(박)→푸(중), 하쿠(일)

△半(반)→빤(중), 한(일) △反(반)→판(중), 한 혼 탄(일)

△伴(반)→빤(중), 반 한(일) △班(반)→빤(중), 한(일)

△般(반)→빤 뽀 판(중), 한(일) △飯(반)→판(중), 한(일)

△返(반)→판(중), 헨(일) △盤(반)→판(중), 반(일)

△叛(반)→판(중), 한(일) △頒(반)→빤(중), 한(일)

△絆(반)→빤(중), 한 반(일) △磐(반)→판(중), 반(일)

△畔(반)→판(중), 한(일) △槃(반)→판(중) 반(일)

△斑(반)→빤(중), 한(일) △搬(반)→빤(중), 한(일)

△攀(반)→판(중), 한(일)

△發(발)→파(중), 하쓰 보쓰(일) △髮(발)→파(중), 하쓰(일)
△拔(발)→바(중), 바쓰(일) △勃(발) 보(중), 보쓰(일)
△鉢(발)→뽀(중), 하쓰 하치(일) △跋(발)→바(중), 바쓰(일)
△潑(발)→포(중), 하쓰(일) △撥(발)→뽀(중), 하쓰 바치(일)
△醱(발)→파 포(중), 하쓰(일)

△方(방)→팡(중), 호(일) △房(방)→팡(중), 보(일)
△放(방)→팡(중), 호(일) △芳(방)→팡(중), 호(일)
△邦(방)→빵(중), 호(일) △防(방)→팡(중), 보(일)
△妨(방)→팡(중), 보(일) △傍(방)→빵(중), 보 호(일)
△倣(방)→팡(중), 호(일) △訪(방)→팡(중), 호(일)
△肪(방)→팡(중), 보(일) △舫(방)→팡(중), 보(일)
△謗(방)→빵(중), 보(일) △厖(방)→팡(중), 보(일)

△拜(배)→빠이(중), 하이(일) △背(배)→뻬이(중), 하이(일)
△培(배)→페이(중), 바이(일) △配→페이(중), 하이(일)
△盃(배)→뻬이(중), 하이(일) △倍(배)→뻬이(중), 바이(일)
△輩(배)→뻬이(중), 하이(일) △俳(배)→파이(중), 하이(일)
△陪(배)→페이(중), 바이(일) △排(배)→파이(중), 하이(일)
△徘(배)→파이(중), 하이(일) △賠(배)→페이(중), 바이(일)
△胚→페이(중), 하이(일) △焙(배)→뻬이(중), 하이 호(일)

△白(백)→바이(중), 하쿠 뱌쿠(일) △百(백)→보 바이(중), 햐쿠(일)
△伯(백)→바이 보(중), 하쿠(일) △柏(백)→바이 보 뽀(중),

하쿠(일)

△魄(백)→포(중), 하쿠(일) △帛(백)→보(중), 하쿠(일)

△番(번)→판(중), 반(일) △煩(번)→판(중), 한 본(일)

△繁(번)→판(중), 한(일) △飜(번)→판(중), 혼 한(일)

△藩(번)→판(중), 한(일)

△伐(벌)→파(중), 바쓰(일) △罰(벌)→파(중), 바쓰 바치(일)

△閥(벌)→파(중), 바쓰(일)

△凡(범)→판(중), 본 한(일) △範(범)→판(중), 한(일)

△犯(범)→판(중), 한 본(일) △帆(범)→판(중), 한(일)

△汎(범)→판(중), 한(일) △梵(범)→판(중), 본(일)

△法(법)→파(중), 호 핫 홋(일)

△壁(벽)→삐(중), 헤키(일) △碧(벽)→삐(중), 헤키(일)

△璧(벽)→삐(중), 헤키(일) △僻(벽)→피(중), 헤키(일)

△癖(벽)→피(중), 헤키(일) △霹(벽)→피(중), 헤키(일)

△卞(변)→삐엔(중), 벤(일) △邊(변)→삐엔(중), 헨(일)

△辯(변)→삐엔(중), 벤(일) △變(변)→삐엔(중), 헨(일)

△辨(변)→삐엔(중), 벤(일)

△別(별)→삐에(중), 베쓰(일) △瞥(별)→피에(중), 베쓰(일)

△丙(병)→빙(중), 헤이(일) △兵(병)→삥(중), 헤이 효(일)
△病(병)→삥(중), 뵤 헤이(일) △炳(병)→핑(중), 헤이(일)
△甁(병)→핑(중), 빈 뵤 헤이(일) △竝(병)→삥(중), 헤이(일)
△柄(병)→빙(중), 헤이(일) △倂(병)→삥(중), 헤이(일)
△秉(병)→빙(중), 헤이(일) △屛(병)→삥 빙 핑(중), 헤이 뵤(일) △餠(병)→빙(중), 헤이(일)

△步(보)→뿌(중), 호 부 후(일) △保(보)→바오(중), 호(일)
△報(보)→빠오(중), 호(일) △普(보)→푸(중), 후(일)
△甫(보)→푸(중), 호 후(일) △寶(보)→바오(중), 호(일)
△補(보)→부(중), 호 후(일) △輔(보)→푸(중), 호 후(일)
△菩(보)→푸(중), 보(일) △譜(보)→푸(중), 후(일) △堡(보)→바오 부 푸(중), 호(일)

△卜(복)→부(중), 보쿠(일) △伏(복)→푸(중), 후쿠(일)
△福(복)→푸(중), 후쿠(일) △服(복)→푸(중), 후쿠(일)
△腹(복)→푸(중), 후쿠(일) △複(복)→푸(중), 후쿠(일)
△僕(복)→푸(중), 보쿠(일) △覆(복)→푸(중), 후쿠(일)
△馥(복)→푸(중), 후쿠(일)

△本(본)→번(중), 혼(일)

△奉(봉)→펑(중), 호 부(일) △俸(봉)→펑(중), 호(일)
△鳳(봉)→펑(중), 호(일) △逢(봉)→펑(중), 호(일)
△封(봉)→펑(중), 후 호(일) △峰(봉)→펑(중), 호 부(일)

△蜂(봉)→펑(중), 호(일) △棒(봉)→빵(중), 보(일)
△蓬(봉)→펑(중), 호(일) △鋒(봉)→펑(중), 호(일)
△縫(봉)→펑(중), 호(일) △捧(봉)→펑(중), 호(일)

△父(부)→푸(중), 후(일) △夫(부)→푸(중), 후(일)
△富(부)→푸(중), 후(일) △婦(부)→푸(중), 후(일)
△否(부)→퍼우(중), 히(일) △副(부)→푸(중), 후쿠(일)
△部(부)→뿌(중), 부베(일) △釜(부)→푸(중), 후(일)
△付(부)→푸(중), 후(일) △負(부)→푸(중), 후(일)
△浮→푸(중), 후(일) △附(부)→푸(중), 후(일)
△府(부)→푸(중), 후(일) △膚(부)→푸(중), 후(일)
△扶(부)→푸(중) 후(일) △剖(부)→퍼우(중), 보 호(일)
△腐(부)→푸(중), 후(일) △符(부)→푸(중), 후(일)
△斧(부)→푸(중), 후(일) △訃(부)→푸(중), 후(일)
△簿(부)→뿌(중), 호(일) △埠(부)→뿌(중), 후(일)
△赴(부)→푸(중) 후(일) △賦(부)→푸(중), 후(일)
△敷(부)→푸(중), 후(일) △腑(부)→푸(중), 후(일)

△北(북)→베이(중), 호쿠(일)

△分(분)→펀(중), 분 훈 부(일) △粉(분)→펀(중) 훈(일)
△奔(분)→뻔(중), 혼(일) △紛(분)→펀(중), 훈(일)
△雰(분)→펀(중), 훈(일) △焚(분)→펀(중), 훈(일)
△盆(분)→펀(중), 본(일)△憤(분)→펀(중), 훈(일)
△奮(분)→펀(중), 훈(일) △噴(분)→펀(중), 훈(일)

△墳(분)→펀(중), 훈(일) △糞(분)→펀(중), 훈(일)

△不(불)→뿌(중), 후 부(일) △佛(불)→포 푸(중), 부쓰 후쓰(일)
△弗(불)→푸(중), 후쓰(일) △拂(불)→푸(중), 후쓰(일)

△朋(붕)→펑(중), 호(일) △崩(붕)→뻥(중), 호(일)
△棚(붕)→펑(중), 호(일)

△比(비)→비(중), 히(일) △非(비)→페이(중), 히(일)
△備(비)→뻬이(중), 비(일) △費(비)→페이(중), 히(일)
△飛(비)→페이(중) 히(일) △悲(비)→뻬이(중), 히(일)
△卑(비)→뻬이 (중), 히(일) △秘(비)→삐 미(중), 히(일)
△鼻(비)→비(중), 히(일) △妃(비)→페이(중), 히(일)
△肥(비)→페이(중), 히(일) △碑(비)→뻬이(중), 히(일)
△泌(비)→미(중), 히쓰 히(일) △沸(비)→페이(중), 후쓰(일)
△扉(비)→페이(중), 히(일) △毘(비)→피(중), 히 비(일)
△婢(비)→삐(중) 히(일) △痺(비)→삐(중), 히(일)
△臂(비)→뻬이 삐(중), 히(일)

△貧(빈)→핀(중), 힌 빈(일) △賓(빈)→삔(중), 힌(일)
△彬(빈)→삔(중), 힌(일) △頻(빈)→핀(중), 힌(일)
△濱(빈)→삔(중), 힌(일) △牝(빈)→핀(중), 힌(일)

△氷(빙)→삥(중), 효(일) △憑(빙)→핑(중), 효(일)
△聘(빙)→핀(중), 헤이(일)

ㅅ

△四(사)→쓰(중), 시(일) △士(사)→스(중), 시 지(일)

△事(사)→스(중), 지 즈(일) △史(사)→스(중), 시(일)

△思(사)→쓰(중), 시(일) △私(사)→쓰(중), 시(일)

△社(사)→서(중), 샤 쟈(일) △巳(사)→쓰(중), 시(일)

△使(사)→스(중), 시(일) △査(사)→차(중), 사(일)

△寫(사)→시에(중), 샤(일) △司(사)→쓰(중), 시 스(일)

△仕(사)→스(중), 시(일) △師(사)→스(중), 시(일)

△寺(사)→쓰(중), 지(일) △似(사)→스(중), 지(일)

△舍(사)→서(중), 샤(일) △絲(사)→쓰(중), 시(일)

△辭(사)→츠(중), 지(일) △謝(사)→시에(중), 샤(일)

△詞(사)→츠(중), 시 지(일) △死(사)→쓰(중), 시(일)

△射(사)→서(중), 샤 세키(일) △斜(사)→시에(중), 샤(일)

△沙(사)→사(중) 사 샤(일) △些(사)→쑤어 시에(중) 사(일)

△邪(사)→시에(중), 쟈 야(일) △奢(사)→서(중), 샤(일)

△赦(사)→서(중) 샤(일) △捨(사)→서(중), 샤(일)

△飼(사)→쓰(중), 시(일) △詐(사)→자(중), 사(일)

△紗(사)→사(중), 사 샤(일) △瀉(사)→시에(중), 샤(일)

△祠(사)→츠(중), 시(일) △獅(사)→스(중), 시(일)

△娑(사)→쑤어(중), 사 샤(일) △嗣(사)→쓰(중), 시(일)

△削(삭)→샤오 쉬에(중), 사쿠(일) △朔(삭)→수어(중), 사쿠(일)

△索(삭)→쑤어(중), 사쿠(일)

△山(산) → 산(중), 산 센(일) △算(산) → 쑤안(중), 산(일)
△散(산) → 산 싼(중), 산(중) △産(산) → 찬(중), 산(일)
△傘(산) → 산(중), 산(일) △酸(산) → 쑤안(중), 산(일)

△殺(살) → 사(중), 사쓰 사이 세쓰(일) △薩(살) → 싸(중), 사쓰(일)
△撒(살) → 싸 사(중), 사쓰 산(일)

△三(삼) → 싼(중), 산(일) △森(삼) → 썬(중), 신(일)
△參(삼) → 선(중), 산 신(일) △杉(삼) → 사 산(중), 산(일)
△滲(삼) → 선(중), 신(일)

△揷(삽) → 차(중), 소(일) △澁(삽) → 써(중), 쥬(일)

△上(상) → 상(중), 죠 쇼(일) △相(상) → 샹(중), 소 쇼(일)
△常(상) → 창(중), 죠(일) △商(상) → 상(중), 쇼(일)
△尙(상) → 상(중), 쇼(일) △想(상) → 샹(중), 소(일)
△像(상) → 샹(중), 조 쇼(일) △狀(상) → 주앙(중), 죠(일)
△賞(상) → 상(중), 쇼(일) △象(상) → 샹(중), 쇼 조(일)
△床(상) → 추앙(중), 쇼(일) △箱(상) → 샹(중), 소(일)
△償(상) → 창(중), 쇼(일) △裳(상) → 상 창(중), 쇼(일)
△祥(상) → 샹(중), 쇼 죠(일) △傷(상) → 상(중), 쇼(일)
△詳(상) → 샹(중), 쇼(일) △喪(상) → 상(중), 소(일)
△霜(상) → 수앙(중), 소(일) △嘗(상) → 창(중), 쇼 죠(일)
△桑(상) → 상(중), 소(일) △翔(상) → 샹(중), 쇼(일)

△爽(상)→수앙(중), 소(일)

△塞(새)→싸이 써(중), 사이 소쿠(일) △璽(새)→시(중), 지(일)

△色(색)→써 사이(중), 쇼 시키(일) △索(색)→쑤어(중), 사쿠(일)

△塞(색)→싸이 써(중), 사이 소쿠(일)

△生(생)→성(중), 세이 쇼(일) △省(생)→성(중), 세이 쇼(일)

△牲(생)→성(중), 세이(일) △笙(생)→성(중), 쇼(일)

△甥(생)→성(중), 세이(일)

△西(서)→시(중), 세이 사이(일) △序(서)→쉬(중), 죠(일)

△書(서)→수(중), 쇼(일) △徐(서)→쉬(중), 죠(일)

△庶(서)→수(중), 쇼(일) △署(서)→수(중) 쇼(일)

△暑(서)→수(중), 쇼(일) △敍(서)→쉬(중), 죠(일)

△抒(서)→수(중), 죠(일) △誓(서)→스(중), 세이(일)

△緖(서)→쉬(중), 쇼 쵸(일) △婿(서)→쉬(중), 세이(일)

△逝(서)→스(중), 세이(일) △鼠(서)→수(중), 소(일)

△棲(서)→치(중), 세이(일) △瑞(서)→루이(중), 즈이(일)

△曙(서)→수(중), 쇼(일) △嶼(서)→위(중), 쇼(일)

△夕(석)→시(중), 세키(일) △石(석)→딴 스(중), 세키 샤쿠 코쿠(일)

△席(석)→시(중), 세키(일) △錫(석)→시(중), 샤쿠(일)

△碩(석)→수어(중), 세키(일) △昔(석)→시(중), 세키 샤쿠(일)
△析(석)→시(중), 세키(일) △釋(석)→스(중), 샤쿠 세키(일)
△潟(석)→시(중), 세키(일) △惜(석)→시(중), 세키 샤쿠(일)
△汐→시(중), 세키(일)

△先(선)→시안(중), 센(일) △仙(선)→샨(중), 센(일)
△善(선)→산(중), 젠(일) △宣(선)→쉬엔(중), 센(일)
△線(선)→시엔(중), 센(일) △選(선)→쉬엔(중), 센(일)
△船(선)→추안(중), 센(일) △扇(선)→산(중), 센(일)
△鮮(선)→시엔(중), 센(일) △旋(선)→쉬엔(중), 센(일)
△膳(선)→산(중), 젠(일) △煽(선)→산(중), 센(일)
△羨(선)→시엔(중), 센 엔(일) △腺(선)→시엔(중), 센(일)
△禪(선)→찬 산(중), 젠(일) △繕(선)→산(중), 젠(일)
△蟬(선)→찬(중), 센(일) △銑(선)→시 시엔(중), 센(일)
△癬(선)→쉬엔(중), 센(일)

△舌(설)→서(중), 제쓰(일) △說(설)→수어(중), 세쓰 제이(일)
△雪(설)→쉬에(중), 세쓰(일) △設(설)→서(중), 세쓰(일)
△泄(설)→시에(중), 에이 세쓰(일) △洩(설)→시에(중), 에이 세쓰(일)
△薛(설)→쉬에(중), 세쓰(일) △屑(설)→시에(중), 세쓰(일)

△纖(섬)→시엔(중), 센(일) △閃(섬)→산(중), 센(일)
△陝(섬)→산(중), 센(일) △蟾(섬)→찬(중), 센(일)
△譫(섬)→잔(중), 센(일) △殲(섬)→지엔(중), 센(일)

△涉(섭) → 서(중), 쇼(일) △燮(섭) → 시에(중), 쇼(일)
△攝(섭) → 서(중), 세쓰 쇼(일)

△成(성) → 청(중), 세이 죠(일) △星(성) → 싱(중), 세이 쇼(일)
△姓(성) → 싱(중), 세이 쇼(일) △聖(성) → 성(중), 세이 쇼(일)
△性(성) → 싱(중), 세이 쇼(일) △聲(성) → 성(중), 세이 쇼(일)
△城(성) → 청(중), 죠 세이(일) △省(성) → 싱(중), 세이 쇼(일)
△盛(성) → 청 성(중), 세이 죠(일) △誠(성) → 청(중), 세이(일)
△醒(성) → 싱(중), 세이(일)

△世(세) → 스(중), 세이 세(일) △勢(세) → 스(중), 세이 세(일)
△歲(세) → 쑤이(중), 사이 세이(일) △稅(세) → 수이(중), 제이(일)
△洗(세) → 시(중), 센(일) △細(세) → 시(중), 사이(일)
△貰(세) → 스(중), 세이(일)

△小(소) → 샤오(중), 쇼(일) △少(소) → 사오(중), 쇼(일)
△所(소) → 쑤어(중), 쇼 소(일) △笑(소) → 샤오(중), 쇼(일)
△召(소) → 사오 자오(중), 쇼(일) △消(소) → 샤오(중), 쇼(일)
△素(소) → 쑤(중), 소 스(일) △掃(소) → 사오(중), 소(일)
△昭(소) → 자오(중), 쇼(일) △訴(소) → 쑤(중), 소(일)
△巢(소) → 차오(중), 소(일) △燒(소) → 사오(중), 쇼(일)
△沼(소) → 자오(중), 쇼(일) △疎(소) → 수(중), 소(일)
△騷(소) → 싸오(중), 소(일) △宵(소) → 샤오(중), 쇼(일)
△蘇(소) → 쑤(중), 소 스(일) △疏(소) → 쑤(중), 소 쇼(일)
△逍(소) → 샤오(중), 쇼(일) △遡(소) → 쑤(중), 소(일)

△紹(소) → 사오(중), 쇼(일)

△俗(속) → 수(중), 조쿠(일) △速(속) → 쑤(중), 소쿠(일)
△束(속) → 수(중), 소쿠(일) △屬(속) → 수(중), 조쿠 쇼쿠(일)
△續(속) → 쉬(중), 조쿠 쇼쿠(일) △粟(속) → 쑤(중), 조쿠(일)

△孫(손) → 쑨(중), 손(일) △損(손) → 순(중), 손(일)
△遜(손) → 쉰(중), 손(일)

△率(솔) → 솨이(중), 소쓰 리쓰(일)

△宋(송) → 쑹(중), 소(일) △松(송) → 쑹(중), 쇼(일)
△送(송) → 쑹(중), 소(일) △訟(송) → 쑹(중), 쇼(일)
△頌(송) → 쑹(중), 쇼 쥬(일) △誦(송) → 쑹(중), 쇼 쥬 즈(일)

△刷(쇄) → 수아(중), 사쓰(일) △碎(쇄) → 쑤이(중), 세이(일)
△鎖(쇄) → 쑤어(중), 사(일) △瑣(쇄) → 쑤어(중), 사(일)

△衰(쇠) → 솨이(중), 스이(일)

△水(수) → 수이(중), 스이(일) △手(수) → 서우(중), 슈(일)
△守(수) → 서우(중), 슈 스(일) △首(수) → 서우(중), 슈(일)
△洙(수) → 주(중), 슈(일) △受(수) → 서우(중) 쥬 즈(일)
△收(수) → 서우(중), 슈(일) △修(수) → 시우(중), 슈(일)
△壽(수) → 서우(중), 쥬(일) △囚(수) → 치우(중), 슈(일)
△秀(수) → 시우(중), 슈(일) △數(수) → 수(중), 스우 슈(일)

△垂(수)→추이(중), 스이(일) △授(수)→서우(중), 쥬(일)
△樹(수)→수(중), 쥬(일) △需(수)→쉬(중), 쥬(일)
△遂(수)→수이 쑤이(중), 스이(일) △誰(수)→세이(중), 스이(일)
△睡(수)→수이(중), 스이(일) △愁(수)→처우(중), 슈(일)
△粹(수)→추이(중), 스이(일) △殊(수)→수(중), 슈(일)
△隨(수)→쑤이(중), 즈이(일) △搜(수)→써우(중), 소(일)
△酬(수)→처우(중), 슈(일) △獸(수)→서우(중), 쥬(일)
△須(수)→쉬(중), 슈 스(일) △帥(수)→솨이(중), 스이 소쓰(일)
△狩(수)→서우(중), 슈(일) △羞(수)→시우(중), 슈(일)
△蒐(수)→써우(중), 슈(일) △輸(수)→수(중), 유 슈(일)
△穗(수)→쑤이(중), 스이(일) △繡(수)→시우(중), 슈(일)
△髓(수)→쑤이(중), 즈이(일) △讐(수)→처우(중), 슈(일)

△叔(숙)→수(중), 슈쿠(일) △宿(숙)→쑤 시우(중), 슈쿠 스쿠(일)
△淑(숙)→수(중), 슈쿠(일) △肅(숙)→쑤(중), 슈쿠(일)
△熟(숙)→서우(중), 쥬쿠(일) △塾(숙)→수(중), 쥬쿠(일)

△旬(순)→쉰(중), 쥰(일) △順(순)→순(중), 쥰(일)
△淳(순)→춘(중), 쥰(일) △巡(순)→쉰(중), 쥰(일)
△純(순)→춘(중), 쥰(일) △盾(순)→뚠(중), 쥰(일)
△荀(순)→쉰(중), 쥰(일) △舜(순)→순(중), 슌(일)
△殉(순)→쉰(중), 쥰(일) △脣(순)→춘(중), 신(일)
△循(순)→쉰 (중), 쥰(일) △瞬(순)→순(중), 슌(일)
△馴(순)→쉰(중), 쥰(일) △醇(순)→춘(중), 쥰(일)

△鶉(순) → 춘(중), 쥰(일)

△戌(술) → 취 쉬(중), 쥬쓰(일) △術(술) → 수(중), 쥬쓰(일)
△述(술) → 수(중), 쥬쓰(일)

△崇(숭) → 충(중), 스우 스 슈(일) △嵩(숭) → 쑹(중), 스우(일)

△瑟(슬) → 써(중), 시쓰(일) △膝(슬) → 시(중), 시쓰(일)
△虱(슬) → 시(중), 시쓰(일)

△習(습) → 시(중), 슈(일) △拾(습) → 시(중), 슈 쥬(일)
△濕(습) → 시(중), 시쓰 쥬(일) △襲(습) → 시(중), 슈(일)

△承(승) → 청(중), 쇼(일) △昇(승) → 성(중), 쇼(일)
△勝(승) → 성(중), 쇼(일) △乘(승) → 청 성(중), 죠(일)
△升(승) → 성(중), 쇼(일) △丞(승) → 청(중), 죠(일)
△僧(승) → 썽(중), 소(일) △繩(승) → 성(중), 죠(일)
△蠅(승) → 잉(중), 요(일)

△市(시) → 스(중), 시(일) △示(시) → 스(중), 지 시(일)
△時(시) → 스(중), 지 시(일) △是(시) → 스(중), 제(일)
△視(시) → 스(중), 시(일) △始(시) → 스(중), 시(일)
△詩(시) → 스(중), 시(일) △試(시) → 스(중), 시(일)
△施(시) → 스(중), 시 세(일) △矢(시) → 스(중), 시(일)
△侍(시) → 스(중), 지(일) △屍(시) → 스(중), 시(일)

△柴(시)→차이(중), 사이(일) △柿(시)→스(중), 시(일)
△猜(시)→차이(중), 사이(일) △屎(시)→스(중), 시(일)

△食(식)→스(중), 쇼쿠 지키 시(일) △式(식)→스(중), 시키 쇼쿠(일)
△息(식)→시(중), 소쿠(일) △植(식)→즈(중), 쇼쿠(일)
△識(식)→스(중), 시키 쇼쿠 시(일) △飾(식)→스(중), 쇼쿠 시키(일)
△蝕(식)→스(중), 쇼쿠(일) △殖(식)→즈(중), 쇼쿠(일)
△拭(식)→스(중), 쇼쿠 시키(일) △媳(식)→시(중), 세키(일)
△熄(식)→시(중), 소쿠(일)

△信(신)→신(중), 신(일) △身(신)→선(중), 신(일)
△申(신)→선(중), 신(일) △新(신)→신(중), 신(일)
△臣(신)→천(중), 신(일) △伸(신)→선(중), 신(일)
△神(신)→선(중), 신 진(일) △辛(신)→신(중), 신(일)
△愼(신)→선(중), 신(일) △迅(신)→쉰(중), 진(일)
△紳(신)→선(중), 신(일) △娠(신)→선(중), 신(일)
△呻(신)→선(중), 신(일) △薪(신)→신(중), 신(일)
△腎(신)→선(중), 진(일) △訊(신)→쉰(중), 진(일)

△失(실)→스(중), 시쓰(일) △室(실)→스(중), 시쓰(일)
△實(실)→스(중), 지쓰(일) △悉(실)→시(중), 시쓰 시치(일)
△蟋(실)→시(중), 시쓰(일)

△心(심) → 신(중), 신(일) △沈(심) → 선(중), 신(일)
△深(심) → 선(중), 신(일) △甚(심) → 선(중), 진(일)
△審(심) → 선(중), 신(일) △尋(심) → 쉰(중), 진(일)
△芯(심) → 신(중), 신(일)

△十(십) → 스(중), 쥬(일) △什(십) → 선(중), 스 쥬(일)

△雙(쌍) → 수앙(중), 소(일)

△氏(씨) → 스(중), 시(일)

△亞(아) → 야(중), 아(일) △兒(아) → 얼(중), 지 니(일)
△我(아) → 워(중), 가(중) △阿(아) → 아 어(중), 아(일)
△牙(아) → 야(중), 가 게(일) △雅(아) → 야(중), 가(일)
△芽(아) → 야(중), 가 게(일) △啞(아) → 야(중), 아(일)
△峨(아) → 어(중), 가(일) △鴉(아) → 야(중), 아(일)
△餓(아) → 어(중), 가(일) △蛾(아) → 어(중), 가(일)

△岳(악) → 위에(중), 가쿠(일) △惡(악) → 어 우(중), 아쿠 오(일)
△樂(악) → 위에(중), 가쿠 라쿠(일) △握(악) → 워(중), 아쿠(일)
△堊(악) → 어(중), 아쿠(일)

△安(안)→안(중), 안(일) △眼(안)→이엔(중), 간 겐(일)
△岸(안)→안(중), 간(일) △顔(안)→이엔(중), 간 겐(일)
△案(안)→안(중), 안(일) △按(안)→안(중), 안(일)
△雁(안)→이엔(중), 간(일) △鞍(안)→안(중), 안(일)
△贋(안)→이엔(중), 간(일)

△斡(알)→워(중), 와쓰 아쓰(일) △謁(알)→이에(중), 에쓰(일)
△軋(알)→까 야 자(중), 아쓰(일)

△岩(암)→이엔(중), 간(일) △暗(암)→안(중), 안(일)
△癌(암)→아이 이엔(중), 간(일) △庵(암)→안(중), 안(일)
△闇(암)→안(중), 안(일)

△壓(압)→야(중), 아쓰(일) △押(압)→야(중), 오 고(일)
△鴨(압)→야(중), 오(일)

△央(앙)→양(중), 오(일) △仰(앙)→양(중), 교 고 코(일)
△昻(앙)→앙(중), 코(일) △殃(앙)→양(중), 오(일)

△愛(애)→아이(중), 아이(일) △哀(애)→아이(중), 아이(일)
△崖(애)→야(중), 가이(일) △隘(애)→아이(중), 아이(일)
△埃(애)→아이(중), 아이(일) △碍(애)→아이(중), 가이 게(일)
△涯(애)→야(중), 가이(일) △艾(애)→아이(중), 가이(일)

△液(액)→이에(중), 에키(일) △厄(액)→어(중), 야쿠(일)

△額(액)→어(중), 가쿠(일) △腋(액)→이에(중), 에키(일)

△櫻(앵)→잉(중), 오(일) △鶯(앵)→잉(중), 오(일)

△也(야)→이에(중), 야(일) △夜(야)→이에(중), 야(일)
△野(야)→이에(중), 야(일) △冶(야)→이에(중), 야(일)
△耶(야)→이에(중), 야 자(일) △惹(야)→러(중), 쟈쿠(일)
△爺(야)→이에(중), 야(일)

△弱(약)→루어(중), 쟈쿠 냐쿠(일) △約(약)→야오(중), 야쿠(일)
△若(약)→루어(중), 쟈쿠 냐쿠(일) △藥(약)→야오(중), 야쿠(일)
△躍(약)→위에(중), 야쿠(일)

△洋(양)→양(중), 요(일) △陽(양)→양(중), 요(일)
△羊(양)→양(중), 요(일) △楊(양)→양(중), 요(일)
△養(양)→양(중), 요(일) △揚(양)→양(중), 요(일)
△樣(양)→양(중), 요(일) △壤(양)→랑(중), 죠(일)
△讓(양)→랑(중), 죠(일) △穰(양)→랑(중), 죠(일)
△釀(양)→냥(중), 죠(일) △瘍(양)→양(중), 요(일)

△語(어)→위(중), 고 교(일) △魚(어)→위(중), 교(일)
△於(어)→위(중), 오(일) △漁→위(중), 교 료(일)
△圄(어)→위(중), 교 고(일) △御(어)→위(중), 교 고(일)
△禦(어)→위(중), 교(일) △馭(어)→위(중), 교(일)

△億(억)→이(중), 오쿠(일) △抑(억)→이(중), 요쿠(일)
△憶(억)→이(중), 오쿠(일) △臆(억)→이(중), 오쿠(일)

△言(언)→이엔(중), 겐 곤(일) △彦(언)→이엔(중), 겐(일)
△焉(언)→이엔(중), 엔(일) △諺(언)→이엔(중), 겐(일)
△堰(언)→이엔(중), 엔(일)

△孼(얼)→니에(중), 게쓰(일) △蘖(얼)→니에(중), 게쓰(일)

△嚴(엄)→이엔(중), 겐 곤(일) △掩(엄)→이엔(중), 엔(일)
△儼(엄)→이엔(중), 겐(일)

△業(업)→이에(중), 교 고(일)

△恚(에)→후이(중), 이(일)

△如(여)→루(중), 죠 뇨(일) △餘(여)→위(중), 요(일)
△與(여)→위(중), 요(일) △汝(여)→루(중), 죠(일)
△輿(여)→위(중), 요(일) △予(여)→위(중), 요(일)

△亦(역)→이(중), 에키(일) △役(역)→이(중), 에키 야쿠(일)
△易(역)→이(중), 에키(일) △逆(역)→니(중), 갸쿠 게키(일)
△域(역)→위(중), 이키(일) △譯(역)→이(중), 야쿠(일)
△驛(역)→이(중), 에키(일) △疫(역)→이(중), 에키 야쿠(일)

△硏(연)→이엔(중) 겐(일) △然(연)→란(중), 젠 넨(일)

△煙(연)→이엔(중), 엔(일) △延(연)→이엔(중), 엔(일)
△演(연)→이엔(중), 엔(일) △淵(연)→위엔(중), 엔(일)
△宴(연)→이엔(중), 엔(일) △軟(연)→루안(중), 난(일)
△沿(연)→이엔(중), 엔(일) △緣(연)→위엔(중), 엔(일)
△燕(연)→이엔(중), 엔(일) △烟(연)→이엔(중), 엔(일)
△硯(연)→이엔(중), 겐(일) △鉛(연)→치엔(중), 엔(일)
△燃(연)→란(중), 넨(일) △姸(연)→이엔(중), 겐(일)
△鳶(연)→위엔(중), 엔(일) △衍(연)→이엔(중), 엔(일)

△悅(열)→위에(중), 에쓰(일) △熱(열)→러(중), 네쓰(일)
△閱(열)→위에(중), 에쓰(일)

△厭(염)→이엔(중), 엔(일) △染(염)→란(중), 센 젠(일)
△炎(염)→이엔(중), 엔(일) △鹽(염)→이엔(중), 엔(일)
△焰(염)→이엔(중), 엔(일) △艶(염)→이엔(중), 엔(일)
△髥(염)→란(중), 젠(일)

△葉(엽)→이에(중), 요 쇼(일) △燁(엽)→이에(중), 요(일)
△曄(엽)→이에(중), 요(일)

△永(영)→융(중), 에이 요(일) △英(영)→잉(중), 에이(일)
△榮(영)→룽(중), 에이 요(일) △影(영)→잉(중), 에이 요(일)
△映(영)→잉(중), 에이(일) △營(영)→잉(중), 에이(일)
△迎(영)→잉(중), 게이 고(일) △泳(영)→융(중), 에이(일)
△詠(영)→융(중), 에이(일) △瑩(영)→잉(중), 에이(일)

△盈(영)→잉(중), 에이(일)

△藝(예)→이(중), 게이(일) △豫(예)→위(중), 요(일)
△預(예)→위(중), 요(일) △銳(예)→루이(중), 에이(일)
△譽(예)→위(중), 요(일) △芮(예)→루이(중), 제이(일)
△詣(예)→이(중), 게이(일) △叡(예)→루이(중), 에이(일)
△曳(예)→이에(중), 에이(일) △穢(예)→후이(중), 아이 와이 에(일)
△裔(예)→이(중), 에이(일)

△五(오)→우(중), 고(일) △午(오)→우(중), 고(일)
△吾(오)→우(중), 고(일) △吳(오)→우(중) 고(일)
△烏(오)→우(중), 우(일) △汚(오)→우(중), 오(일)
△伍(오)→우(중), 고(일) △娛(오)→위(중), 고(일)
△悟(오)→우(중), 고(일) △惡(오)→어 우(중), 오(일)
△誤(오)→우(중), 고(일) △奧(오)→아오(중), 오(일)
△傲(오)→아오(중), 고(일) △嗚(오)→우(중), 오 우(일)
△梧(오)→우(중), 고(일)

△玉(옥)→위(중), 교쿠(일) △屋(옥)→우(중), 오쿠(일)
△沃(옥)→워(중), 요쿠 요(일) △獄(옥)→위(중), 고쿠(일)
△鈺(옥)→위(중), 교쿠(일)

△溫(온)→원(중), 온 운(일) △穩(온)→원(중), 온(일)
△蘊(온)→윈(중), 운(일)

△兀(올) → 우(중), 코쓰(일)

△翁(옹) → 웡(중), 오(일) △擁(옹) → 융(중), 요(일)
△甕(옹) → 웡(중), 오 요(일)

△臥(와) → 워(중), 가(일) △瓦(와) → 와(중), 가(일)
△渦(와) → 워(중), 카(일) △訛(와) → 어(중), 카(일)
△蛙(와) → 와(중), 아(일) △蝸(와) → 워(중), 카(일)

△完(완) → 완(중), 칸(일) △玩(완) → 완(중), 간(일)
△頑(완) → 완(중), 간(일) △宛(완) → 완(중), 엔(일)
△緩(완) → 후안(중), 칸(일) △浣(완) → 후안(중), 칸(일)
△腕(완) → 완(중), 완(일) △碗(완) → 완(중), 완(일)

△曰(왈) → 위에(중), 에쓰(일)

△王(왕) → 왕(중), 오(일) △往(왕) → 왕(중), 오(일)
△旺(왕) → 왕(중), 오(일)

△倭(왜) → 워(중), 와(일) △歪(왜) → 와이(중), 와이(일)
△矮(왜) → 아이(중), 와이(일)

△外(외) → 와이(중), 가이 게(일) △畏(외) → 웨이(중), 이(일)
△猥(외) → 웨이(중), 와이(일)

△要(요) → 야오(중), 요(일) △妖(요) → 야오(중), 요(일)

△凹(요)→아오 와(중), 오(일) △夭(요)→야오(중), 요(일)

△曜(요)→야오(중), 요(일) △腰(요)→야오(중), 요(일)

△搖(요)→야오(중), 요(일) △遙(요)→야오(중), 요(일)

△謠(요)→야오(중), 요(일) △擾(요)→라오(중), 죠(일)

△窯(요)→야오(중), 요(일) △拗(요)→아오 니우(중), 오 요(일)

△窈(요)→야오(중), 요(일) △僥(요)→쟈오 야오(중), 교(일)

△饒(요)→라오(중), 죠(일)

△欲(욕)→위(중), 요쿠(일) △浴(욕)→위(중), 요쿠(일)

△慾(욕)→위(중), 요쿠(일) △辱(욕)→루(중), 죠쿠 니쿠(일)

△用(용)→융(중), 요(일) △容(용)→룽(중), 요(일)

△勇(용)→융(중), 유(일) △庸(용)→융(중), 요(일)

△傭(용)→융(중), 요(일) △溶(용)→룽(중), 요(일)

△踊(용)→융(중), 요(일)△湧(용)→융(중), 요 유(일)

△冗(용)→룽(중), 죠(일) △鎔(용)→룽(중), 요(일)

△熔(용)→룽(중), 요(일) △茸(용)→룽(중), 죠(일)

△鏞(용)→융(중), 요(일) △聳(용)→쑹(중), 죠(일)

△俑(용)→융(중), 요(일)

△右(우)→여우(중), 유 우(일) △友(우)→여우(중), 유(일)

△又(우)→여우(중), 유(일) △宇(우)→위(중), 우(일)

△于(우)→위(중), 우(일) △牛(우)→니우(중), 규 고(일)

△雨(우)→위(중), 우(일) △羽(우)→위(중), 우(일)

△尤(우)→여우(중), 유(일) △偶(우)→어우(중), 구(일)

△愚(우) → 위(중), 구(일) △憂(우) → 여우(중), 유(일)
△祐(우) → 여우(중), 유(일) △郵(우) → 여우(중), 유(일)
△優(우) → 여우(중), 유(일) △禹 → 위(중), 우(일)
△遇(우) → 위(중), 구(일) △隅(우) → 위(중), 구(일)
△寓(우) → 위(중), 구(일) △迂(우) → 위(중), 우(일)
△虞(우) → 위(중), 구(일) △芋(우) → 위(중), 우(일)

△旭(욱) → 쉬(중), 쿄쿠(일) △郁(욱) → 위(중), 이쿠(일)
△煜(욱) → 위(중), 이쿠(일) △昱(욱) → 위(중), 이쿠(일)
△頊(욱) → 쉬(중), 쿄쿠(일)

△云(운) → 윈(중), 운(일) △運(운) → 윈(중), 운(일)
△雲(운) → 윈(중), 운(일) △韻(운) → 윈(중), 인(일)
△耘(운) → 윈(중), 운(일) △殞(운) → 윈(중), 인(일)

△蔚(울) → 위(중), 우쓰(일) △鬱(울) → 위(중), 우쓰(일)

△雄(웅) → 시웅(중), 유(일) △熊(웅) → 시웅(중), 유(일)

△元(원) → 위엔(중), 겐 간(일) △員(원) → 위엔(중), 인(일)
△原(원) → 위엔(중), 겐(일) △圓(원) → 위엔(중), 엔(일)
△院(원) → 위엔(중), 인(일) △遠(원) → 위엔(중), 엔 온(일)
△園(원) → 위엔(중), 엔 온(일) △怨(원) → 위엔(중), 엔 온(일)
△源(원) → 위엔(중), 겐(일) △願(원) → 위엔(중), 간(일)
△苑(원) → 위엔(중), 엔 온(일) △援(원) → 위엔(중), 엔(일)

△媛(원)→위엔(중), 엔(일) △寃(원)→위엔(중), 엔(일)
△袁(원)→위엔(중), 엔(일) △垣(원)→위엔(중), 엔(일)
△猿(원)→위엔(중), 엔(일) △鴛(원)→위엔(중), 엔(일)

△月(월)→위에(중), 게쓰 가쓰 가치(일) △越(월)→위에(중), 에쓰 오치 오쓰(일)

△位(위)→웨이(중), 이(일) △爲(위)→웨이(중), 이(일)
△偉(위)→웨이(중), 이(일) △委(위)→웨이(중), 이(일)
△胃(위)→웨이(중), 이(일) △危(위)→웨이(중), 키(일)
△圍(위)→웨이(중), 이(일) △僞(위)→웨이(중), 기(일)
△威(위)→웨이(중), 이(일) △慰(위)→웨이(중), 이(일)
△違(위)→웨이(중), 이(일) △萎(위)→웨이(중), 이(일)
△尉(위)→웨이 위(중), 이(일) △謂(위)→웨이(중), 이(일)
△衛(위)→웨이(중), 에이 에(일) △緯(위)→웨이(중), 이(일)
△魏(위)→웨이(중), 기(일) △葦(위)→웨이(중), 이(일)

△有(유)→여우(중), 유 우(일) △由(유)→여우(중), 유(일)
△乳(유)→루(중), 뉴(일) △幼(유)→야오 여우(중), 요(일)
△唯(유)→웨이(중), 유이 이(일) △油(유)→여우(중), 유(일)
△酉(유)→여우(중), 유(일) △柔(유)→러우(중), 쥬 뉴(일)
△遊(유)→여우(중), 유(일) △裕(유)→위(중), 유(일)
△誘(유)→여우(중), 유(일) △遺(유)→웨이 이(중), 이 유(일)
△悠(유)→여우(중), 유(일) △猶(유)→여우(중), 유(일)
△幽(유)→여우(중), 유(일) △儒(유)→루(중), 쥬(일)

△惟(유)→웨이(중), 이 유(일) △兪(유)→위(중), 유(일)
△維(유)→웨이(중), 이(일) △愉(유)→위(중), 유(일)
△宥(유)→여우(중), 유(일) △庾(유)→위(중), 유(일)
△游(유)→여우(중), 유(일) △諭(유)→위(중), 유(일)
△愈(유)→위(중), 유(일) △釉(유)→여우(중), 유(일)
△癒(유)→위(중), 유(일) △蹂(유)→러우(중), 쥬(일)

△肉(육)→러우(중), 니쿠(일) △育(육)→유 위(중), 이쿠(일)

△允(윤)→윈(중), 인(일) △尹(윤)→인(중), 인(일)
△潤(윤)→룬(중), 쥰(일) △閏(윤)→룬(중), 쥰(일)
△胤(윤)→인(중), 인(일)

△融(융)→룽(중), 유(일) △戎(융)→룽(중), 쥬(일)
△絨(융)→룽(중), 쥬(일)

△恩(은)→언(중), 온(일) △銀(은)→인(중), 긴(일)
△殷(은)→인(중), 인(일) △隱(은)→인(중), 인 온(일) △慇(은)
→인(중)인(일) △垠(은)→인(중), 긴(일)

△乙(을)→이(중), 오쓰 이쓰(일)

△音(음)→인(중), 온 인(일) △飮(음)→인(중), 인 온(일)
△陰(음)→인(중), 인 온(일) △吟(음)→인(중), 긴(일)
△淫(음)→인(중), 인(일) △蔭(음)→인(중), 인 온(일)

△邑(읍)→이(중), 유(일) △泣(읍)→치(중), 큐(일)

△揖(읍)→이(중), 유 슈(일)

△應(응)→잉(중), 오(일) △凝(응)→닝(중), 교(일)

△膺(응)→잉(중), 요(일) △鷹(응)→잉(중), 요 오(일)

△義(의)→이(중), 기(일) △衣(의)→이(중), 이 에(일)

△宜(의)→이(중), 기(일) △依(의)→이(중), 이 에(일)

△矣(의)→이(중), 이(일) △醫(의)→이(중), 이(일)

△議(의)→이(중), 기(일) △意(의)→이(중), 이(일)

△疑(의)→이(중), 기(일) △椅(의)→이(중), 이(일)

△儀(의)→이(중), 기(일) △誼(의)→이(중), 기(일)

△擬(의)→니(중), 기(일) △毅(의)→이(중), 키(일)

△蟻(의)→이(중), 기(일)

△二(이)→얼(중), 니 지(일) △以(이)→이(중), 이(일)

△而(이)→얼(중), 지(일) △耳(이)→얼(중), 지 니(일)

△異(이)→이(중), 이(일) △易(이)→이(중), 이 에키(일)

△已(이)→이(중), 이(일) △伊(이)→이(중), 이(일)

△爾(이)→얼(중), 지 니(일) △夷(이)→이(중), 이(일)

△移(이)→이(중), 이(일) △弛(이)→츠(중), 시(일)

△貳(이)→얼(중), 니(일) △餌(이)→얼(중), 지(일)

△痍(이)→이(중), 이(일) △珥(이)→얼(중), 지(일)

△姨(이)→이(중), 이(일) △飴(이)→이(중), 이(일)

△益(익)→이(중), 에키 야쿠(일) △翼(익)→이(중), 요쿠(일)
△翌(익)→이(중), 요쿠(일) △翊(익)→이(중), 요쿠(일)

△人(인)→런(중), 진 닌(일) △仁(인)→런(중), 진 닌(일)
△因(인)→인(중), 인(일) △印(인)→인(중), 인(일)
△引(인)→인(중), 인(일) △忍(인)→런(중), 닌(일)
△認(인)→런(중), 닌(일) △寅(인)→인(중), 인(일)
△姻(인)→인(중), 인(일) △咽(인)→이엔(중), 인 엔 에쓰(일)
△刃(인)→런(중), 진 닌(일) △靭(인)→인(중), 인(일)

△一(일)→이(중), 이치 이쓰(일) △日(일)→르(중), 니치 지쓰(일)
△逸(일)→이(중), 이쓰 이치(일) △溢(일)→이(중), 이쓰(일)
△佾(일)→이(중), 이쓰(일)

△任(임)→런(중), 닌(일) △壬(임)→런(중), 진 닌(일)
△賃(임)→린(중), 친(일) △姙(임)→런(중), 닌(일)
△荏(임)→런(중), 닌 진(일) △稔(임)→런(중), 넨(일)

△入(입)→르 루(중), 뉴 쥬(일) △廿(입)→니엔(중), 쥬(일)

△剩(잉)→성(중), 죠(일) △孕(잉)→윈(중), 요(일)

ㅈ

△自(자)→쯔(중), 지 시(일) △者(자)→저(중), 샤(일)

△子(자)→쯔 즈(중), 시 스(일) △字(자)→쯔(중), 지(일)

△茲(자)→츠 쯔(중), 시(일) △姿(자)→쯔(중), 시(일)

△慈(자)→츠(중), 지(일) △姉(자)→쯔(중), 시(일)

△滋(자)→쯔(중), 지 시(일) △資(자)→쯔(중), 시(일)

△紫(자)→즈(중), 시(일) △刺(자)→츠(중), 시 세키(일)

△磁(자)→츠(중), 지(일) △煮(자)→주(중), 샤(일)

△藉(자)→지에(중), 세키 샤(일) △恣(자)→쯔(중), 시(일)

△諮(자)→쯔(중), 시(일) △疵(자)→츠(중), 시(일)

△雌(자)→츠(중), 시(일) △炙(자)→즈(중), 쟈 세키(일)

△作(작)→쭈어(중), 사쿠 사(일) △昨(작)→쭈어(중), 사쿠(일)

△勺(작)→샤오(중), 샤쿠(일) △灼(작)→주어(중), 샤쿠(일)

△炸(작)→자(중), 사쿠(일) △芍(작)→사오(중), 샤쿠(일)

△酌(작)→주어(중), 샤쿠(일) △雀(작)→챠오 취에(중), 쟈쿠(일)

△爵(작)→쥐에(중), 샤쿠(일) △鵲(작)→취에(중), 쟈쿠(일)

△殘(잔)→찬(중), 잔 산(일) △盞(잔)→잔(중), 산(일)

△棧(잔)→잔(중), 산(일)

△潛(잠)→치엔(중), 센(일) △暫(잠)→잔(중), 잔(일)

△蠶(잠)→찬(중), 산(일) △箴(잠)→전(중), 신(일)

△岑(잠)→천(중), 신(일)

△雜(잡)→자(중), 자쓰 죠(일)

△長(장)→창 장(중), 쵸(일) △丈(장)→장(중), 죠(일)
△章(장)→장(중), 쇼(일) △場(장)→창(중), 죠(일)
△張(장)→장(중), 쵸(일) △壯(장)→주앙(중), 소(일)
△將(장)→쟝 챵(중), 쇼(일) △掌(장)→장(중), 쇼(일)
△杖(장)→장(중), 죠(일) △腸(장)→창(중), 쵸(일)
△匠(장)→쟝(중), 쇼(일) △裝(장)→주앙(중), 소 쇼(일)
△藏(장)→창 짱(중), 죠(일) △莊(장)→주앙(중), 소 쇼(일)
△獎(장)→쟝(중), 쇼(일) △粧(장)→주앙(중), 쇼 소(일)
△帳(장)→장(중), 쵸(일) △障(장)→장(중), 쇼 소(일)
△葬(장)→짱(중), 소(일) △薔→챵(중), 쇼 소(일)
△醬(장)→쟝(중), 쇼(일) △臟(장)→짱(중), 죠(일)
△檣(장)→챵(중), 쇼(일) △漿(장)→쟝(중), 쇼(일)
△蔣(장)→쟝(중), 쇼(일) △獐(장)→장(중), 쇼(일)

△在(재)→짜이(중), 자이(일) △再(재)→짜이(중), 사이(일)
△才(재)→차이(중), 사이 자이(일) △材(재)→차이(중), 자이 사이(일)
△財(재)→차이(중), 자이 사이(일) △災(재)→짜이(중), 사이(일)
△宰(재)→짜이(중), 사이(일) △裁(재)→차이(중), 사이(일)
△載(재)→짜이(중), 사이(일) △哉(재)→짜이(중), 사이(일)
△齋(재)→자이(중), 사이(일) △栽(재)→짜이(중), 사이(일)
△梓(재)→즈(중), 시(일) △滓(재)→즈(중), 시(일)

△爭(쟁) → 정(중), 소(일) △錚(쟁) → 정(중), 소(일)
△箏(쟁) → 정(중), 소(일)

△低(저) → 띠(중), 테이(일) △底(저) → 떠 디(중), 테이(일)
△著(저) → 주(중), 쵸 챠쿠(일) △貯(저) → 주(중), 쵸(일)
△抵(저) → 디(중), 테이(일) △邸(저) → 디(중), 테이(일)
△狙(저) → 쥐(중), 소(일) △這(저) → 저 제이(중), 샤(일)
△佇(저) → 주(중), 쵸(일) △咀(저) → 쥐 쭈이(중), 쇼 소(일)
△苧(저) → 주(중), 쵸(일) △猪(저) → 주(중), 쵸(일)
△楮(저) → 추(중), 쵸(일) △沮(저) → 쥐(중), 쇼 소(일)
△箸(저) → 주(중), 쵸(일)

△的(적) → 더 디 띠(중), 테키(일) △赤(적) → 츠(중), 세키 샤쿠(일)
△積(적) → 지(중), 세키 샤쿠(일) △適(적) → 스(중), 테키(일)
△敵(적) → 디(중), 테키(일) △績(적) → 지(중), 세키(일)
△寂(적) → 지(중), 쟈쿠 세키(일) △籍(적) → 지(중), 세키 쟈쿠(일)
△笛(적) → 디(중), 테키(일) △蹟(적) → 지(중), 세키(일)
△賊(적) → 쩌이(중), 죠쿠(일) △滴(적) → 띠(중), 테키(일)
△摘(적) → 자이(중), 테키(일) △嫡(적) → 띠(중), 챠쿠 테키(일)
△謫(적) → 저(중), 타쿠 테키(일) △荻(적) → 디(중), 테키(일)
△田(전) → 티엔(중), 덴(일) △前(전) → 치엔(중), 젠(일)
△全(전) → 취엔(중), 젠(일) △典(전) → 띠엔(중), 텐(일)
△專(전) → 주안(중), 센(일) △展(전) → 잔(중), 텐(일)

△傳(전)→추안 주안(중), 덴 텐(일) △戰(전)→잔(중), 센(일)
△殿(전)→띠엔(중), 덴 텐(일) △轉(전)→좌이 주안(중), 텐(일)
△錢(전)→치엔(중), 센(일) △電(전)→띠엔(중), 덴(일)
△奠(전)→띠엔(중), 텐(일) △煎→지엔(중), 센(일)
△剪(전)→지엔(중), 센(일) △箭(전)→지엔(중),센 젠(일)
△塡(전)→티엔(중), 텐(일) △栓(전)→수안(중), 센(일)
△詮(전)→취엔(중), 센(일) △箋(전)→지엔(중), 센(일)
△澱(전)→띠엔(중) 덴(일) △餞(전)→지엔(중), 센(일)
△顚(전)→띠엔(중), 텐(일) △悛(전)→취엔(중), 슌(일)

△切(절)→치에(중), 세쓰 사이(일) △節(절)→지에(중), 세쓰 세치(일)
△絶(절)→쥐에(중), 제쓰(일) △折(절)→서 저(중), 세쓰(일)
△截(절)→
지에(중), 세쓰(일) △竊(절)→치에(중), 세쓰(일)
△浙(절)→저(중), 세쓰(일)

△占(점)→잔(중), 센(일) △店(점)→띠엔(중), 텐(일)
△點(점)→디엔(중), 텐(일) △漸(점)→지엔(중), 젠(일)
△粘(점)→니엔 잔(중), 넨 덴(일)

△接(접)→지에(중), 세쓰 쇼(일) △蝶(접)→띠에(중), 쵸(일)

△正(정)→정(중), 세이 쇼(일) △丁(정)→띵 정(중), 테이 쵸(일)
△井(정)→징(중), 세이 쇼(일) △貞(정)→전(중), 테이 죠(일)

△定(정)→띵(중), 테이 죠(일) △亭(정)→팅(중), 테이 친(일)
△政(정)→정(중), 세이 쇼(일) △情(정)→칭(중), 죠 세이(일)
△停(정)→팅(중), 테이 쵸(일) △廷(정)→팅(중), 테이(일)
△町(정)→띵 팅(중), 쵸(일) △鄭(정)→정(중), 테이(일)
△淨(정)→징(중), 죠(일) △征(정)→정(중), 세이(일)
△呈(정)→청(중), 테이(일) △精(정)→징(중), 세이 쇼(일)
△庭(정)→팅(중), 테이(일) △頂(정)→딩(중), 쵸(일)
△晶(정)→징(중), 쇼(일) △整(정)→정(중), 세이(일)
△訂(정)→띵(중), 테이(일) △靜(정)→징(중), 세이 죠(일)
△鼎(정)→딩(중), 테이(일) △錠(정)→띵(중), 죠(일)
△汀(정)→팅(중), 테이(일) △酊(정)→띵 팅(중), 테이(일)
△偵(정)→전(중), 테이(일) △禎(정)→전(중), 테이(일)
△靖(정)→징(중), 세이(일) △艇(정)→팅(중), 테이(일)
△釘(정)→띵(중), 테이(일) △挺(정)→팅(중) 테이 쵸(일)
△旌(정)→징(중), 세이(일)

△帝(제)→띠(중), 테이 타이(일) △制(제)→즈(중), 세이(일)
△弟(제)→띠 티(중), 테이 다이(일) △齊(제)→지 치(중), 세이(일)
△第(제)→띠(중), 다이 테이(일) △題(제)→티(중), 다이(일)
△濟(제)→지(중), 사이 세이(일) △祭(제)→지 자이(중), 사이(일)
△際(제)→지(중), 사이(일) △除(제)→추(중), 죠 지(일)
△製(제)→즈(중), 세이(일) △諸(제)→주(중), 쇼(일)

△堤(제)→띠(중), 테이(일) △劑(제)→지(중), 자이(일)
△提(제)→띠(중), 테이 다이(일) △悌(제)→티(중), 테이(일)
△梯(제)→티(중), 테이(일) △臍(제)→치(중), 세이(일)
△醍(제)→티(중), 다이(일)

△早(조)→짜오(중), 소(일) △朝(조)→차오 자오(중), 쵸(일)
△助(조)→주(중), 죠(일) △條(조)→탸오(중), 죠(일)
△照(조)→자오(중), 쇼(일) △祖(조)→쭈(중), 소(일)
△鳥(조)→냐오(중), 초(일) △造(조)→짜오(중), 조(일)
△租(조)→쭈(중), 소(일) △曹(조)→차오(중), 소(일)
△彫(조)→땨오(중), 쵸(일) △措(조)→추어(중), 소(일)
△組(조)→쭈(중), 소(일) △調(조)→땨오 탸오(중), 쵸(일)
△趙(조)→자오(중), 쵸(일) △兆(조)→자오(중), 쵸(일)
△爪(조)→자오 주아(중), 소(일) △弔(조)→땨오(중), 쵸(일)
△粗(조)→추(중), 소(일) △俎(조)→쭈(중), 소(일)
△祚(조)→쭈어(중), 소(일) △操(조)→차오(중), 소(일)
△潮(조)→차오(중), 쵸(일) △燥(조)→짜오(중), 소(일)
△嘲(조)→차오 자오(중), 쵸(일) △凋(조)→땨오(중), 쵸(일)
△釣(조)→땨오(중), 쵸(일) △眺(조)→탸오(중), 쵸(일)
△詔(조)→차오(중), 쇼(일) △肇(조)→자오(중), 쵸(일)
△漕(조)→차오(중), 소(일) △遭(조)→차오(중), 소(일)
△槽(조)→차오(중), 소(일) △藻(조)→짜오(중), 소(일)
△棗(조)→짜오(중), 소(일) △糟(조)→짜오(중), 소(일)

△足(족)→쭈(중), 소쿠(일) △族(족)→쭈(중), 조쿠(일)

△簇(족)→추(중), 소쿠(일)

△存(존)→춘(중), 손 존(일) △尊(존)→쭌(중), 손(일)

△卒(졸)→추 쭈(중), 소쓰 슈쓰(일) △拙(졸)→주어(중), 세쓰(일)
△猝(졸)→추(중), 소쓰(일)

△宗(종)→쫑(중), 소 슈(일) △從(종)→충(중), 쥬 슈(일)
△種(종)→중(중), 슈(일) △終(종)→중(중), 슈(일)
△鐘(종)→중(중), 쇼 슈(일) △綜(종)→쩡 쫑(중), 소(일)
△縱(종)→쫑(중), 쥬 쇼(일) △腫(종)→중(중), 슈 쇼(일)
△踪(종)→쫑(중), 쇼(일) △棕(종)→쫑(중), 슈(일)
△慫(종)→쑹(중), 쇼(일)

△左(좌)→쭈어(중), 사(일) △坐(좌)→쭈어(중), 자(일)
△佐(좌)→쭈어(중), 사(일) △座(좌)→쭈어(중), 자(일)
△挫(좌)→추어(중), 자(일)

△罪(죄)→쭈이(중), 자이(일)

△主(주)→주(중), 슈 스(일) △朱(주)→주(중), 슈 스(일)
△州(주)→저우(중), 슈 스(일) △住(주)→주(중), 쥬(일)
△周(주)→저우(중), 슈(일) △宙(주)→저우(중), 츄(일)
△走(주)→쩌우(중), 소(일) △週(주)→저우(중), 슈(일)

△酒(주)→지우(중), 슈(일) △舟(주)→저우(중), 슈(일)

△晝(주)→저우(중), 츄(일) △柱(주)→주(중), 츄(일)

△株(주)→주(중), 슈(일) △珠(주)→주(중), 슈 쥬 즈(일)

△注(주)→주(중), 츄(일) △奏(주)→쩌우(중), 소(일)

△洲(주)→저우(중), 슈(일) △註(주)→주(중), 츄(일)

△駐(주)→주(중), 츄(일) △廚(주)→추(중), 츄(일)

△誅(주)→주(중), 츄(일) △呪(주)→저우(중), 쥬(일)

△冑(주)→저우(중), 츄(일) △酎(주)→저우(중), 츄(일)

△鑄(주)→주(중), 츄(일) △躊(주)→처우(중), 츄(일)

△竹(죽)→주(중), 치쿠(일) △粥(죽)→저우(중), 슈쿠(일)

△俊(준)→쥔(중), 슌(일) △準(준)→준(중), 쥰(일)

△峻(준)→쥔(중), 슌(일) △准(준)→준(중), 쥰(일)

△竣(준)→쥔(중), 슌(일) △逡→췬(중), 슌(일)

△遵(준)→쭌(중), 쥰(일) △儁(준)→쥔(중), 슌(일)

△樽(준)→쭌(중), 손(일) △駿(준)→쥔(중), 슌(일)

△濬(준)→쥔 쉰(중), 슌(일) △蠢(준)→춘(중), 슌(일)

△中(중)→중(중), 츄(일) △重(중)→충 중(중), 쥬 쵸(일)

△衆(중)→중(중), 슈(일) △仲(중)→중(중), 츄(일)

△卽(즉)→지(중), 소쿠(일) △則(즉)→쩌(중), 소쿠(일)

△櫛(즐)→즈(중), 시쓰(일)

△汁(즙)→즈(중), 쥬(일) △葺(즙)→치(중), 슈(일)

△證(증)→정(중), 쇼(일) △症(증)→정(중), 쇼(일)
△增→쩡(중), 조(일) △曾(증)→청 쩡(중), 소(일)
△蒸(증)→정(중), 죠(일) △憎(증)→쩡(중), 조(일)
△贈(증)→쩡(중), 조 소(일) △甑(증)→쩡(중), 소(일)

△之(지)→즈(중), 시(일) △止(지)→즈(중), 시(일)
△至(지)→즈(중), 시(일) △知(지)→즈(중), 치(일)
△支(지)→즈(중), 시(일) △地(지)→더 띠(중), 치 지(일)
△志(지)→즈(중), 시(일) △只(지)→즈(중), 시(일)
△旨(지)→즈(중), 시(일) △智(지)→즈(중), 치(일)
△紙(지)→즈(중), 시(일) △持(지)→츠(중), 지(일)
△指(지)→즈(중), 시(일) △池(지)→츠(중), 치(일)
△祉(지)→즈(중), 시 치(일) △枝(지)→즈(중), 시(일)
△芝(지)→즈(중), 시(일) △脂(지)→즈(중), 시(일)
△誌(지)→즈(중), 시(일) △肢(지)→즈(중), 시(일)
△遲(지)→츠(중), 치(일) △砥(지)→디(중), 시(일)
△咫(지)→즈(중), 시(일) △摯(지)→즈(중), 시(일)
△蜘(지)→츠(중), 치(일)

△直(직)→즈(중), 쵸쿠 지키(일) △職(직)→즈(중), 쇼쿠 시키(일)
△織(직)→즈(중), 쇼쿠 시키(일) △稷(직)→지(중), 쇼쿠(일)
△稙(직)→즈(중), 쵸쿠(일)

△眞(진) → 전(중), 신(일) △珍(진) → 전(중), 친(일)
△進(진) → 진(중), 신(일) △辰(진) → 천(중), 신(일)
△陣(진) → 전(중), 진(일) △盡(진) → 진(중), 진(일)
△陳(진) → 천(중), 친(일) △振(진) → 전(중), 신(일)
△津(진) → 진(중), 신(일) △秦(진) → 친(중), 신(일)
△晋(진) → 진(중), 신(일) △診(진) → 전(중), 신(일)
△鎭(진) → 전(중), 친(일) △塵(진) → 천(중), 진(일)
△震(진) → 전(중), 신(일) △疹(진) → 전(중), 신(일)
△賑(진) → 전(중), 신(일)

△質(질) → 즈(중), 시치 시쓰 치(일) △秩(질) → 즈(중), 치쓰 치치(일)
△迭(질) → 띠에(중), 테쓰(일) △姪(질) → 즈(중), 테쓰(일)
△疾(질) → 지(중), 시쓰(일) △窒(질) → 즈(중), 치쓰(일)
△叱(질) → 츠(중), 시쓰(일) △嫉(질) → 지(중), 시쓰(일)
△跌(질) → 띠에(중), 테쓰(일)

△朕(짐) → 전(중), 친(일) △斟(짐) → 전(중), 신(일)

△集(집) → 지(중), 슈(일) △執(집) → 즈(중), 시쓰 슈(일)
△輯(집) → 지(중), 슈(일)

△徵(징) → 정(중), 쵸 치(일) △懲(징) → 청(중), 쵸(일)
△澄(징) → 청 떵(중), 쵸(일)

ㅊ

△且(차)→치에(중), 쇼 소(일) △此(차)→츠(중), 시(일)
△次(차)→츠(중), 지 시(일) △車(차)→처(중), 샤(일)
△差(차)→차 차이 추어(중), 사 시 샤(일) △借(차)→지에(중), 샤쿠 샤(일)
△叉(차)→차(중), 사 샤(일) △蹉(차)→추어(중), 사(일)
△遮(차)→저(중), 샤(일) △嗟(차)→지에(중), 사(일)

△着(착)→저 자오 주어(중), 차쿠 샤쿠(일) △捉(착)→주어(중), 소쿠(일)
△錯(착)→추어(중), 사쿠 소(일) △窄(착)→자이(중), 사쿠(일)
△搾(착)→차(중), 사쿠(일)

△贊(찬)→짠(중), 산(일) △燦(찬)→찬(중), 산(일)
△讚(찬)→짠(중), 산(일) △撰)찬)→주안(중), 센(일)
△餐(찬)→찬(중), 산(일) △纂(찬)→주안(중), 산(일)
△饌(찬)→주안(중), 센(일) △璨(찬)→찬(중), 산(일)

△刹(찰)→차 사(중), 사쓰 세쓰(일) △察(찰)→차(중), 사쓰(일)
△札(찰)→자(중), 사쓰(일) △擦)찰)→차(중), 사쓰(일)
△拶(찰)→짜 짠(중), 사쓰(일)

△參(참)→찬 천(중), 산(일) △斬(참)→잔(중), 잔(일)
△慘(참)→찬(중), 산 잔(일) △站(참)→잔(중), 탄(일)

△塹(참) → 치엔(중), 잔(일) △懺(참) → 찬(중), 산 잔(일)
△嶄(참) → 잔(중), 잔(일) △讒(참) → 찬(중), 잔(일)

△昌(창) → 창(중), 쇼(일) △倉(창) → 창(중), 소(일)
△唱(창) → 창(중), 쇼(일) △創(창) → 추앙(중), 소(일)
△窓(창) → 추앙(중), 소(일) △娼(창) → 창(중), 쇼(일)
△彰(창) → 장(중), 쇼(일) △蒼(창) → 창(중), 소(일)
△脹(창) → 장(중), 쵸(일) △菖(창) → 창(중), 쇼(일)
△暢(창) → 창(중), 쵸(일) △廠(창) → 창(중), 쇼(일)
△瘡(창) → 추앙(중), 소(일)

△債(채) → 자이(중), 사이(일) △彩(채) → 차이(중), 사이(일)
△采(채) → 차이(중), 사이(일) △採(채) → 차이(중), 사이(일)
△菜(채) → 차이(중), 사이(일) △蔡(채) → 차이(중), 사이(일)
△砦(채) → 자이(중), 사이(일)

△冊(책) → 처(중), 사쓰 사쿠(일) △責(책) → 쩌(중), 세키 샤쿠(일)
△策(책) → 처(중), 사쿠(일) △柵(책) → 산 자(중), 사쿠(일)

△處(처) → 추(중), 쇼 소(일) △妻(처) → 치(중), 사이(일)
△凄(처) → 치(중), 세이(일)

△尺(척) → 처 츠(중), 샤쿠 세키(일) △隻(척) → 즈(중), 세키(일)
△斥(척) → 츠(중), 세키(일) △拓(척) → 투어(중), 타쿠(일)

△戚(척) → 치(중), 세키(일) △脊(척) → 지(중), 세키(일)
△陟(척) → 즈(중), 쵸쿠(일) △剔(척) → 티(중), 테키(일)
△滌(척) → 띠(중), 데키 테키 죠(일) △擲(척) → 즈(중), 테키 챠쿠(일)

△天(천) → 티엔(중), 텐(일) △川(천) → 추안(중), 센(일)
△千(천) → 치엔(중), 센(일) △泉(천) → 취엔(중), 센(일)
△淺(천) → 지엔 치엔(중), 센(일) △踐(천) → 지엔(중), 센(일)
△薦(천) → 지엔(중), 센(일) △遷(천) → 치엔(중), 센(일)
△賤(천) → 지엔(중), 센(일) △阡(천) → 치엔(중), 센(일)
△喘(천) → 추안(중), 센 젠(일) △穿(천) → 추안(중), 센(일)

△哲(철) → 저(중), 테쓰(일) △喆(철) → 저(중), 테쓰(일)
△徹(철) → 처(중), 테쓰(일) △鐵(철) → 티에(중), 테쓰(일)
△澈(철) → 처(중), 테쓰(일) △凸(철) → 투(중), 토쓰(일)
△撤(철) → 처(중), 테쓰(일) △綴(철) → 주이(중), 테이 테쓰(일)
△轍(철) → 저(중), 테쓰(일)

△尖(첨) → 지엔(중), 센(일) △添(첨) → 티엔(중), 텐(일)
△籤(첨) → 치엔(중), 센(일) △諂(첨) → 찬(중), 텐(일)
△僉(첨) → 치엔(중), 센(일)

△妾(첩) → 치에(중), 쇼(일) △帖(첩) → 티에(중), 죠 쵸(일)
△諜(첩) → 띠에(중), 쵸(일) △捷(첩) → 지에(중), 쇼(일)
△貼(첩) → 티에(중), 쵸(일) △牒(첩) → 띠에(중), 쵸(일)

△疊(첩) → 띠에(중), 죠(일) △睫(첩) → 지에(중), 쇼(일)
△喋(첩) → 띠에(중), 쵸(일)

△靑(청) → 칭(중), 세이 쇼(일) △淸(청) → 칭(중), 세이 쇼(일)
△廳(청) → 팅(중), 쵸(일) △請(청) → 칭(중), 세이 신 쇼(일)
△晴(청) → 칭(중), 세이(일) △聽(청) → 팅(중), 쵸(일)

△體(체) → 티(중), 타이 테이(일) △替(체) → 티(중), 타이(일)
△遞(체) → 띠(중), 테이(일) △滯(체) → 즈(중), 타이(일)
△逮(체) → 다이(중), 타이(일) △諦(체) → 띠(중), 테이 타이(일)
△締(체) → 띠(중), 테이(일)

△初(초) → 추(중), 쇼 소(일) △草(초) → 차오(중), 소(일)
△招(초) → 자오(중), 쇼(일) △超(초) → 차오(중), 쵸(일)
△肖(초) → 샤오(중), 쇼(일) △焦(초) → 쟈오(중), 쇼(일)
△抄(초) → 차오(중), 쇼(일) △礎(초) → 추(중), 소(일)
△楚(초) → 추(중), 소(일) △蕉(초) → 쟈오 챠오(중), 쇼(일)
△炒(초) → 차오(중), 소(일) △醋(초) → 추(중), 사쿠(일)
△樵(초) → 챠오(중), 쇼(일) △硝(초) → 샤오(중), 쇼(일)

△促(촉) → 추(중), 소쿠(일) △燭(촉) → 주(중), 쇼쿠 소쿠(일)
△蜀(촉) → 수(중), 쇼쿠(일) △觸(촉) → 추(중), 쇼쿠 소쿠(일)
△囑(촉) → 주(중), 쇼쿠(일)

△寸(촌) → 춘(중), 슨(일) △村(촌) → 춘(중), 손(일)

△忖(촌) → 춘(중), 손(일)

△總(총) → 쭝(중), 소(일) △銃(총) → 충(중), 쥬(일)
△叢(총) → 충(중), 소(일) △聰(총) → 충(중), 소(일)
△怱(총) → 충(중), 소(일) △塚(총) → 중(중), 쵸(일)
△寵(총) → 충(중), 쵸(일) △葱(총) → 충(중), 소(일)

△撮(촬) → 쭈어(중), 사쓰(일)

△最(최) → 쭈이(중), 사이(일) △催(최) → 추이(중), 사이(일)
△崔(최) → 추이(중), 사이(일)

△追(추) → 주이(중), 쓰이(일) △秋(추) → 치우(중), 슈(일)
△抽(추) → 처우(중), 츄(일) △墜(추) → 주이(중), 쓰이(일)
△推(추) → 투이(중), 스이(일) △酋(추) → 치우(중), 슈(일)
△醜(추) → 처우(중), 슈(일) △樞(추) → 수(중), 스우(일)
△椎(추) → 추이 주이(중), 쓰이 스이(일) △趨(추) → 취(중), 스우(일)
△錘(추) → 추이(중), 스이(일) △鞦(추) → 치우(중), 슈(일)
△鰍(추) → 치우(중), 슈(일)

△祝(축) → 주(중), 슈큐 슈(일) △丑(축) → 처우(중), 츄(일)
△畜(축) → 추 쉬(중), 치쿠(일) △築(축) → 주(중), 치쿠(일)
△蓄(축) → 쉬(중), 치쿠(일) △蹴(축) → 지우 추(중), 슈(일)
△軸(축) → 저우(중), 지쿠(일) △逐(축) → 주(중), 치쿠(일)

△縮(축)→쑤 쑤어(중), 슈쿠(일) △筑(축)→주(중), 치쿠(일)

△春(춘)→춘(중), 슌(일) △椿(춘)→춘(중), 친(일)

△出(출)→추(중), 슈쓰 스이(일) △朮(출)→주(중), 쥬쓰(일)
△黜(출)→추(중), 츄쓰(일)

△充(충)→충(중), 쥬(일) △忠(충)→중(중), 츄(일)
△衷(충)→중(중), 츄(일) △沖(충)→충(중), 츄(일)
△蟲(충)→충(중), 츄(일) △衝(충)→충(중) 쇼(일)

△悴(췌)→추이(중), 스이(일) △贅(췌)→주이(중), 제이(일)
△膵(췌)→추이(중), 스이(일)

△取(취)→취(중), 슈(일) △就(취)→지우(중), 슈 쥬(일)
△臭(취)→처우(중), 슈(일) △醉(취)→쭈이(중), 스이(일)
△吹(취)→추이(중), 스이(일) △趣(취)→취(중), 슈(일)
△炊(취)→추이(중), 스이(일) △娶(취)→취(중), 슈(일)
△脆(취)→추이(중), 제이(일) △翠(취)→추이(중), 스이(일)
△聚(취)→쥐(중), 슈 쥬(일) △鷲(취)→지우(중), 슈 쥬(일)
△驟(취)→저우(중), 슈(일)

△側(측)→처 쩌 자이(중), 소쿠(일) △測(측)→처(중), 소쿠(일)
△惻(측)→처(중), 쇼쿠 소쿠(일) △仄(측)→쩌(중), 소쿠(일)
△厠(측)→쓰 처(중), 시(일)

△層(층) → 청(중), 소(일)

△治(치) → 즈(중), 치 지(일) △置(치) → 즈(중), 치(일)
△致(치) → 즈(중), 치(일) △齒(치) → 츠(중), 시(일)
△値(치) → 즈(중), 치(일) △稚(치) → 즈(중), 치(일)
△恥(치) → 츠(중), 치(일) △峙(치) → 스 즈(중), 지(일)
△雉(치) → 즈(중), 치(일) △癡(치) → 츠(중), 치(일)
△痔(치) → 즈(중), 지(일) △緻(치) → 즈(중), 치(일)
△侈(치) → 츠(중), 시(일) △馳(치) → 츠(중), 치(일)
△幟(치) → 즈(중), 시(일) △熾(치) → 츠(중), 시(일)

△則(칙) → 쩌(중), 소쿠(일) △勅(칙) → 츠(중), 쵸쿠(일)
△飭(칙) → 츠(중), 쵸쿠(일)

△親(친) → 친(중), 신(일)

△七(칠) → 치(중), 시치(일) △漆(칠) → 치(중), 시쓰(일)

△侵(침) → 친(중), 신(일) △寢(침) → 친(중), 신(일)
△浸(침) → 진(중), 신(일) △沈(침) → 천(중), 친 진(일)
△枕(침) → 전(중), 친(일) △針(침) → 전(중), 신(일)
△鍼(침) → 전(중), 신(일)

△蟄(칩) → 저(중), 츄 치쓰(일)

△稱(칭) → 청 천(중), 쇼(일) △秤(칭) → 청(중), 쇼(일)

△快(쾌)→콰이(중), 카이(일) △夬(쾌)→꽈이(중), 카이(일)

ㅌ

△他(타)→타(중), 타(일) △打(타)→다(중), 다 쵸(일)
△妥(타)→투어(중), 다(일) △陀(타)→투어(중), 다(일)
△唾(타)→투어(중), 타 다(일) △惰(타)→뚜어(중), 다(일)
△墮(타)→뚜어(중), 다(일) △舵(타)→뚜어(중), 다(일)

△卓(탁)→주어(중), 타쿠 쇼쿠(일) △濁(탁)→주어(중), 다쿠 죠쿠(일)
△托(탁)→투어(중), 타쿠(일) △濯(탁)→주어(중), 타쿠(일)
△託(탁)→투어(중), 타쿠(일) △擢(탁)→주어(중), 테키(일)
△啄(탁)→주어(중), 타쿠(일) △鐸(탁)→뚜어(중), 타쿠(일)

△呑(탄)→툰(중), 돈(일) △彈(탄)→딴 탄(중), 단(일)
△炭(탄)→탄(중), 탄(일) △誕(탄)→딴(중), 탄(일)
△歎(탄)→탄(중), 탄(일) △坦(탄)→탄(중), 탄(일)
△綻(탄)→주안(중), 탄(일) △憚(탄)→딴(중), 탄(일)
△灘(탄)→탄(중), 탄(일)

△脫(탈)→투어(중), 다쓰(일) △奪(탈)→뚜어(중), 다쓰(일)

△探(탐)→탄(중), 탄(일) △貪(탐)→탄(중), 돈 톤 탄(일)

△耽(탐)→딴(중), 탄(일)

△塔(탑)→다 타(중), 토(일) △搭(탑)→다(중), 토(일)

△湯(탕)→탕(중), 토(일) △蕩(탕)→땅(중), 토(일)

△台(태)→타이(중), 타이(일) △太(태)→타이(중), 타이 타(일)
△泰(태)→타이(중), 타이(일) △態(태)→타이(중), 타이 테이(일)
△兌(태)→뚜이(중), 타이(일) △胎(태)→타이(중), 타이(일)
△笞(태)→츠(중), 치(일) △怠(태)→따이(중), 타이(일)
△汰(태)→타이(중), 타이 타(일) △颱(태)→타이(중), 타이(일)
△跆(태)→타이(중), 타이(일) △苔(태)→타이(중), 타이(일)
△殆(태)→따이(중), 타이(일)

△宅(택)→자이 저(중), 타쿠(일) △澤(택)→쩌(중), 타쿠(일)
△擇(택)→쩌 자이(중), 타쿠(일)

△撑(탱)→청(중), 토(일)

△攄(터)→수(중), 쵸(일)

△土(토)→투(중), 도 토(일) △兎(토)→투(중), 토(일)
△討(토)→타오(중), 토(일) △吐(토)→투(중), 토(일)

△通(통)→퉁(중), 쓰우 쓰(일) △統(통)→퉁(중), 토(일)
△痛(통)→퉁(중), 쓰우(일) △筒(통)→퉁(중), 토(일)

△慟(통)→퉁(중), 토(일) △桶(통)→퉁(중), 토(일)

△退(퇴)→투이(중), 타이(일) △堆(퇴)→뚜이 쭈이(중), 타이 쓰이(일)

△褪(퇴)→툰 투이(중), 톤 타이(일) △頹(퇴)→투이(중), 타이(일)

△腿(퇴)→투이(중), 타이(일)

△投(투)→터우(중), 토(일) △鬪(투)→떠우(중), 토(일)

△透(투)→터우(중), 토(일) △偸(투)→터우(중), 토(일)

△套(투)→타오(중), 토(일) △妬(투)→뚜(중), 토(일)

△特(특)→터(중), 토쿠 도쿠(일) △慝(특)→터(중), 토쿠(일)

ㅍ

△巴(파)→빠(중), 하(일) △派(파)→파 파이(중), 하(일)

△破(파)→포(중), 하(일) △波(파)→뽀(중), 하(일)

△把(파)→바 빠(중), 하(일) △坡(파)→포(중), 하(일)

△芭(파)→빠(중), 바(일) △婆(파)→포(중), 바(일)

△跛(파)→보(중), 하 히(일) △播(파)→뽀(중), 하 한 반(일)

△罷(파)→바 빠(중), 히(일) △爬(파)→파(중), 하(일)

△爸(파)→빠(중), 하(일) △琶(파)→파(중), 하(일)

△擺(파)→바이(중), 하이(일)

△判(판)→판(중), 한 반(일) △版(판)→반(중), 한(일)
△販(판)→판(중), 한(일) △板(판)→반(중), 한 반(일)
△坂(판)→반(중), 한(일) △阪(판)→반(중), 한(일)
△辦(판)→빤(중), 벤(일) △瓣(판)→빤(중), 벤(일)

△八(팔)→빠(중), 하치(일) △叭(팔)→빠(중), 하쓰(일)

△貝(패)→뻬이(중), 바이(일) △敗(패)→빠이(중), 하이(일)
△覇(패)→빠(중), 하(일) △牌(패)→파이(중), 하이(일)
△佩(패)→페이(중), 하이(일) △唄(패)→베이 빠이(중), 바이(일)
△沛(패)→페이(중), 하이(일) △稗(패)→빠이(중), 하이(일)
△悖(패)→뻬이(중), 하이(일)

△彭(팽)→펑(중), 호(일) △澎(팽)→펑(중), 호(일)
△烹(팽)→펑(중), 호(일) △膨(팽)→펑(중), 보(일)

△便(편)→삐엔 피엔(중), 벤(일) △片(편)→피엔(중), 헨(일)
△篇(편)→피엔(중), 헨(일) △編(편)→삐엔(중), 헨(일)
△偏(편)→피엔(중), 헨(일) △扁(편)→삐엔 피엔(중), 헨(일)
△遍(편)→삐엔(중), 헨(일) △鞭(편)→삐엔(중), 벤(일)

△貶(폄)→비엔(중), 헨(일)

△平(평)→핑(중), 헤이 뵤(일) △坪(평)→핑(중), 헤이(일)
△評(평)→핑(중), 효(일)

△閉(폐) → 삐(중), 헤이(일) △肺(폐) → 페이(중), 하이(일)
△幣(폐) → 삐(중), 헤이(일) △廢(폐) → 페이(중), 하이(일)
△弊(폐) → 삐(중), 헤이(일) △蔽(폐) → 삐(중), 헤이(일)
△陛(폐) → 삐(중), 헤이(일) △吠(폐) → 페이(중), 하이(일)
△斃(폐) → 삐(중), 하이(일)

△包(포) → 빠오(중), 호(일) △布(포) → 뿌(중), 후 호(일)
△抱(포) → 빠오(중), 호(일) △怖(포) → 뿌(중), 후(일)
△拋(포) → 파오(중), 호(일) △泡(포) → 파오(중), 호(일)
△胞(포) → 빠오(중), 호(일) △捕(포) → 부(중), 호 부(일)
△浦(포) → 푸(중), 호(일) △砲(포) → 파오(중), 호(일)
△葡(포) → 푸(중), 부(일) △飽(포) → 바오(중), 호(일)
△舖(포) → 푸(중), 호(일) △蒲(포) → 푸(중), 호 후(일)
△褒(포) → 빠오(중), 호(일) △鋪(포) → 푸(중), 호(일)
△袍(포) → 파오(중), 호(일)

△暴(폭) → 푸(중), 보 바쿠(일) △幅(폭) → 푸(중), 후쿠(일)
△爆(폭) → 빠오(중), 바쿠(일) △瀑(폭) → 푸(중), 바쿠(일)
△曝(폭) → 빠오 푸(중), 바쿠(일)

△表(표) → 뱌오(중), 효(일) △票(표) → 퍄오(중), 효(일)
△標(표) → 빠오(중), 효(일) △杓(표) → 빠오(중), 효(일)
△漂(표) → 퍄오(중), 효(일) △豹(표) → 빠오(중), 효(일)
△俵(표) → 빠오(중), 효(일) △剽(표) → 퍄오(중), 효(일)
△瓢(표) → 퍄오(중), 효(일) △彪(표) → 빠오(중), 효(일)

△品(품)→핀(중), 힌(일) △稟(품)→빙(중), 힌(일)

△豐(풍)→펑(중), 호 부(일) △風(풍)→펑(중), 후(일)
△諷(풍)→펑(중), 후(일) △楓(풍)→펑(중), 후(일)
△馮(풍)→펑(중), 후(일)

△皮(피)→피(중), 히(일) △被(피)→뻬이 피(중), 히(일)
△彼(피)→비(중), 히(일) △避(피)→삐(중), 히(일)
△披(피)→피(중), 히(일) △疲(피)→피(중), 히(일)

△必(필)→삐(중), 히쓰(일) △匹(필)→피(중), 히쓰(일)
△畢(필)→삐(중), 히쓰(일) △筆(필)→비(중), 히쓰(일)
△疋(필)→피(중), 히쓰(일) △弼(필)→삐(중), 히쓰(일)

△乏(핍)→파(중), 보(일) △逼(핍)→삐(중), 히쓰(일)

ㅎ

△下(하)→시아(중), 카 게(일) △夏(하)→시아(중), 카 게(일)
△河(하)→허(중), 카(일) △賀(하)→허(중), 가(일)
△何(하)→허(중), 카(일) △荷(하)→허(중), 카(일)
△瑕(하)→시아(중), 카(일) △蝦(하)→하 시아(중), 카(일)
△霞(하)→시아(중), 카(일) △厦(하)→사 시아(중), 카(일)
△遐(하)→시아(중), 카(일)

△學(학)→쉬에(학), 가쿠(일) △鶴(학)→허(중), 카쿠(일)

△虐(학)→뉘에(중), 갸쿠(일) △謔(학)→쉬에(중), 갸쿠(일)

△韓(한)→한(중), 칸(일) △寒(한)→한(중), 칸(일)

△漢(한)→한(중), 칸(일) △限(한)→시엔(중), 겐(일)

△閑(한)→시엔(중), 칸(일) △恨(한)→헌(중), 콘(일)

△旱(한)→한(중), 칸(일) △汗(한)→한(중), 칸(일)

△翰(한)→한(중), 칸(일) △罕(한)→한(중), 칸(일)

△割(할)→꺼(중), 카쓰(일) △轄(할)→시아(중), 카쓰(일)

△函(함)→한(중), 칸(일) △含(함)→한(중), 간(일)

△咸(함)→시엔(중), 칸(일) △陷(함)→시엔(중), 칸(일)

△涵(함)→한(중), 칸(일) △緘(함)→지엔(중), 칸(일)

△檻(함)→지엔 칸(중), 칸(일) △艦(함)→지엔(중), 칸(일)

△喊(함)→한(중), 칸(일) △啣(함)→시엔(중), 칸(일)

△鹹(함)→시엔(중), 칸(일)

△合(합)→거 허(중), 고 가(일) △蛤(합)→꺼 하(중), 코(일)

△閤(합)→꺼(중), 코(일) △盒(합)→허(중) 코(일)

△恒(항)→헝(중), 코(일) △項(항)→시앙(중), 코(일)

△港(항)→강(중), 코(일) △降(항)→시앙(중), 코(일)

△航(항)→항(중), 코(일) △抗(항)→캉(중), 코(일)

△巷(항)→항 시앙(중), 코(일) △杭(항)→항(중), 코(일)

△肛(항)→깡(중), 코(일) △亢(항)→항 캉(중), 코(일)
△缸(항)→깡(중), 코(일)

△海(해)→하이(중), 카이(일) △害(해)→하이(중), 가이(일)
△解(해)→지에 시에(중), 카이 게(일) △亥(해)→하이(중), 가이(일)
△該(해)→까이(중), 가이(일) △咳(해)→하이 카이 커(중), 가이(일)
△諧(해)→시에(중), 카이(일) △楷(해)→지에 카이(중), 카이(일)
△奚(해)→시(중), 케이(일) △骸(해)→하이(중), 가이(일)
△蟹(해)→시에(중), 카이(일) △孩(해)→하이(중), 가이(일)
△邂(해)→시에(중), 카이(일)

△核(핵)→허 후(중), 카쿠(일) △劾(핵)→허(중), 가이(일)

△行(행)→싱(중), 코 교(일) △幸(행)→싱(중), 코(일)
△倖(행)→싱(중), 코(일) △杏(행)→싱(중), 쿄(일)

△向(향)→시앙(중), 코 쿄(일) △享(향)→시앙(중), 쿄(일)
△香(향)→시앙(중), 코 쿄(일) △鄕(향)→시앙(중), 쿄 고(일)
△響(향)→시앙(중), 쿄(일) △珦(향)→시앙(중), 쿄(일)
△饗(향)→시앙(중), 쿄(일)

△許(허)→쉬(중), 쿄 코(일) △虛(허)→쉬(중), 쿄 코(일)
△墟(허)→쉬(중), 쿄(일) △噓(허)→쉬(중), 쿄(일)

△헌(憲) → 시엔(중), 켄(일) △軒(헌) → 쉬엔(중), 켄(일)
△獻(헌) → 시엔(중), 켄 콘(일)

△歇(헐) → 시에(중), 케쓰 카쓰(일)

△險(험) → 시엔(중), 켄(일) △驗(험) → 이엔(중), 켄 겐(일)

△革(혁) → 거(중), 카쿠(일) △赫(혁) → 허(중), 카쿠(일)
△奕(혁) → 이(중), 에키(일)

△現(현) → 시엔(중), 겐(일) △玄(현) → 쉬엔(중), 겐(일)
△賢(현) → 시엔(중), 켄(일) △鉉(현) → 쉬엔(중), 겐(일)
△縣(현) → 시엔 쉬엔(중), 켄(일) △懸(현) → 쉬엔(중), 켄(일)
△顯(현) → 시엔(중), 켄(일) △眩(현) → 쉬엔(중), 겐(일)
△弦(현) → 시엔(중), 겐(일) △絃(현) → 시엔(중), 겐(일)
△峴(현) → 시엔(중), 켄 겐(일) △炫(현) → 쉬엔(중), 겐(일)
△舷(현) → 시엔(중), 겐(일) △絢(현) → 쉬엔(중), 켄(일)
△衒(현) → 쉬엔(중), 겐(일)

△血(혈) → 시에 쉬에(중), 케쓰 케치(일) △穴(혈) → 쉬에(중), 케쓰(일)
△孑(혈) → 지에(중), 케쓰 게쓰(일) △頁(혈) → 이에(중), 케쓰(일)

△嫌(혐) → 시엔(중), 켄 겐(일)

△協(협) → 시에(중), 쿄(일) △俠(협) → 시아(중), 쿄(일)

△脅(협)→시에(중), 쿄(일) △挾(협)→시에(중), 쿄 쇼(일)
△浹(협)→지아(중), 쿄(일) △狹(협)→시아(중), 쿄(일)
△峽(협)→시아(중), 쿄(일) △脇(협)→시에(중), 쿄(일)
△莢(협)→지아(중), 쿄(일) △頰(협)→지아(중), 쿄(일)
△鋏(협)→지아(중), 쿄(일)

△亨(형)→헝(중), 쿄 코(일) △兄(형)→시웅(중), 케이 쿄(일)
△形(형)→싱(중), 케이 교(일) △刑(형)→싱(중), 케이 교(일)
△型(형)→싱(중), 케이(일) △衡(형)→헝(중), 코(일)
△邢(형)→싱(중), 케이(일) △螢(형)→잉(중), 케이(일)
△荊(형)→징(중), 케이(일) △馨(형)→신(중), 케이(일)
△熒(형)→잉(중), 케이 에이(일) △珩(형)→항 헝(중), 코(일)

△惠(혜)→후이(중), 케이 에(일) △慧(혜)→후이(중), 케이 에(일)
△彗(혜)→후이(중), 스이(일) △蕙(혜)→후이(중), 케이(일)
△兮(혜)→시(중), 케이(일) △鞋(혜)→시에(중), 아이 케이(일)

△乎(호)→후(중), 코 오(일) △互(호)→후(중), 고(일)
△戶(호)→후(중), 코(일) △好(호)→하오(중), 코(일)
△呼(호)→후(중), 코(일) △浩(호)→하오(중), 코(일)
△虎(호)→후(중), 코(일) △湖(호)→후(중), 코(일)
△胡(호)→후(중), 코 고(일) △昊(호)→하오(중), 코(일)
△豪(호)→하오(중), 고(일) △鎬(호)→가오 하오(중), 코(일)
△毫(호)→하오(중), 고(일) △號(호)→하오(중), 고(일)

△護(호)→후(중), 고(일) △壺(호)→후(중), 코(일)
△狐(호)→후(중), 코(일) △弧(호)→후(중), 코(일)
△濠(호)→하오(중), 고(일) △皓(호)→하오(중), 코(일)
△糊(호)→후(중), 코(일) △琥(호)→후(중), 코(일)
△扈(호)→후(중), 코(일) △滸(호)→후 쉬(중), 코(일)
△壕(호)→하오(중), 고(일)

△或(혹)→후어(중), 와쿠(일) △惑(혹)→후어(중), 와쿠(일)
△酷(혹)→쿠(중), 코쿠(일)

△婚(혼)→훈(중), 콘(일) △昏(혼)→훈(중), 콘(일)
△魂(혼)→훈(중), 콘(일) △混(혼)→훈(중), 콘(일)
△渾(혼)→훈(중), 콘(일)

△忽(홀)→후(중), 코쓰(일) △惚(홀)→후(중), 코쓰(일)

△弘(홍)→홍(중), 코 구(일) △洪(홍)→홍(중), 코(일)
△紅(홍)→꿍 홍(중), 코 쿠 구(일) △鴻(홍)→홍(중), 코(일)
△哄(홍)→홍(중), 코(일) △虹(홍)→홍 지앙(중), 코(일)
△訌(홍)→홍(중), 코(일) △泓(홍)→홍(중), 코(일)

△化(화)→화(중), 카 케(일) △和(화)→후어 허 후(중), 와 카(일)
△火(화)→후어(중), 카 코(일) △話(화)→화(중), 와(일)
△花(화)→화(중), 카 케(일) △貨(화)→후어(중), 카(일)

△禾(화)→허(중), 카(일) △畵(화)→화(중), 가 카 쿠(일)
△華(화)→화(중), 카 케(일) △禍(화)→후어(중), 카(일)
△靴(화)→쉬에(중), 카(일) △樺(화)→화(중), 카(일)
△嘩(화)→화(중), 카(일)

△確(확)→취에(중), 카쿠(일) △擴(확)→쿠어(중), 카쿠(일)
△廓(확)→쿠어(중), 카쿠(일) △攫(확)→쥐에(중), 카쿠(일)

△煥(환)→환(중), 칸(일) △丸(환)→완(중), 간(일)
△換(환)→환(중), 칸(일) △歡(환)→환(중), 칸(일)
△環(환)→환(중), 칸(일) △還(환)→하이 환(중), 칸 겐(일)
△幻(환)→환(중), 겐(일) △患(환)→환(중), 칸 겐(일)
△喚(환)→환(중), 칸(일) △桓(환)→환(중), 칸(일)
△宦(환)→환(중), 칸(일) △圜(환)→환(중), 칸(일)

△活(활)→후어(중), 카쓰(일) △闊(활)→쿠어(중), 카쓰(일)
△滑(활)→화(중), 카쓰 코쓰(일) △猾(활)→화(중), 카쓰(일)

△黃(황)→황(중), 코 오(일) △皇(황)→황(중), 코 오(일)
△凰(황)→황(중), 오(일) △況(황)→황(중), 쿄(일)
△荒(황)→황(중), 코(일) △慌(황)→황(중), 코(일)
△晃(황)→황(중), 코(일) △惶(황)→황(중), 코(일)
△滉(황)→황(중), 코(일) △徨(황)→황(중), 코(일)
△璜(황)→황(중), 코(일)

△回(회)→후이(중), 카이 에(일) △會(회)→후이(중), 카이 에(일)

△灰(회)→후이(중), 카이(일) △廻(회)→후이(중), 카이 에(일)

△恢(회)→후이(중), 카이(일) △悔(회)→후이(중), 카이 케(일)

△懷(회)→화이(중), 카이(일) △晦(회)→후이(중), 카이(일)

△繪(회)→후이(중), 카이(일) △賄(회)→후이(중), 카이(일)

△匯(회)→후이(중), 카이(일) △徊(회)→화이 후이(중), 카이(일)

△誨(회)→후이(중), 카이(일) △淮(회)→화이(중), 카이 와이(일)

△劃(획)→화이 화(중), 카쿠(일) △獲(획)→후어(중), 카쿠(일)

△橫(횡)→헝(중), 오 코(일)

△孝(효)→샤오(중), 코 쿄(일) △效(효)→샤오(중), 코(일)

△曉(효)→샤오(중), 쿄(일) △酵(효)→쟈오(중), 코(일)

△肴(효)→야오(중), 코(일) △梟(효)→샤오(중), 쿄(일)

△爻(효)→야오(중), 코(일) △淆(효)→샤오(중), 코(일)

△后(후)→허우(중), 코 고(일) △厚(후)→허우(중), 코(일)

△後(후)→허우(중), 고 코(일) △候(후)→허우(중), 코(일)

△朽(후)→시우(중), 큐(일) △侯(후)→허우(중), 코(일)

△嗅(후)→시우(중), 큐(일) △吼(후)→하우(중), 코(일)

△逅(후)→허우(중), 코(일)

△訓(훈)→쉰(중), 쿤(일) △勳(훈)→쉰(중), 쿤(일)

△薰(훈) → 쉰(중), 쿤(일) △熏(훈) → 쉰(중), 쿤(일)
△焄(훈) → 쉰(중), 쿤(일) △燻(훈) → 쉰(중), 쿤(일)
△暈(훈) → 윈(중), 운(일)

△萱(훤) → 쉬엔(중), 켄(일) △喧(훤) → 쉬엔(중), 켄(일)

△훼(毁) → 후이(중), 키(일) △卉(훼) → 후이(중), 키(일)
△喙(훼) → 후이(중), 카이(일)

△揮(휘) → 후이(중), 키(일) △徽(휘) → 후이(중), 키(일)
△輝(휘) → 후이(중), 키(일) △麾(휘) → 후이(중), 키(일)
△彙(휘) → 후이(중), 이(일) △諱(휘) → 후이(중), 키(일)

△휴(休) → 시우(중), 큐(일) △携(휴) → 시에(중), 케이(일)
△畦(휴) → 치(중), 케이(일) △虧(휴) → 쿠이(중), 키(일)

△恤(휼) → 쉬(중), 쥬쓰(일) △鷸(휼) → 위(중), 이쓰(일)

△凶(흉) → 시웅(중), 쿄(일) △兇(흉) → 시웅(중), 쿄(일)
△胸(흉) → 시웅(중), 쿄(일) △匈(흉) → 시웅(중), 쿄(일)

△黑(흑) → 헤이(중), 코쿠(일)

△欣(흔) → 신(중), 킨 곤(일) △痕(흔) → 헌(중), 콘(일)
△掀(흔) → 시엔(중), 켄 곤(일)

△吃(흘)→츠(중), 키쓰(일) △屹(흘)→꺼 이(중), 키쓰(일)

△欠(흠)→치엔(중), 켄(일) △欽(흠)→친(중), 킨(일)

△吸(흡)→시(중), 큐(일) △恰(흡)→치아(중), 코(일)
△洽(흡)→치아(중), 코(일)

△興(흥)→싱(중), 코 쿄(일)

△喜(희)→시(중), 키(일) △希(희)→시(중), 키 케(일)
△熙(희)→시(중), 키(일) △姬(희)→지(중), 키(일)
△稀(희)→시(중), 키 케(일) △戱(희)→시(중), 기 게(일)
△嬉(희)→시(중), 키(일) △犧(희)→시(중), 기(일)
△羲(희)→시(중), 키 기(일) △熹(희)→시(중), 키(일)
△憙(희)→시(중), 키(일) △禧(희)→시(중), 키(일)
△噫(희)→이(중), 이 아이(일)

△詰(힐)→지 지에(중), 키쓰(일) △頡(힐)→지에 시에(중), 케쓰(일)

chapter 04

세 나라 한자 어휘-단어의 뜻도 상상할 수 없을 정도로 다르다

04 • • •

세 나라 한자 어휘–단어의 뜻도 상상할 수 없을 정도로 다르다

△중국의 한자 단어의 뜻, 우리 한자 어휘와는 이렇게 지독히 다르다

중국 항공사 비행기를 타고 중국 공항, 중국 땅에 내려서 보라. 그리고 그 나라의 공공장소든 어디든 가 보고 들어가 보라. 아무리 한국에선 한자에 능한 한학자라 하더라도 자신의 눈을 의심하고 귀를 믿지 못할 것이다. 마구 뜯어 고치고 줄인 간자(簡字)로 인해 달라진 글자 모양뿐 아니라 단어—어휘까지도 생판 달라 도대체 무슨 뜻인지 분별하고 간파해 알 수 없기 때문이다.

우선 특정 분야, 직업 세계의 어휘부터 훑어보면 이렇다.

∴ 공항에서

△空港(공항) → 机场(지창)

△飛行機(비행기) → 飞机(페이지)

△國內線(국내선) → 國內航班(궈네이항빤)

△國際線(국제선) → 国际航班(궈지항빤)

△出發地(출발지) → 飞出(페이추)

△到着地(도착지) → 到达(따오따)

△搭乘手續(탑승수속) → 登机手续(떵지서우쉬)

△出國申告書(출국신고서) → 离境手续(리징서우쉬)

△搭乘券(탑승권) → 登机证(떵지정)

△換錢所(환전소) → 兑换处(뚜이환추)

△貨物(화물)로 부치는 짐 → 托运行李(투어윈싱리)

△機內携帶(기내휴대) 짐 → 随身携带行李(쑤이선시에따이싱리)

△旅券(여권) → 护照(후자오) 또는 路照(루자오)

△署名(서명) → 签名(치엔밍)

△發給機關(발급기관) → 签发机关(치엔빠지꽌)

△旅券番號(여권번호) → 护照号码(후자오하오마)

△現在居住國(현재거주국) → 所住的国家(쑤어주더궈지아)

△滯在豫定期间(체재예정기간) → 停留时间(팅리우스지엔)

△換乘飛行機(환승비행기) → 转接班机(주안지엔빤지)

△現住所(현주소) → 所住的地址(쑤어주더띠즈)

△生年月日(생년월일) → 出生年月(추성니엔위에)

△旅行目的(여행목적) → 旅游目的(뤼여우무띠)

△航空機便名(항공기편명) → 飞机航班(페이지항빤)

△搭乘口(탑승구) → 登机门(떵지먼)

△搭乘時間(탑승시간) → 登机时间(떵지스지엔)

△離陸(이륙) → 起飞(치페이) △出國(출국) → 出境(추징)

△正刻(정각) → 准时(준스) △遲延(지연) → 推迟(투이츠)

∴ 비행기 안에서

△飛行機座席(비행기좌석) → 机位(지웨이)

△창가 좌석 → 靠窗座位(카오추앙쭈어웨이)

△機內放送(기내방송) → 机舱广播(지창광뽀)

△機內(기내) 서비스 → 机舱服务(지창푸우)

△新聞(신문) → 报纸(빠오즈)

△飛行機乘務員(비행기승무원) → 机上服务员(지상푸우위엔)

△女乘務員(여승무원) → 空中小姐(쿵중샤오지에)

△머리 위 짐칸 → 吊挂箱(따오꽈시앙)

△에어컨 → 空调(쿵탸오)

△이어폰 → 耳机(얼지)

△헤드폰 → 双耳式耳机(수앙얼스얼지) △베개 → 枕头(전터우)

△담요 → 毛毯(마오탄) △飛行機 멀미 → 晕机(윈지)

∴ 착륙 후

△着陸(착륙) → 登陆(떵루)

△到着口(도착구) → 到站口(따오잔커우)

△入國手續(입국수속) → 入境手续(루징서우쉬)

△稅關(세관) → 海关(하이꽌)

△通關(통관) → 放关(팡꽌)

△現地時間(현지시간) → 当地时间(땅지스지엔)

∴ 거리에서

△運轉技士(운전기사) → 师傅(스푸)

△一方通行(일방통행) → 单行道(딴싱따오)

△注意(주의) → 小心(샤오신)

△注意하시오 → 当心(땅신)

△건너시오 → 可以过街(커이꿔지에)

△橫斷禁止(횡단금지) → 禁止过街(진즈꿔지에)

△步道(보도) → 走道(쩌우따오)

△通行禁止(통행금지) → 道路封闭(따오루펑삐)

△出入禁止(출입금지) → 不许入内(뿌쉬루네이)

△無斷侵入禁止(무단침입금지) → 不得擅自闯入(뿌데이산쯔추앙루)

△外人出入禁止(외인출입금지) → 未经许可不得入内(웨이징쉬커뿌데이루네이)

△駐車禁止(주차금지) → 不准停车(뿌준팅처)

△駐車場(주차장) → 停车场(팅처창)

△工事中(공사중) → 施工中(스꽁중)

△小便禁止(소변금지) → 禁止小便(진즈샤오삐엔)

△故障(고장) → 出故障(추꾸장)

△化粧室(화장실) → 洗手间(시서우지엔) 또는 卫生间(웨이성지엔)

△女子化粧室(여자화장실) → 女厕所(뉘처쑤어)

△男子化粧室(남자화장실) → 男厕所(난처쑤어)

△禁煙(금연) → 不准吸烟(뿌준씨이엔)

△公衆電話(공중전화) → 公用电话(꽁융띠엔화)

△市內電話(시내전화) → 本地电话(번띠띠엔화)

∴ 교통 언어

△버스 → 巴士(빠스), 公共汽车(꽁꽁치처) 냉난방 버스는 自强

公车(쯔치앙꿍처)

△시외버스→公路局车(꿍루쥐처)

△通勤버스→班车(빤처)

△택시→出租车(추쭈처), 打车(다처) 택시를 타다→打的(다디)

△列車(열차)→火车(후어처)

△特急(특급)→特快(터콰이)

△直行(직행)→直到(즈따오)

△地下鐵(지하철)→地铁(띠티에)

△自轉車(자전거)→自行车(쯔싱처), 또는 脚车(쟈오처), 脚踏车(쟈오타처). 타이완에서 자전거 경주를 할 때는 自由车(쯔여우처)라고 함. 여자용 자전거는 坤车(쿤처) △救急車(구급차)→救护车(지우후처)

△遊覽船(유람선)→游船(여우추안)

△片道(편도)→单程(딴청) △搭乘(탑승)→乘坐(청쭈어)

△展望臺(전망대)→了望台(랴오왕타이)

△救命服(구명복)→救生衣(지우성이)

△信號燈(신호등)→红绿灯(훙뤼떵)

△停留場(정류장)→车站(처잔)

△交通滯症(교통체증)→堵车(두처)

△運轉士(운전사)→司机(쓰지), 师傅(스푸)

△案內所(안내소)→服务台(푸우타이)

△料金(요금)→收费(서우페이)

△不便(불편)→不方便(뿌팡삐엔)

△中古車(중고차)→二手车(얼서우처)

△初步運轉(초보운전) → 新手(신서우)

△運轉免許證(운전면허증) → 驾照(지아자오)

∴ 호텔에서

△豫約(예약) → 预定(위띵)

△預置金(예치금) → 定金(띵진)

△接受處(접수처) → 服务台(푸우타이)

△支配人(지배인) → 经理(징리)

△案內(안내) → 信息(신시)

△別館(별관) → 分馆(펀구안)

△保管所(보관소) → 寄物间(지우지엔)

△非常口(비상구) → 紧急出口(진지추커우)

△洗濯物(세탁물) → 洗衣店(시이띠엔)

△膳物賣店(선물매점) → 礼品店(리핀띠엔)

△洗面臺(세면대) → 盥洗台(꾸안시타이). 盥은 '대야 관'자다.

△面刀機(면도기) → 剃刀(티따오)

△水道꼭지 → 水龙头(수이룽터우)

△齒藥(치약) → 牙膏(야까오)

△齒솔 → 牙刷(야수아)

△비누 → 肥皂(페이자오)

△化粧紙(화장지) → 卫生纸(웨이성즈)

△浴槽(욕조) → 浴缸(위깡)

△取扱注意(취급주의) → 小心轻放(샤오신칭팡)

△妨害禁止(방해금지) → 请勿打搅(칭우다자오)

△警備(경비) → 保安人员(바오안런위엔)

△搬出禁止(반출금지) → 不准携出(뿌준시에추)

∴ 은행에서

△計座(계좌) → 帐户(장후)

△通帳(통장) → 账户(장후), 账折(장저), 存折(춘저)

△通帳整理(통장정리) → 更新账户(껑신장후)

△貯蓄・預金(저축・예금) → 存款(춘쿠안)

△預金主(예금주) → 存款人(춘쿠안런)

△预金残高(예금잔고) → 下存(시아춘)

△引出(인출) → 提款(티쿠안)

△秘密番號(비밀번호) → 密码(미마)

△現金自動支給機(현금자동지급기) → 提款机(티쿠안지)

△貸出(대출) → 贷款(따이쿠안)

△擔保貸出(담보대출) → 抵押(디야)

△保證人(보증인) → 保人(바오런)

△計座移替・送金(계좌이체・송금) → 汇款(후이쿠안)

△信用카드去來(신용카드거래) → 信用卡服务(신융치아푸우).

卡은 '지킬 잡'자다.

△株式(주식) → 股份(구펀)

△株式市場(주식시장) → 股市(구스)

△株式市況(주식시황) → 股情(구칭)

△株式投資者(주식투자자) → 股民(구민)

△外貨(외화) → 外币(와이삐)

△換率(환율) → 汇率(후이뤼)

△還拂(환불) → 还钱(환치엔)

△證券(증권) → 股票(구퍄오)

△手票冊(수표책) → 支票簿(즈퍄오뿌)

△個人手票(개인수표) → 私人支票(쓰런즈퍄오)

△當座預金(당좌예금) → 经常帐户(징창장후)

∴ 병원에서

△病院(병원) → 医院(이위엔)

△救急車(구급차) → 救护车(지우후처)

△醫師(의사) → 医生(이성)

△專門醫(전문의) → 专科医生(주안커이성)

△處方箋(처방전) → 药方(야오팡)

△看護士(간호사) → 护士(후스)

△注射(주사) → 针(전)

△小兒科(소아과) → 儿科(얼커), 幼科(여우커)

△産婦人科(산부인과) → 妇科(푸커), 妇产科(푸찬커)

△耳鼻咽喉科(이비인후과) → 耳鼻喉科(얼비허우커)

△整形外科(정형외과) → 骨科(구커)

△齒科(치과) → 牙科(야커)

△漢藥(한약) → 中药(중야오)

△入院(입원) → 住院(주위엔)

△退院(퇴원) → 出院(추위엔)

△患者服(환자복) → 病号服(삥하오푸)

△齒牙(치아) → 牙齿(야츠)

△齒痛(치통) → 牙痛(야퉁)

△齒藥(치약) → 牙膏(야까오)

△苦痛(고통) → 痛苦(퉁쿠)

△感氣(감기) → 感冒(간마오), 流感(리우간)

△熱(열) → 发烧(파샤오)

△惡寒(오한) → 寒冷(한렁)

△泄瀉(설사) → 腹泻(푸시에)

△出血(출혈) → 流血(리우시에)

△打撲傷(타박상) → 受伤(서우상)

△火傷(화상) → 烧伤(사오상)

△痙攣(경련)・쥐 → 抽筋(처우진)

△不眠症(불면증) → 失眠症(스미엔정)

△眩氣症(현기증) → 头昏眼花(터우훈이엔화)

△記憶力(기억력) → 记性(지싱)

△무좀 → 香港脚(시앙강쟈오)

∴ 우체국에서

△郵遞局(우체국) → 邮局(여우쥐)

△郵便物(우편물) → 邮件(여우지엔)

△郵便料金(우편요금) → 邮资(여우쯔)

△小包(소포) → 包裹(빠오궈). 裹는 '쌀(包) 과'자다.

△內容物(내용물) → 东西(뚱시)

△登記郵便(등기우편) → 挂号信(꾸아하오신)

△速达邮便(속달우편) → 快信(콰이신)

△船舶郵便(선박우편) → 海运信件(하이윈신지엔)

△郵便換(우편환) → 汇兑(후이뚜이)

△郵便料金不足(우편요금부족) → 欠资(치엔쯔)

△葉書(엽서) → 明信片(밍신피엔)

△追伸(추신) → 附笔(푸비)

△封套(봉투) → 信封(신펑)

△郵便番號(우편번호) → 邮码(여우마)

△受信人(수신인) → 收信人(서우신런)

△同封(동봉) → 装(주앙)

△同封된 것 → 附件(푸지엔)

△返送郵便料金(반송우편요금) → 回信的邮资(후이신더여우쯔)

△配達(배달) → 递(遞)送(띠쑹)

△速達(속달) → 邮件快递(여우지엔콰이띠)

∴ 도서관에서

△冊(책) → 书(수)

△題目(제목) → 标(標)题(빠오티)

△著者(저자) → 作者(쭈어저)

△主題(주제) → 题目(티무)

△索引目錄(색인목록) → 卡片目录(카피엔무루). 여기서의 卡은 '지킬 잡'자가 아니라 카드를 뜻하는 '가'자로 쓰였다.

△檢索(검색) → 查找(차자오 → 사조)

△返納(반납) → 归还(꾸이환 → 귀환)

△延滯料(연체료) → 延期罰款(이엔치파쿠안)

△新聞(신문) → 报(報)纸(빠오즈). 중국에서의 '新闻'은 '신문지'가 아닌 '뉴스'다.

△區域(구역) → 部分(뿌펀)

△書架(서가) → 架子(지아쯔)

∴ 극장에서

△賣票所(매표소) → 票房(퍄오팡)

△賣盡(매진) → 客满(커만)

△闇票(암표) → 黑票(헤이퍄오)

△映畵(영화) → 电影(띠엔잉)

△深夜映畵(심야영화) → 通宵电影(퉁샤오띠엔잉)

△演劇(연극) → 话剧(화쥐)

△史劇(사극) → 古装剧(구주앙쥐)

△客席(객석) → 客座(커쭈어)

△客室(객실) → 客房(커팡)

△階段(계단) → 楼梯(러우티)

△通路(통로) → 通道(퉁따오)

△化粧室(화장실) → 卫生间(웨이성지엔), 洗手间(시서우지엔)

△化粧紙(화장지) → 卫生纸(웨이성즈)

△使用中止(사용중지) → 不使用(뿌스융)

△非常口(비상구) → 太平门(타이핑먼)

△視聽(시청) → 收看(서우칸)

△聽取(청취) → 收听(서우팅). 听은 '들을 청(聽)'자의 간자체

글자다. △禁煙(금연) → 戒烟(지에이엔)

∴ 세탁소에서

△洗濯(세탁) → 洗衣(시이)

△洗濯所(세탁소) → 洗衣作(시이쭈어)

△洗劑(세제) → 清洁剂(칭지에지)

△드라이클리닝 → 干洗(깐시)

△除去(제거) → 开除(카이추)

△修繕(수선) → 收拾(서우스)

△當日(당일)서비스 → 当日取件(땅르취지엔)

△양복(洋服) → 西装(시주앙)

△원피스 → 连衣裙(리엔이췬)

△스커트 → 裙子(췬쯔)

∴ 사진관에서

△寫眞(사진) → 照片(자오피엔)

△寫眞機(카메라) → 照相机(자오시앙지)

△旅券寫眞(여권사진) → 护照照片(후자오자오피엔)

△黑白寫眞(흑백사진) → 黑白照片(헤이바이자오피엔)

△肖像畵(초상화) → 画像(화시앙)

△印畵(인화) → 打印(다인)

△現像(현상) → 冲洗(충시)

△擴大(확대) → 放大(팡따)

△露出(노출) → 曝光(빠오꾸앙)

△自動焦點(자동초점) → 自动聚焦(쯔뚱쥐자오)

△셔터 → 快门(콰이먼)

∴ 컴퓨터 용어

△設置(설치) → 安装(안주앙)

△個人用컴퓨터 → 个人计算机(꺼런지쑤안지)

△卓上用(탁상용)컴퓨터 → 台式计算机(타이스지쑤안지)

△携帶用(휴대용)컴퓨터 → 笔记本电脑(비지번띠엔나오)

△모니터 → 显示机(시엔스지)

△키보드 → 键盘(지엔판)

△마우스 → 鼠标(수빠오)

△主記憶裝置(주기억장치) → 主存储器(주춘추치)

△데이터記憶裝置 → 数据存储器(수쥐춘추치)

△入力(입력) → 输入(수루)

△出力(출력) → 输出(수추)

△尖端技術(첨단기술) → 高科技(까오커지)

△바이러스 → 病毒(삥두)

△프린터 → 打印机(다인지)

△레이저프린터 → 激光打印机(지꾸앙다인지)

△複寫(복사) → 拷贝(카오뻬이)

∴ 대학(강의)에서

△專攻(전공) → 主修(주시우)

△法學(법학) → 法律学(파뤼쉬에)

△經營學(경영학) → 管理学(꾸안리쉬에)

△醫學(의학) → 医学科学(이쉬에커쉬에)

△英文學(영문학) → 英国文学(잉궈원쉬에)

△工學(공학) → 工程学(꿍청쉬에)

△電子工學(전자공학) → 电子学(띠엔쯔쉬에)

△컴퓨터科學 → 计算机科学(지쑤안지커쉬에)

△宇宙科學(우주과학) → 空间科学(쿵지엔커쉬에)

△生命工學(생명공학) → 生物技术学(성우지수쉬에)

△論理學(논리학) → 逻辑学(루어지쉬에)

△受講申請(수강신청) → 报名(빠오밍)

△學年(학년) → 年级(니엔지)

△講義(강의) → 讲课(지앙커)

△出席(출석) → 上課(상커)

△通譯(통역) → 翻译(판이)

△宿題(숙제) → 功课(꿍커)

△提出(제출) → 提交(티쟈오)

△放學(방학) → 放假(팡지아)

△餘暇(여가) → 业余(이에위)

△趣味(취미) → 爱好(아이하오)

△卒業證書(졸업증서) → 文凭(원핑).

凭은 '기댈 빙(憑)'자의 간자체 글자다.

△落第(낙제) → 不及格(뿌지거)

∴ 취직 → 회사에서

△社員募集(사원모집) → 招聘(자오핀)

△求人廣告(구인광고) → 招聘启事(자오핀치스). 启는 '열 계(啓)' 자의 간자체 글자다.

△會社(회사) → 公司(꿍쓰)

△本社(본사) → 总公司(쭝꿍쓰), 总社(쭝서)

△支社(지사) → 分社(펀서), 分公司(펀꿍쓰)

△求職者(구직자) → 求职人员(치우즈런위엔)

△資格要件(자격요건) → 要求(야오치우)

△年齡(연령) → 年纪(니엔지)

△志願者(지원자) → 申请人(선칭런)

△應試願書(응시원서) → 求职申请书(치우즈선칭수)

△履歷書(이력서) → 简历(지엔리), 履历表(뤼리뱌오)

△書式(서식) → 表格(뱌오꺼) △面接(면접) → 面试(미엔스)

△雇用主(고용주) → 雇主(꾸주)

△雇傭人(고용인) → 雇员(꾸위엔)

△採用(채용) → 采用(차이융)

△出勤(출근) → 上班(상빤)

△退勤(퇴근) → 下班(시아빤)

△月給(월급) → 薪水(신수이), 薪工(신꿍), 薪金(신진), 薪资(신쯔), 工资(꿍쯔)

△基本給(기본급) → 基本工资(지번꿍쯔)

△超過勤務手當(초과근무수당) → 加班费(지아빤페이)

△業務成果(업무성과) → 工作绩效(꿍쭈어지샤오)

△有給休暇(유급휴가) → 带薪的假期(따이신더지아치)

△年次休暇(연차휴가) → 年度假(니엔뚜지아)

△會長(회장) → 主席(주시)

△副會長(부회장) →副主席(푸주시)

△社長(사장) →经理(징리), 老板(라오반)

△副社長(부사장) →副经理(푸징리), 副老板(푸라오반)

△代表理事(대표이사) → 董事长(둥스장)

△專務理事(전무이사) → 专务董事(주안우둥스)

△常務理事(상무이사) →常务董事(창우둥스)

△人事擔當理事(인사담당이사) → 人事董事(런스둥스)

△人事部長(인사부장) → 人事经理(런스징리)

△營業部長(마케팅부장) →营销部经理(잉샤오뿌징리)

△生産部長(생산부장) →生产管理经理(성찬구안리징리)

△經理部長(경리부장) →财务管理经理(차이우구안리징리)

△輸出部長(수출부장) → 出口部经理(추커우뿌징리)

△次長(차장) →副部长(푸뿌장)

△課長(과장) →部门主管(뿌먼주구안)

△秘書室(비서실) →秘书处(미수추)

△經理部(경리부) →总会计部(쭝콰이지뿌)

△弘報室(홍보실) →宣传部(쉬엔추안뿌)

△監事部(감사부) →检查部(지엔차뿌)

△購買部(구매부) →采购部(차이꺼우뿌)

△國內營業部(국내영업부) →内销部(네이샤오뿌)

△海外營業部(해외영업부) →海外销售部(하이와이샤오서우뿌).

售는 '팔 수'자다.

△人事異動(인사이동) → 改组(가이주)

△昇進(승진) → 升职(성즈), 提升(티성), 晋升(진성), 升级(성지)

△降等(강등) → 降职(지앙즈)

△減員(감원) → 裁员(차이위엔)

△退職(퇴직) → 退休(투이시우)

△賃金引上(임금인상) → 加薪(지아신)

∴ 영업과 회의

△紹介(소개) → 介绍(지에사오)

△名銜(명함) → 名片(밍피엔)

△營業(영업) → 生意(성이)

△營業職員(영업직원) → 销售员(샤오서우위엔)

△支店(지점) → 分公司(펀꿍쓰)

△依賴人(의뢰인) → 顾客(꾸커)

△傳達疏通(전달소통) → 沟通(꺼우퉁)

△相談(상담) → 谘询(쯔쉰)

△品質(품질) → 质量(즈량)

△不平(불평) → 埋怨(만위엔)

△付託(부탁) → 拜托(빠이투어)

△協商(협상) → 谈判(탄판)

△契約(계약) → 合同(허퉁)

△契約金(계약금) → 订金(띵진)

△保證金(보증금) → 押金(야진)

△注文(주문) → 订单, 定单(띵딴)

△提携(제휴) → 联合(리엔허)

△合作投資(합작투자) → 合资企业(허쯔치이에)

△經營陣(경영진) → 管理(구안리)

△幹部(간부) → 干部(깐뿌)

△尖端(첨단) → 尖顶(지엔띵)

△納品日(납품일) → 交货日期(쟈오후어르치)

△支拂滿期日(지불만기일) → 到期日(따오치르)

△革新(혁신) → 创新(추앙신)

△市場性(시장성) → 变现性(삐엔시엔싱)

△標的市場(표적시장) → 目标市场(무빠오스창)

△經常費(경상비) → 经常开支(징창카이즈)

△純利益(순이익) → 净利(징리)

△賠償(배상) → 补偿(부창). '補償'의 간자체 글자다.

△無料(무료) → 免费(미엔페이)

△議事決定(의사결정) → 决策(쥐에처)

△提案(제안) → 提议(티이)

△意見(의견) → 看法(칸파), 主意(주이)

△立場(입장) → 面目(미엔무)

△論議論爭(논의논쟁) → 争论(정룬)

△討論(토론) → 辩论(삐엔룬)

△要約(요약) → 简报(지엔빠오)

△反應(반응) → 反馈(판쿠이)

△反對(반대) → 抗争(캉정)

△衝突(충돌) → 冲突(충투)

△膠着狀態(교착상태) → 僵局(쟝쥐)

△打開(타개) → 突破(투포)

△滿場一致(만장일치) → 一致同意(이즈퉁이)

△承認(승인) → 批准(피준)

△受諾(수락) → 接受(지에서우)

∴ 직업 명칭

△大統領(대통령) → 总统(쭝퉁)

△副統領(부통령) → 副总统(푸쭝퉁)

△長官(장관) → 部长(뿌장)

△公務員(공무원) → 官员(꾸안위엔)

△經營者(경영자) → 经理(징리)

△醫師(의사) → 医生(이성), 大夫(따푸)

△看護士(간호사) → 护士(후스)

△獸醫師(수의사) → 兽医(서우이)

△辯護士(변호사) → 律师(뤼스)

△作家(작가) → 作者(쭈어저)

△會計士(회계사) → 会计(콰이지) 会는 '그릴 괴'자다.

△建築家(건축가) → 建筑师(지엔주스)

△技術者(기술자) → 工程师(꿍청스)

△專門家(전문가) → 专家(주안지아)

△銀行出納員(은행출납원) → 收银员(서우인위엔)

△피아니스트 → 钢琴家(깡친지아)

△寫眞作家(사진작가) → 摄影师(서잉스) 摄은 '가질 섭' '섭취할

섭(攝)'자다.

△파일럿 → 飞行员(페이싱위엔)

△디자이너 → 设计者(서지저)

△料理師(요리사) → 厨师(추스)

△製빵士 → 面包师(미엔빠오스)

△俳優(배우) → 演员(이엔위엔)

△機械工(기계공) → 机修工(지시우꿍)

△木手(목수) → 木匠(무지앙)

△販賣員(판매원) → 售货员(서우후어위엔)

∴ 날짜 · 시간 · 요일

△今日(금일) → 今天(진티엔)

△來日(내일) → 明天(밍티엔)

△어제 → 昨天(쭈어티엔)

△저녁 → 晚上(완상)

△한 時間(시간) → 一个小时(이거샤오스)

△두 時間 → 两个小时(량거샤오스)

△日曜日(일요일) → 星期日(싱치르), 星期天(싱치티엔)

△月曜日(월요일) → 星期一(싱치이), 周一(저우이)

△火曜日(화요일) → 星期二(싱치얼), 周二(저우얼)

△水曜日(수요일) → 星期三(싱치싼), 周三(저우싼)

△木曜日(목요일) → 星期四(싱치쓰), 周四(저우쓰)

△金曜日(금요일) → 星期五(싱치우), 周五(저우우)

△土曜日(토요일) → 星期六(싱치리우), 周六(저우리우)

∴ 기념일과 초대 · 파티

△合格→考上(카오상)

△昇進(승진)→晋升(진성), 提升(티성) 升职(성즈)

△스승의 날→教师节(쟈오스지에)

△발렌타인데이→情人节(칭런지에)

△萬愚節(만우절)→愚人节(위런지에)

△送別會(송별회)→欢送会(환쑹후이)

△送年會(송년회)→除夕晚会(추시완후이)

△祝祭(축제)→节日(지에르)

△파티→聚会(쥐후이)

△招待(초대)→邀请(야오칭)

△先約(선약)→有约(여우위에)

△約束(약속)→约会(위에후이)

△同伴(동반)→一起(이치)

△親舊(친구)→朋友(펑여우)

△主催(주최)→主办(주빤)

∴ 운동과 취미

△野球(야구)→棒球(빵치우)

△蹴球(축구)→足球(쭈치우)

△籠球(농구)→篮球(란치우)

△卓球(탁구)→乒乓(핑팡)

△테니스→网球(왕치우)

△배드민턴→羽毛球(위마오치우)

△핸드볼→手球(서우치우)

△하키→曲棍球(취꾼치우)

△아이스하키→冰球(삥치우)

△마라톤→马拉松(마라쑹)

△水泳(수영)→游泳(여우융)

△스키→滑雪(후아쉬에)

△스케이트→溜冰(리우삥)

△썰매→冰车(삥처)

△골프→高尔夫球(까오얼푸치우)

△볼링→保龄球(바오링치우)

△서핑→冲浪运动(충랑윈뚱)

△조깅→慢跑(만파오)

△달리기→跑步(파오뿌)

△자전거(自轉車) 타기→骑自行车(치쯔싱처)

△映畵 鑑賞(영화 감상)→看电影(칸띠엔잉)

△音樂 鑑賞(음악 감상)→欣赏 音乐(신상인위에)

△讀書(독서)→阅读(위에두)

△登山(등산)→爬山(파산)

△散策(산책)→散步(싼뿌)

△하이킹→郊游(쟈오여우)

△드라이브→兜风(떠우펑)

△TV 보기→看电视(칸띠엔스)

△글쓰기→写作(시에쭈어)

△料理(요리)→烹饪(펑런)

△郵票 蒐集(우표수집) → 集邮(지여우)

△노래 → 歌儿(꺼얼), 唱歌(창꺼)

△피아노 演奏(연주) → 弹钢琴(탄깡친)

△바이얼린 연주 → 小提琴 演奏(샤오티친 이엔쩌우)

△채팅 → 聊天(랴오티엔)

△컴퓨터 게임 → 电脑游戏(띠엔나오여우시)

∴ 식당에서

△飮食店(음식점) → 餐馆(찬구안)

△食堂(식당) → 饭馆(판구안)

△飮食(음식) → 食物(스우)

△料理(요리) → 烹调(펑탸오)

△냄새 → 气味(치웨이)

△生鮮(생선) → 鱼(위)

△海産物(해산물) → 海鲜(하이시엔)

△鰱魚(연어) → 鮭魚(꾸이위)

△野菜(야채) → 蔬菜(수차이)

△雪糖(설탕) → 糖(탕)

△食醋(식초) → 醋(추)

△鷄卵(계란) → 鸡蛋(지딴)

△冷藏庫(냉장고) → 冰箱(삥상)

△麥酒(맥주) → 啤酒(피지우)

△生麥酒(생맥주) → 生啤酒(성피지우)

△盞(잔) → 杯子(뻬이쯔)

△冷麪(냉면) → 冷面(렁미엔)

△蔘鷄湯(삼계탕) → 叁鸡汤(선지탕)

△生鮮膾(생선회) → 生鱼片(성위피엔)

△빵 → 面包(미엔빠오)

△後食(후식) → 甜食(티엔스), 尾食(웨이스)

△果實(과실) → 水果(수이궈)

△計算書(계산서) → 买单(마이딴)

△領收證(영수증) → 收据(서우쥐)

△殘(잔)돈 → 零钱△단(링치엔)

△단골顧客(고객) → 老顾客(라오꾸꺼)

기타 중국 한자 단어의 뜻은 또 어떻게 다른가?

05

기타 중국 한자 단어의 뜻은 또 어떻게 다른가?

비교적 쉬운 한자어, 상용한자어 어휘를 위주로 가나다순으로 배열하고 약간해설을 붙인다면 다음과 같다.

ㄱ

△哥家(가가－꺼지아)→같은 나이의 남자끼리의 호칭. 마치 '거지야!'처럼 들린다.

△價格上昇(가격상승)→走高(쩌우까오).

△街路樹(가로수)→行树(싱수), 行道树(싱따오수).

△家里(가리－지아리)→집, 가정, 아내, 집사람, 마누라.

△假面(가면)→假头(지아터우) 또는 画皮(화피). 탈, 허울. 头는 頭의 간자체 글자다.

△歌手(가수)→유명가수는 歌星(꺼싱). 여자 가수는 女乐(뉘위에). 乐은 樂의 간자체 글자다.

△歌儿(가아－꺼얼)→儿는 兒의 간자체 글자다. 그렇다면 '노래하는 아이'란 뜻인가. 그게 아니라 그냥 '노래'란 뜻이다.

△加油(가유－지아여우)→'급유하다' '기름을 넣다'는 뜻이긴 하지만 '힘내라'는 응원의 말로 많이 쓰인다.

△歌厅(가청－꺼팅)→노래방. 厅은 廳(집 청)의 간자체 글자다.

△脚光(각광)→脚灯(쟈오띵). foot light.

△脚踏汽车(각답기차-쟈오타치처)→오토바이(모터사이클).

△简命(간명-지엔밍)→'대쪽같은 목숨'이 아니라 '선발하여 임명하다'는 뜻이다.

△間食(간식)→零食(링스). 군음식.

△簡易家屋(간이가옥)→简房(지엔팡). '대쪽 방'이 아니다.

△姦通事件(간통사건)→花花起(화화치).

△看護士(간호사)→护士(후스). 오래된 노련한 간호사는 士자가 아닌 师자를 붙여 '护师'로 구별한다. 护는 護의, 师는 師의 간자체 글자다.

△渴症(갈증)→渴死(커쓰).

△感氣(감기)→感冒(간마오). '느낌을 무릅쓰다?' 일본어의 '감기'도 같은 한자 '感冒(간보)'를 쓴다는 점이 신기하다.

△減俸(감봉)→减薪(지엔신). '땔나무를 줄이다'니?

△監獄(감옥)→黑房子(헤이팡쯔), 冷房子(렁팡쯔).

△甘休(감휴-깐시우)→'달콤한 휴식'이 아니라 '기꺼이 그만두다' '손을 빼다'는 뜻이다.

△甲肝(갑간-지아깐)→A형 간염.

△甲爪(갑조-지아자오)→짐승의 발톱.

△强姦(강간)→强奸(치앙지엔), 坏坏(화이화이). 强奸은 짓밟다, 유린하다는 뜻이 있고 坏는 '무너질 괴(壞)'자의 간자체 글자다.

△钢琴(강금-깡친)→피아노.

△钢头儿(강두아-깡터울)→头는 頭의, 儿는 兒의 간자체 글

자다. '강한 머리의 아이'가 아니라 '방금' '조금 전에'란 뜻이다.

△降雨(강우) → 下雨(시아위). 降雪은 '下雪(시아쉬에)'.

△刚才(강재－깡차이) → 刚은 剛의 간자체 글자다. '刚才'는 '강철 같은 재주'가 아니라 '방금' 이란 뜻이다.

△江湖口(강호구－쟝후커우) → 뛰어난 화술, 말재간.

△開校紀念日(개교기념일) → 校庆日(샤오칭르). 庆은 慶(경사 경)의 간자체 글자다.

△客室番號(객실번호) → 房间号码(팡지엔하오마).

△客长(객장－커장) → '손님의 대표'가 아니라 '알지 못하는 손님에 대한 존칭'이다.

△健忘症(건망증) → 忘性(왕싱). '섹스를 잊었다'는 뜻이 아니다.

△乾杯(건배) → 干杯(깐뻬이). 일본어 '건배' 발음(칸빠이)도 비슷하다.

△乞人(걸인) → 花子(화쯔), 叫花子(쟈오화쯔). 거지. 叫는 '부르짖을 규'자다.

△见高低(견고저－지엔까오띠) → '높고 낮음을 본다'는 뜻이 아니라 '승부를 겨루다' '우열을 가리다'는 뜻이다.

△见官(견관－지엔꽌) → 벼슬을 본다는 게 아니라 '소송으로 법정에 가다'는 뜻이다.

△见面钱(견면전－지엔미엔치엔) → 처음 만났을 때 윗사람이 아랫사람에게 주는 돈.

△见不起(견불기－지엔뿌치) → 봐도 일어나지 않는 게 아니라 '볼 낯이 없다' '면목 없다'는 뜻이다.

△见实(견실－지엔스)→열매를 보는 게 아니라 '사실임을 확인하다'는 뜻이다.

△见爱(견애－지엔아이)→사랑을 보는 게 아니라 '사랑을 받다'는 뜻이다.

△见长(견장－지엔창)→긴 물건을 보는 게 아니라 '뛰어나다' '특출하다'는 뜻이다.

△见汗(견한－지엔한)→'땀을 보다'가 아니라 '땀이 배어나오다'는 뜻이다.

△結果(결과－지에궈)→열매를 맺다, 열매가 열리다.

△決算書(결산서)→结册(지에처).

△缺點(결점)→皮漏(피러우), 坏处(화이추). 坏는 壞(무너질 괴)의, 处는 處(곳 처)의 간자체 글자다. 결점이란 '가죽이 새는 것' 또는 '무너진 곳'이란 뜻인가.

△结穴(결혈－지에쉬에)→구멍을 맺는 게 아니라 '문장의 결말' '글의 귀결점'이다.

△結婚(결혼—지에훈)→讨老公(타오라오꿍)은 시집가다, 讨老婆(타오라오포)는 장가들다는 뜻이다. 남편과 아내를 '치는(討)' 게 결혼한다는 것인가. 위장결혼(僞裝結婚)은 '纸婚(즈훈)'－'종이 결혼'이다.

△結婚費用(결혼비용)→红色消费(홍써샤오페이).

△結婚式場(결혼식장)→花堂(화탕), 喜堂(시탕).

△結婚日(결혼일)→喜期(시치). 결혼선물은 喜礼(시리), 결혼식에 먹는 국수는 喜面(시미엔).

△結婚祝賀酒(결혼축하주)→喜酒(시지우). 다른 축하주는 기

뻔 술이 아니란 말인가?

△庆九(경구－칭지우)→59세 69세 79세의 생일잔치.

庆久도 같은 말이다.

△警笛(경적)→银鸡(인지). 경적이 '은 닭(銀鷄)'이라니? '몰래 몸을 파는 영화배우'도 '은 닭'이라고 한다.

△慶弔事(경조사)→紅白事(홍바이스). 길사(吉事)와 흉사(凶事).

△景品(경품)→饶头(라오터우). '饒頭'의 간자체 글자다.

경품이 '넉넉한 대가리'라니?

△鸡公(계공－지꿍)→수탉.

公鸡(꿍지)라고도 한다. 암탉은 鸡母(지무).

△計器板(계기판)→仪表板(이뱌오반).

仪는 儀(거동 의)의 간자체 글자다.

△階段(계단)→楼梯(러우티).

△繼母(계모)→如母(루무). '继母(지무)'라는 말도 쓴다.

△高高地(고고지－까오까오더)→'높고 높은 땅'이 아니라 '아주 높이' '높이 높이'라는 뜻이다.

△高等學校(고등학교)→중국에선 高级中学(까오지중쉬에)이다. 중국의 중학교는 6년제로 전 3년을 初级中学(추지중쉬에), 후 3년을 高级中学(까오지중쉬에)이라 한다. 중국의 '高等学校(까오덩쉬에샤오)'는 전문학교나 대학 등의 고등교육 기관을 가리킨다.

△古來(고래)→来古(라이구). 우리말과 거꾸로다.

△高丽棒子(고려봉자－까오리빵쯔)→丽는 麗의 간자체 글자다. '고려 몽둥이 아들'이라니? '한국 놈' '조선 놈'으로 중국

인들이 한국인을 경멸하여 이르는 말이다.

△高利債(고리채) → 阎王债(이엔왕자이). 고리채 이자는 阎王利息(이엔왕리시). '지독한 이자'를 뜻한다.

△高买(고매－까오마이) → 买는 買(살 매)의 간자체 글자다. 높은 가격에 샀다는 뜻이 아니라 '물건을 사는 체하고 틈을 보아 훔치다'는 뜻이다.

△姑母(고모) → 阿姑(아꾸). 姑는 '시어미 고'자다.

△告白(고백) → 表白(뱌오바이).

△告訴(고소－까오쑤) → 법원 고소가 아니라 '알려주다'는 뜻이다.

△高速道路(고속도로) → 高速公路(까오쑤꿍루).

△固有名詞(고유명사) → 专有名词(주안여우밍츠), 专名(주안밍), 特有名词(터여우밍츠)라고도 한다. 专은 專(오로지 전)의 간자체 글자다.

△古典音樂(고전음악) → 严肃音乐(이엔쑤인위에). '엄숙 음악'이 고전음악이다.

△痼疾病(고질병) → 老毛病(라오마오삥). 고질병이 '늙은 털 병'이라니!

△故鄕(고향) → 家乡(지아시앙), 老家(라오지아). 乡은 鄕의 간자체 글자다.

△骨董品(골동품) → 古玩(구완). 玩은 '희롱할 완'자다.

△骨头老儿(골두노아－구터우라오알) → 농담 좋아하는 사람. 头는 頭의, 儿는 兒의 간자체 글자다.

△骨血(골혈－구쉬에) → 육친. 주로 자녀를 가리킨다.

△工夫(공부－꿍푸)→① 옛날 임시고용 노동자 ② 시간, 틈, 여가 ③ 때, 시 ④ 재주, 솜씨, 조예 ⑤ 노력. '破工夫(포꿍푸)'는 '시간을 들이다'는 뜻이고 用工夫(융꿍푸)도 시간과 수고를 들이다, 수련을 쌓다는 뜻이다. '열심히 공부하다'는 '攻读(꿍두)'다.

△空想科學小說(공상과학소설)→科幻小说(커환샤오수어).

△公演(공연)→作艺(쭈어이).

艺는 藝(재주 예)의 간자체 글자다.

△公的(공적－꿍더)→수컷. 암컷은 母的(무더). 수컷과 암컷은 公母(꿍무). 부부를 '公母'라고도 한다.

△公众明星(공중명성－꿍중밍싱)→인기 대중스타.

众은 衆(무리 중)의 간자체 글자다.

△公衆電話(공중전화)→公话(꿍화), 公用电话(꿍융띠엔화).

△恐妻家(공처가)→怕老婆(파라오포), 妻管严(치구안이엔). 怕는 '두려워할 파'자, 严은 嚴의 간자체 글자다. '처의 관리를 엄격히 받는 사람'이 '공처가'라는 것인가.

△公畜(공축－꿍추)→가축의 수컷. 수캐는 公狗(꿍거우), 암캐는 母狗(무거우), 수탉은 公鸡(꿍지), 암탉은 母鸡(무지), 수말은 公马(꿍마), 암말은 母马(무마), 수소－황소는 公牛(꿍니우), 암소는 母牛(무니우).

△恐怖映畵(공포영화)→恐怖片(쿵뿌피엔).

△恐怖组织(공포조직－ 쿵뿌쭈즈)→테러조직.

△公休日(공휴일)→公假(꿍지아), 例假(리지아). '겨를 가(暇)'자가 아닌 '거짓 가(假)'자를 쓰고 있다.

△过家(과가－꿔지아)→'집을 지나치다'가 아니라 '생계를 꾸리다' '생활하다'는 뜻이다. 过는 過의 간자체 글자다.

△过街老鼠(과가노서－꿔지에라오수)→큰 길을 가로질러가는 늙은 쥐. 여러 사람으로부터 지탄을 받는 사람.

△过来人(과래인－꿔라이런)→경험자. 베테랑.

△过命(과명－꿔밍)→'목숨이 지났다'면 죽었다는 뜻인가. 그게 아니라 '목숨을 내놓다' '생사를 함께 하다'는 뜻이다.

△过饭(과반－꿔판)→'밥을 지나치다, 끼니를 거르다'가 아니라 '반찬으로 먹다'는 뜻이다. 过는 過의 간자체 글자다.

△果腹(과복－꿔푸)→배불리 먹다. 과일처럼 배가 통통하게 튀어나오도록 먹는다는 뜻인가?

△科星(과성－커싱)→저명한 과학자 또는 기술자.

△過速運轉(과속운전)→英雄车(잉시웅처).

△过两天(과양천－꿔량티엔)→며칠 후, 얼마 후.

△果然(과연)→怪道(꽈이따오). 괴상한 길이 아니다. '怪不得(꽈이부더)'도 '과연'이란 뜻이다.

△管見(관견)→一 孔之见(이쿵즈지엔). 구멍을 통해 보는 것. 좁은 식견.

△官廳(관청)→官里(꽌리).

△官廳事務所(관청사무소)→局所(쥐쑤어). '국소 마취'라고 할 때의 한정된 일정한 곳이 아니다.

△刮龙(괄룡－꽈룽)→刮은 '깎을 괄'자, 龙은 龍의 간자체 글자다. 용을 깎는 게 아니라 '돈을 빼앗다' '돈을 우려먹다'는 뜻이다.

△光饼(광병－꽝빙)→가운데에 구멍이 뚫린 빵.

△光子(광자－꽝쯔)→안경 알.

△光标(광표－꽝빠오)→컴퓨터 커서(cursor). 标는 標의 간자체 글자다.

△挂面(괘면－꽈미엔)→마른 국수. 挂는 掛(걸 괘)의 간자체 글자다. 우리말의 마른 국수는 '掛麪'이다.

△挂花(괘화－꽈화)→꽃을 건다는 뜻이 아니라 '몸치장하다' '모양을 내다'는 뜻이다.

△挂火(괘화－꽈후어)→불을 건다는 뜻이 아니고 '화를 내다' '불끈 성을 내다'는 뜻이다.

△坏骨头(괴골두－화이구터우)→나쁜 놈. 坏는 壞(무너질 괴)의, 头는 頭의 간자체 글자다. 그러니까 '뼈와 머리가 무너진 놈'이 나쁜 놈이라는 것인가?

△坏球(괴구－화이치우)→야구의 볼(ball).

△坏东西(괴동서－화이뚱시)→나쁜 물건, 나쁜 놈, 몹쓸 놈. 坏는 壞(무너질 괴)의 간자체 글자다.

△坏小子(괴소자－화이샤오쯔)→나쁜 녀석, 나쁜 자식. 坏胎子(괴태자－화이타이쯔)도 같은 뜻이다.

△交口(교구－쟈오커우)→입을 교환하다, 키스한다는 뜻이 아니라 '입을 모아 말하다' '이야기를 나누다'는 뜻이다.

△校服(교복－샤오푸)→校衣(샤오이)라고도 한다.

△交耳(교이－쟈오얼)→귀를 바꾸는 게 아니라 '귀(귓가)에 대다'는 뜻이다.

△教師(교사)→教匠(쟈오장). '가르치는 장인(匠人)'이라는 뜻인가.

△嬌態(교태) → 卖眼(마이이엔). 추파를 던지다.

卖는 賣(팔 매)의 간자체 글자다.

△交響曲(교향곡) → 交响曲(쟈오시앙취). 響(울릴 향)을 간자체 글자 '响'으로 쓰고 있다. 交响诗(교향시 : 쟈오시앙스)와 交响乐(교향악 : 쟈오시앙위에)도 마찬가지다.

△教会(교회－쟈오후이) → 엉뚱하게도 '가르쳐서 알도록 하다'는 뜻이다.

△求乞(구걸) → 叫花(쟈오화). 叫는 '부르짖을 규'자다.

△狗气(구기－거우치) → 상사한테는 아첨하고 아랫사람에게는 으스대는 태도.

△球技運動(구기운동) → 球事(치우스). 시시한 일, 쓸모없는 일, 가치 없는 일을 뜻한다.

△狗男女(구남녀－거우난뉘) → 개 같은 연놈.

△狗料(구료－거우랴오) → 나쁜 놈.

△狗事(구사－거우스) → 아첨하는 짓.

△球星(구성－치우싱) → 구기 운동의 스타플레이어.

△狗肉(구육) → 香肉(시앙러우).

△狗才(구재－꺼우차이) → 무능한 놈, 쓸모없는 놈.

△構造調整(구조조정) → 换血(환시에). 조직이나 기구 등의 인원을 조정, 경질하다. 선수를 큰 폭으로 바꾸다.

△區廳(구청) → 区上(취상). 구청장은 区长(취장).

△国家股(국가고－궈지아구) → '나라의 허벅지'가 아니라 '국가 소유 주식'이다.

△国脚(국각－궈쟈오) → '나라의 다리'가 아니라 '국가 대표 축

구 선수' '우수 축구 선수'다.

△國務總理(국무총리) → 首揆(서우쿠이), 揆席(쿠이시). 揆는 '헤아릴 규'자다. 우리말은 '영의정'의 별칭이 '首揆'였다.

△國際電話(국제전화) → 越洋电话(위에양띠엔화).

△国吃国喝(국흘국갈－궈츠궈허) → 흥청망청 나랏돈(공금)을 쓰다. 吃은 원래 '어눌할 흘'자지만 '먹을 끽(喫)'자의 간자체로 쓰이고 있다.

△軍歌(군가) → 战歌(잔꺼).

△軍用犬(군용견) → 战犬(잔취엔).

△掘削機(굴삭기) → 怪手(꽈이서우). 땅 파는 굴삭기를 '괴상한 손'이라고 여기는 것인가.

△弓術(궁술) → 활을 쏴 이(虱)를 꿰뚫는다는 뜻으로 '貫虱(관슬－꽌스)'라는 말을 쓰고 있다.

△權勢家族(권세가족) → 鸡犬升天(지취엔성티엔). 사람이 높은 벼슬에 오르면 그 가족도 권세를 얻는다는 뜻이다. 닭과 개도 하늘에 오른다는 것이다.

△拳銃(권총) → 硬东西(잉뚱시). '딱딱한 물건'이라는 뜻이다.

△龟公(귀공－꾸이꿍) → 기둥서방. 龟는 龜(거북 귀)의 간자체 글자다.

△鬼头(귀두－꾸이터우) → '귀신 대가리'가 아니라 아이가 영리하고 사랑스럽다는 뜻이다. 头는 頭의 간자체 글자다.

△鬼马(귀마－꾸이마) → '귀신같은 말'이 아니라 '영리하고 약삭빠르다'라는 뜻이다.

△鬼法(귀법－꾸이파) → 속임수.

△龟孙(귀손－꾸이쑨)→'거북의 자손'이 아니라 '개새끼' '짐승 같은 놈'이라는 욕말이다. 孙은 孫의 간자체 글자다.

△鬼神(귀신)→马虎子(마후쯔). 도깨비. 马는 馬의 간자체 글자다. 七分像鬼(치펀시앙꾸이)란 말도 있다. 3할은 사람, 7할은 귀신이란 뜻이다.

△鬼月(귀월－꾸이위에)→음력 7월.

△龟鼎(귀정－꾸이딩)→왕위, 제위(帝位). '龟孙(꾸이쑨)'은 욕말인데 어떻게 '龟鼎'은 왕위가 될 수 있다는 것인가.

△貴下(귀하)→那家(나지아), 你家(니지아), 你老(니라오). 당신. '저 집'이란 뜻의 '那家'와 '너 늙었다'는 뜻의 '你老'가 아니다.

△根儿根儿(근아근아－꺼얼꺼얼)→껄껄. 우렁찬 소리로 웃는 소리.

△金科玉條(금과옥조)→金科玉律(진커위뤼).

△錦衣還鄕(금의환향)→衣锦还乡(이진환시앙). '錦衣'가 아닌 '衣錦'으로 우리말과는 정반대다. 还乡은 還鄕의 간자체 글자다.

△金的玉的(금적옥적－진더위더)→금이야 옥이야.

△金点子(금점자－진디엔쯔)→아주 좋은 생각(아이디어).

△機關車(기관차)→机车(지처), 机车头(지처터우). 机는 機의, 头는 頭의 간자체 글자다.

△气分(기분－치펀)→① 체질 ② 기질 ③ 체면. 우리말 '기분'과는 딴판이다.

△記憶(기억)→记得(지더). '기억해 얻는다'?

△氣絶(기절) → 闭过去(삐꿔취). 过는 過(지날 과)의 간자체 글자다. '과거를 닫다' '까맣게 잊어버리는' 게 기절이라는 것인가.

△機智(기지) → 心路(신루). 마음의 길?

△汽车(기차－치처) → 자동차. 버스는 公共汽车(꽁꽁치처).

△那天(나천－나티엔) → 그 날, 그 시각. '저 하늘'이란 뜻이 아니다.

△裸體(나체) → 光身(꽝선), 光身子(꽝선쯔). '光赤(꽝츠)'는 '몸을 드러내다' '알몸을 하다'는 뜻이고 나체사진은 裸照(루어자오), 나체장면은 裸镜(루어징)이다.

△落膽(낙담) → 灰心(후이신). '재처럼 회색빛이 된 마음'이 '낙담'이라는 것인가.

△落书(낙서－루어수) → 엉뚱하게도 '포개 쌓은 책'을 가리킨다. 书는 書의 간자체 글자다.

△落心(낙심－루어신) → 마음 놓다, 시름 놓다, 마음에 들다. 우리말 '낙심'과 전혀 다르다.

△落尘(낙진－루어천) → 신선, 선녀가 인간 세상에 내려오다. 尘은 '塵(티끌 진)'의 간자체 글자다. 우리말 '落塵'은 '죽음의 재'가 아닌가.

△煖爐(난로) → 火炉(화로). 우리 전통적인 난로와 화로는 다르건만….

△難聞(난문－난원)→듣기 어렵다는 뜻이 아니라 '냄새가 고약하다'는 뜻이다.

△暖房(난방)→暖房(누안팡)은 '방을 덥힌다'는 뜻 외에 이사 축하, 집들이 초대 축하의 뜻도 있다. 영어 house·warming party와도 통하는 말이다.

△難聽地域(난청지역)→盲区(망취).

△男兒(남아)→阿官(아꾸안). 남아에 '벼슬 관'자를 왜 붙이는 것인가.

△男子(남자)→官客(꾸안커)이라고도 한다. 남자란 으레 벼슬을 한다는 뜻인가? '男人(난런)'이란 말도 쓴다.

△男子用(남자용)→男部(난뿌), 男界(난지에). 화장실, 목욕탕 등의 남자용.

△男便(남편)→夫婿(푸쉬). 남편을 '지아비 사위'라니? '盖老(까이라오)'는 경박한 의미도 있다. '덮치는 사람'이란 뜻인가?

△浪費(낭비)→浮花(푸화). '뜬 꽃'이 아니라 돈을 낭비한다는 뜻이다.

△內心(내심)→居心(쥐신). 속마음, 심보.

△內衣(내의)→紧身儿(진서얼). '팽팽한 몸의 아들'이 아니다. 儿는 兒의 간자체 글자다.

△來週(내주)→下星期(시아싱치).

△內海(내해)→海股(하이구). '바다 허벅지'란 뜻인가.

△冷字(냉자－렁쯔)→벽자(僻字). 잘 쓰지 않는 글자.

△冷藏庫(냉장고)→霜库(쌍쿠).

△老东西(노동서－라오뚱시)→낡은 물건, 늙다리, 늙정이.

△勞動運動(노동운동)→工人运动(꿍런윈뚱). 运动은 運動의 간자체 글자다.

△勞動組合(노동조합)→工会(꿍후이).

△老头儿(노두아—라오터울)→노인, 늙은이. 头는 頭의, 儿는 兒의 간자체 글자다. '늙은 머리의 아이'란 뜻이다. 흔히 '노털' '노틸' 하고 잘못 쓰는 말이 바로 이 말이다.

△老毛病(노모병—라오마오삥)→'늙어서 털이 나는 병'이 아니라 '고질병'이란 뜻이다. '늙음'을 모독하는 말이 아닐 수 없다.

△老班(노반—라오빤)→늙은이 교실, 노인 클래스가 아니라 윗사람, 손윗사람, 연장자다.

△老百姓(노백성—라오바이싱)→늙은 백성이 아니라 평민, 백성, 서민, 대중이다.

△老朋友(노붕우—라오펑여우)→친한 친구.

△老师(노사—라오스)→'늙은 스승'이 아니고 그냥 '스승'이다.

△老生女(노생녀—라오성뉘)→늙어서 낳은 딸이 아니라 막내딸이다.

△老生子(노생자—라오성쯔)→늙어서 낳은 아들이 아니라 막내아들, 막둥이다.

△老眼(노안)→花眼(화이엔). 원시안.

△老爱人(노애인—라오아이런)→'늙은 애인'이 아니라 노부부가 서로 상대방을 부르는 호칭이다.

△老样子(노양자—라오양쯔)→样은 '樣(모양 양)'의 간자체 글자다. 그렇다면 '늙은 모양의 아들'이란 뜻인가? 그게 아

니라 '원래의 모습' '옛날 그대로'라는 뜻이다.

△老翁(노옹) → 老艾(라오아이). '늙은 쑥'이란 말인가.

△老子(노자-라오쯔) → 늙은 아들이 아니라 '아버지'다.

△老丈人(노장인-라오장런) → 늙은 장인이 아니라 '바보'다.

△老弟(노제-라오띠) → 늙은 동생이 아니라 '자네' '너' 등 호칭이다.

△老主顾(노주고-라오주꾸) → 단골손님, 오랜 고객.
顾는 顧(돌아볼 고)의 간자체 글자다.

△老地方(노지방-라오띠팡) → '늙은 지방'이 아니라 '늘 가는 곳'이란 뜻이다.

△老天(노천-라오티엔) → 하늘.

△老婆(노파-라오포) → 마누라, 처를 가리킨다. 할머니는 子자가 붙은 '老婆子(라오포쯔)'다.

△老板(노판-라오반) → 주인, 기업주, 지배인.

△老兄弟(노형제-라오시웅띠) → 늙은 형제가 아니라 막내 동생, 막내아우란 뜻이다.

△老花(노화-라오화) → 늙어서 눈이 잘 보이지 않는다, 노안(老眼)이 되다.

△老花镜(노화경-라오화징) → 돋보기, 노안경.

△農工(농공) → 工农(꿍눙). 农은 農의 간자체 글자다.

△農民(농민) → 重民(중민)이라고도 한다.

△農繁期(농번기) → 大季(따지).

△農事(농사) → 修地球(시우띠치우), 修理地球(시우리띠치우).
'농사짓다'를 해학적으로 일컫는 말이다.

△農業(농업)→'本业(번이에)'이라고도 한다. 业은 業의 간자체 글자다.

△能手(능수)→'硬手(잉서우)'도 같은 뜻이다. 명수, 명인, 재주꾼.

ㄷ

△短看(단간－뚜안칸)→짧게 보는 게 아니고 '만나는 일이 적다'는 뜻이다.

△單獨勤務(단독근무)→一 人班(이런빤).

△单思(단사－딴쓰)→짝사랑, 짝사랑하다.

△单思病(단사병－딴쓰삥)→상사병.

△斷言(단언)→讲死(쟝쓰). 讲은 講(이야기할 강)의 간자체 글자다.

△短人(단인－뚜안런)→키 작은 사람이 아니라 '일손이 모자라다'는 뜻이다.

△单品商店(단품상품－딴핀상띠엔)→한 가지 물건만 파는 상점이 아닌 '전문상점'이다.

△擔任(담임)→级任(지런). 학급 담임.

△答訪(답방)→回访(후이팡).

△大家(대가－따지아)→명가(名家), 명문, 권위자 외에 '여러분' '모두'의 뜻도 있다. '따지아하오(大家好)'는 '여러분 안녕하십니까' '따지아짜이지엔(大家再見)'은 '여러분 다시 만나요'라는 인사말이다.

△对家(대가－뚜이지아)→상대방, 상대편. '뚜이서우(对手)'도 마찬가지다.

△大哥(대가－따꺼)→맏형, 큰형, 장형(長兄).

△貸金業者(대금업자)→子钱家(쯔치엔지아).

△大头(대두－따터우)→세상 물정에 어둡고 남에게 잘 속는 얼뜨기, 어리석은 호인. 头는 頭의 간자체 글자다.

△大头大脑(대두대뇌－따터우따나오)→바보, 반편이, 머저리.

△大毛子(대모자－따마오쯔)→서양놈, 양코배기. 털이 많기 때문인가.

△代辯人(대변인)→舌人(서런). 혀만 가진 사람?

△大夫(대부－따이푸)→옛날 벼슬 이름이 아니라 '의사(醫師)'다. '医生(이성)'도 의사다.

△对不起(대불기－뚜이부치)→'대답은 하면서 일어나지 않는다'는 뜻이 아니고 '미안합니다'라는 말이다. '뚜이뿌꿔(对不过)'도 마찬가지다.

△代席(대석－따이시)→'대리로 앉는 자리'가 아니라 축하나 사례 때 돈 봉투에 쓰는 글귀다. '초대해 대접해야 마땅하거늘 금품으로 대신한다'는 의미다.

△对水(대수－뚜이수이)→물을 타다, 물을 타 묽게 하다.

△貸子(대자－따이쯔)→빌려주는 아들이 아니라 '빚' '부채'다.

△大政治家(대정치가)→医国手(이꿔서우). 나라를 고칠만한 의사라는 뜻인가.

△大衆文化(대중문화)→群文(췬원).

△帶妻僧(대처승)→火宅僧(후어자이성). 火宅은 사바세계.

△大虫(대충－따충) → 호랑이의 다른 이름. 호랑이를 모독하는 호칭이 아닌가!

△大致(대치－따즈) → 대체로, 대강, 대개, 대략.

△大統領(대통령) → 总统(쭝퉁), 主席(주시). 总은 總(합칠 총)의 간자체 글자다.

△大學入試(대학입시) → 高考(까오카오).

△德盲(덕맹－더망) → 부도덕자.

△倒开花(도개화－따오카이화) → 거꾸로 핀 꽃이 아니라 '늘그막에 바람을 피우다'는 뜻이다.

△刀口(도구－따오커우) → 칼날.

△島國(도국) → 海邦(하이빵). 섬나라가 아니라 '바다 나라'라는 것인가.

△都賣價格(도매가격) → 批价(피지아). 批发价(피파지아). 소매(산매)가격은 零售价(링서우지아). 价는 價(값 가)의 간자체 글자다.

△倒业(도업－다오이에) → 业은 業의 간자체 글자다. '넘어가는 일' '망하는 기업'이 아니라 '투기업'이다. 투기업은 망한다는 것인가.

△掉肉(도육－땨오러우) → '고기를 흔들다'가 아니라 '살이 빠지다' '야위다'라는 뜻이다.

△道喜(도희－따오시) → 길 가는 기쁨이 아니라 '축하하다' '축복하다'는 뜻이다. 道賀(도허)도 같은 말이다.

△独根(독근－두껀) → 홀뿌리가 아니라 독자(獨子)다. 하긴 독자는 홀뿌리가 아닌가.

△独独(독독－두두)→'홀로 홀로'가 아니고 '겨우' '다만'이다.

△禿頭(독두)→光头(꾸앙터우). 맨머리, 빡빡 깎은 머리. 头는 頭(머리 두)의 간자체 글자다.

△独鹿(독록－두루)→홀로 있는 사슴이 아니라 회오리바람, 선풍(旋风)이다. 순하고 착한 사슴을 모독하는 말이 아닌가!

△獨文(독문)→德文(더원), 독일어.

△獨房(독방)→包间(빠오지엔).

△獨身(독신)→吉身(지선). 单身(딴선).

△獨身男子(독신남자)→王老五(왕라오우). 1937년 상하이(上海)에서 개봉된 영화 주인공 이름에서 유래했다. 평생 독신녀는 自梳女(쯔수뉘)라고 한다. 스스로 머리빗질을 하는 여자라는 뜻인가.

△同甲(동갑)→齐齿(치츠). 齐는 齊(가지런할 제)의 간자체 글자다.

△同僚(동료)→同伴(퉁빤). 우리말의 '동료'와 '동반'은 전혀 다르다. '行友(항여우)'도 동료다.

△东床(동상－뚱추앙)→동쪽에 있는 책상이 아니고 '사위(婿)'다. 이 말은 전에 우리도 썼다.

△同生(동생)→弟弟(띠디), 阿弟(아띠). '弟弟'는 '아우 弟'자가 왜 둘씩이나 붙는지 모를 일이다.

△东西(동서－뚱시)→① 물건, 물품, 음식 ② 놈, 자식, 새끼. '나거뚱시(那个东西)' 하면 '저놈'이란 뜻이다. 个는 個(낱 개)의 간자체 글자다.

△東西古今(동서고금)→古今中外(구진중와이). 오만한 중국을

표출한 용어다.

△東西洋(동서양) → 两洋(량양).

△同性愛(동성애) → 同性恋(퉁싱리엔).

△同性戀愛者(동성연애자) → 人魔(런모).

'사람 마귀'라는 뜻인가.

△銅錢(동전) → 铜角子(퉁쟈오쯔).

△同窓生(동창생) → 师弟兄(스띠시웅), 老同学(라오퉁쉬에).

'늙을 로'자가 아무 데나 함부로 쓰이는 게 중국어다.

△頭腦集團(두뇌집단) → 智囊班子(즈낭빤쯔).

싱크 탱크(think tank).

△得點(득점) → 得分(더펀).

100점은 '百分(바이펀)'이라고 한다.

△騰落(등락) → 长落(장루어).

△登門(등문－떵먼) → 문에 오르는 게 아니고 '방문하다' '심방(尋訪)하다'는 뜻이다.

△登山(등산) → 爬山(파산). 爬는 '파충류'라고 할 때의 '기어갈 파' '긁을 파'자로 '산으로 기어 올라간다'는 뜻인가?

△马上(마상) → 马는 馬의 간자체 글자다. '马上'은 '말 위에서'라는 뜻도 있지만 '방금' '곧'이라는 뜻도 있다.

△魔術師(마술사) → 幻师(환스), 幻人(환런).

△马眼(마안－마이엔) → 남자의 오줌 구멍, 바둑의 목(目).

马는 馬의 간자체 글자다.
△萬年筆(만년필) → 自来水笔(쯔라이수이비).
笔은 筆(붓 필)과 같은 글자다.
△萬步計(만보계) → 计步表(지뿌뱌오).
△萬若(만약) → 如果(루구어).
△萬愚節(만우절) → 愚人节(위런지에).
节은 節(마디 절)의 간자체 글자다.
△晩秋(만추) → 后冬(허우뚱).
△漫畵冊(만화책) → 公仔书(꿍자이수).
书는 書(글 서)의 간자체 글자다.
△末伏(말복) → 下伏(시아푸).
△每日(매일) → 天天(티엔티엔).
△麥嶺(맥령) → 荒月(황위에). 음력 4월.
△麥酒(맥주) → 啤酒(피지우). 생맥주는 扎啤(자피), 병맥주는 瓶啤酒(핑피지우)다. 扎은 '뽑을 찰'자, 啤는 '맥주 비'자다.
△面粉(면분-미엔펀) → 얼굴에 묻은 가루가 아니라 '밀가루'다.
△面点(면점-미엔디엔) → 얼굴에 난 점이 아니라 '밀가루 음식'이다.
△面包(면포-미엔빠오) → 빵.
△面包车(면포차-미엔빠오처) → 미니버스, 마이크로버스.
△免許證(면허증) → 拉臣(라천), 执照(즈자오).
执은 執(잡을 집)의 간자체 글자다. 허가증, 라이선스(licence).
△明朗(명랑) → 开朗(카이랑). 开는 開(열 개)의 간자체 글자다.
△名俳優(명배우) → 好角(하오쥐에). 유명한 배우를 가리킨다.

'좋은 뿔'이란 뜻이 아니다.

△名銜(명함) → 名片(밍피엔).

△明后天(명후천-밍허우티엔) → 내일이나 모레.

△母國(모국) → 父母国(푸무궈).

父母之邦(푸무즈빵)이라고도 한다.

△母國語(모국어) → 母舌(무서).

△母利(모리-무리) → 원금과 이자.

△毛毛雨(모모우-마오마오위) → 이슬비.

△毛石(모석-마오스) → 자갈. 털 난 돌?

△某人(모인) → 或人(후어런). 아무개, 어떤 사람.

△母的(모적-무더) → 동물의 암컷.

△母親(모친) → 妈(마), 妈妈(마마), 阿妈(아마), 阿娘(아냥), 阿母(아무) 등이다. 妈는 媽(어미 마)의 간자체 글자다. 그런데 호칭에 '언덕 아(阿)'자가 왜 붙는지 의문이고 '妈妈'에 '的'이 붙은 '妈妈的(마마더)'가 '이 새끼' '바보 자식' 등 욕설이라는 점도 이해하기 난감하다. 참고로 우리말 아마(阿摩)는 불교에서 일컫는 어머니 또는 선녀라는 뜻이다.

△木木(목목-무무) → 멍청한 모습. '木然(무란)'도 멍청한 모습, 무뚝뚝한 모습이다.

△沐浴(목욕) → 洗澡(시자오). 澡는 '씻을 조'자다. 욕조에서 목욕하는 건 '洗盆子(시펀쯔)'다. 글자 그대로의 뜻은 '단지(항아리)를 씻는 아들'이라는 엉뚱한 뜻이 된다.

△目前(목전) → 眼下(이엔시아).

△沒影儿(몰영아-메이잉얼) → 儿는 兒(아이 아)의 간자체 글자

다. 그렇다면 '그림자처럼 꺼져가는 아이'라는 뜻인가. 그게 아니고 '가망이 없다'는 뜻이다.

△無腦兒(무뇌아) →'有头有脑(여우터우여우나오)'는 '무뇌아'의 반대말처럼 쓰인다. '머리도 있고 뇌도 있어' 똑똑하다, 사리가 분명하다는 뜻이다.

△巫堂(무당) →师婆(스포).

무당에게도 '스승 사(师)'자를 붙인다.

△無識(무식) →目光如豆(무꾸앙루떠우). 눈이 콩알만하다, 식견이 좁다. '目光如炬(무꾸앙루쥐)'는 반대로 '눈빛이 횃불처럼 밝다' '식견이 넓고 원대하다'는 뜻이다.

△無爲徒食(무위도식) →坐食(쭈어스), 坐吃(쭈어츠). 吃은 원래 '어눌할 흘'자지만 '먹을 끽(喫)'자의 간자체 글자로 쓰인다.

△無賃乘車(무임승차) →漏票(러우퍄오).

△無許可(무허가) →无照(우자오). '무면허'도 같은 말이다.

△文集(문집) →集子(지쯔). 산문집.

△門風(문풍) →贼风(쩌이펑).

△未開人(미개인) →生番(성판).

△美國大陸(미국대륙) →亚美利加(야메이리지아).

△美女(미녀) →細娘(시냥), 漂亮(퍄오리앙).

△美少年(미소년) →冶郞(이에랑). '대장간 사내'가 미소년이란 말인가.

△美術界(미술계) →画苑(화위엔). 회화계.

△美人(미인) →漂亮(퍄오리앙).

△美子(미자-메이쯔) →달러, 암달러.

△密入國者(밀입국자) → 人蛇(런서), 蛇客(서커).

ㅂ

△薄氷(박빙) → 贼冰(쩌이삥). 잘 보이지 않게 언 살얼음.

△拍手(박수) → 击掌(지장). 击은 擊(칠 격)의 간자체 글자다.

△半旧(반구-빤지우) → '반은 오래 됐다' 즉 중고(中古)라는 뜻이다.

△半半落落(반반낙락-빤반루어루어) → 주식 값이 절반으로 떨어졌다는 소리가 아니라 '중도에 있다'는 뜻이다.

△饭门(반문-판먼) → 밥벌이, 생계수단, 밥 먹을 방도. 饭은 飯(밥 반)의 간자체 글자다.

△半白(반백) → 花白(화바이). 머리가 희끗희끗하다.

△半壁(반벽-빤삐) → '반쯤 올라간 벽'이 아니라 그냥 '반쪽' '절반' '반분(半分)'이란 뜻이다.

△半瓶醋(반병초-빤핑추) → '반병의 식초'라는 뜻이 아니라 '얼치기' '반거들충이'라는 뜻이다.

△反思(반사-판쓰) → 반성.

독일어 nachdenken과 영어 reflection의 번역어.

△饭缘(반연-반위엔) → 살 길, 밥줄.

△半子(반자-빤쯔) → 사위를 가리켜 '반쪽 아들'이라고 한다.

△半长半短(반장반단-빤창빤뚜안) → '긴 것의 반, 짧은 것의 반'이란 뜻이 아니라 '길지도 짧지도 않다'는 뜻이다.

△饭店(반점-판띠엔) → 밥 파는 가게가 아니라 '호텔' '여관'

이다.

△半天(반천－빤티엔)→'반쪽 하늘'이 아니라 '한나절' '반일(半日)'이란 뜻이다. 우리말 '半天'은 '하늘의 반쪽'이란 뜻.

△饭醉(반취－판쭈이)→밥에 취하다? 식곤증(食困症).

△返品(반품)→退货(투이후어).

△半喜(반희－빤시)→딸이 태어난 경사를 '반쪽짜리 기쁨'이라고 하다니! 이런 여성 모독이 어디 있는가?

△发毛(발모－파마오)→털이 나는 게 아니라 '두려워하다' '놀라며 당황하다' '성질을 부리다'는 뜻이다. 发은 發(필 발)의 간자체 글자다.

△发发实发(발발실발－파파스파)→길일(吉日). 8월 18일.

△发火(발화－파후어)→发은 發의 간자체 글자다. '發火'는 '불이 난다'는 뜻도 있지만 '발끈 화를 낸다'는 뜻이다.

△方家(방가－팡지아)→방씨 집, 방씨 집안이 아니라 '전문가' '대가'라는 뜻이다.

△房客(방객－팡커)→방에 있는 손님이 아니라 '세든 사람'이다.

△方今(방금)→钢才(깡차이). 지금 막, 이제 금방. '钢钢(깡강)'도 같은 뜻이다. '굳센 재주' '굳세고 굳센'이 아니다.

△房倒(방도－팡다오)→방이 넘어진다는 뜻이 아니라 '주택 전매(轉賣)' '집을 판다'는 뜻이다.

△房東(방동－팡뚱)→집 주인.

△方头(방두－팡터우)→头는 頭의 간자체 글자다. '모난 대가리'보다는 '머리가 둔하다'는 뜻이 우선이다.

△防老(방로－팡라오)→늙음을 방지하는 게 아니라 '노후에

대비하다'는 뜻이다.

△放屁車(방비차－팡피처)→오토바이, 모터사이클. 屁가 '방귀 비'자니까 '방귀 뀌는 차'가 오토바이라는 것이다.

△房事(방사)→入房(루팡). '行房(싱팡)'도 같은 말이다.

△房产(방산－팡찬)→产은 產(낳을 산)의 간자체 글자다. '방에서 생산하다'가 아니고 '부동산' '가옥의 부지'라는 뜻이다.

△方子(방자－팡쯔)→처방전, 각목, 각재(角材).

△房子(방자－팡쯔)→'춘향전' 이도령의 몸종이 아니라 집, 건물을 가리킨다.

△放學(방학)→여름방학은 暑假(수지아), 겨울방학은 寒假(한지아), 봄방학은 春假(춘지아). '겨를 가(暇)'자가 아닌 '거짓 가(假)'자를 쓰고 있다.

△防寒服(방한복)→寒衣(한이). 겨울 옷.

△背头(배두－뻬이터우)→'등허리에 머리가 붙어 있다'는 뜻이 아니라 '올백 머리를 하다'는 뜻이다. 头는 頭(머리 두)의 간자체 글자다.

△拜拜(배배－빠이바이)→부인이 하는 구식 인사.
빠이빠이, 안녕.

△背书(배서－뻬이수)→'이서(裏書)' 한다는 뜻보다는 '암송한다'는 뜻이 우선이다. 书는 書(글 서)의 간자체 글자다.

△俳優(배우)→남자배우는 男角(난쥐에), 여자배우는 坤角(쿤쥐에). 또는 男伶(난링) 女伶(뉘링)이라고도 한다. 伶은 '광대 령' '악공(樂工) 령'자다. 顶老(딩라오) 또는 演员(이엔위엔)이란 말도 쓴다. 또한 주연남배우는 男主角(난주쥐에),

주연여배우는 女主角(뉘주쥐에)라고 한다.

△白裙子(백군자－바이췬쯔)→'흰 치마를 입은 아들'이 아니라 '운이 나쁜 여자'다. 상중(喪中)에는 흰 치마를 입기 때문에 연유한 말이다. 裙은 '치마 군'자다.

△白面(백면－바이미엔)→우리말 '白面'은 '연소하여 희고 고운 얼굴' '연소하여 경험이 없음'이지만 중국어에서는 ① 흰 얼굴 ② 밀가루 ③ 호색꾼, 색광(色狂)이란 뜻이다.

△白面子(백면자－바이미엔쯔)→'흰 얼굴의 아들'이 아니라 옛날의 기녀, 창기(娼妓)를 가리킨다.

△白帽子(백모자－바이마오쯔)→'흰 모자'가 아니라 '풋내기' '초심자' '무능인' '타향 사람'이란 뜻이다.

△白事(백사－바이스)→상사(喪事), 장례식.

△白死(백사－바이쓰)→'하얗게 질려 죽다'가 아니라 '개죽음 하다' '헛되이 죽다'라는 뜻이다.

△白色消费(백색소비－바이써샤오페이)→장례, 장례식에 드는 물품과 비용.

△白色污染(백색오염－바이써우란)→폐비닐로 인한 오염.

△白色革命(백색혁명－바이써거밍)→비닐하우스(그린하우스)를 이용한 농작 기술.

△白业(백업－바이이에)→业은 業(일 업)의 간자체 글자다. '하얀 페인트칠하는 일'이 아니라 '착한 일'이 '白業'이다. 우리말에선 불교에서 이르는 '착한 짓'이 '백업'이다.

△白要(백요－바이야오)→'거저 달라고 하다' '공짜로 가지려 하다'는 뜻이다.

△白子(백자－바이쯔)→바둑의 흰 돌. 우리말은 '백자'가 아니라 '백지'로 발음한다.

△白车(백차－바이처)→구급차, 앰뷸런스. 1950~60년대 한국엔 경찰, 헌병의 백차(지프)가 있었다.

△白打(백타－바이다)→'하얗게 질리도록 친다'가 아니라 '맨주먹으로 치다' '맨손으로 싸우다'라는 뜻이다.

△白货(백화－바이후어)→'흰 돈'이 아니라 '빈말' '객담' '허튼소리' '헤로인(마약)'이라는 뜻이다.

△百貨店(백화점)→百货大楼(바이후어따러우), 百货商店(바이후어상띠엔).

△烦死(번사－판쓰)→귀찮아 죽겠다.

△番地(번지－판띠)→몇 번지, 지번이 아니라 '다른 고장' '이역'이란 뜻이다.

△犯舌(범설－판서)→'혀를 범했다'면 강제 키스라도 했다는 것인가. 그게 아니라 '수다를 떨다' '수다스럽다'는 뜻이다.

△犯性(범성－판싱)→성(性)을 범했다면 강간을 했다는 것인가? 그게 아니고 '성을 내다'는 뜻이다.

△犯人(범인)→내부범인은 内鬼(네이꾸이).

△犯人護送(범인호송)→解犯(지에판). 범인을 풀어주는 게 아니다.

△法服, 法衣(법복, 법의)→海青(하이칭). 우리말 海青은 海東青의 준말로 송골매다.

△壁壁孔孔(벽벽공공－삐삐쿵쿵)→'벽마다 구멍이 뚫렸다'는 뜻이 아니라 '어디나, 구석구석'이라는 뜻이다.

△變更(변경) → 更变(껑삐엔). 우리말과는 거꾸로다.

△辯護士(변호사) → 덕 변호악사를 '讼棍(쑤꾼)'이라 한다. '아뢰는 몽둥이'란 말인가.

△別国(별국－삐에궈) → '특별한 나라'가 아니라 '타국, 다른 나라'라는 뜻이다.

△別肠(별장－삐에창) → '별난 창자, 특별한 창자'가 아니라 술독, 술고래라는 뜻이다.

△病院(병원) → 병원, 의원의 통칭이 '医院(이위엔)'이고 특정 질병을 전문적으로 담당하는 곳은 '病院(삥위엔)'이다. 한국과는 정반대다.

△保健所(보건소) → 卫生院(웨이성위엔).
卫는 衛(지킴 위)의 간자체 글자다.

△报童(보동－빠오퉁) → 신문팔이 아이.
报는 報(알릴 보)의 간자체 글자다.

△保證(보증) → 下保(시아바오).

△普通名詞(보통명사) → 公名(꿍밍).

△步行(보행) → 行走(싱쩌우). 보행속도는 行走速度(싱쩌우쑤뚜).

△保险(보험－바오시엔) → 안전하다는 뜻도 있다.

△福劵(복권) → 彩票(차이퍄오), 花票(화퍄오). 몸값을 적은 종이도 花票다.

△腹部肥滿(복부비만) → 将军肚(쟝쥔뚜).
남자의 불룩하게 나온 배. 肚는 '배 두'자다.

△複寫機(복사기) → 复印机(푸인지).

△本本(본본－번번) → 책, 서적이란 뜻이다.

일본에서도 '本(홍)'은 책을 가리킨다.

△本本分分(본본분분－번번펀펀) → 성실하다, 착실하다.

△本人(본인) → 我人(워런).

△本店(본점) → 总号(쭝하오). 总은 總(합칠 총)의 간자체 글자다.

△俸給(봉급) → 薪金(신진), 薪资(신쯔), 薪工(신꿍), 薪水(신수이), 薪酬(신처우). 俸給引上(봉급인상)은 '加薪(지아신)'이다.

△棒头(봉두－빵터우) → '몽둥이 대가리'라는 뜻이 아니라 '옥수수'다. 头는 頭(머리 두)의 간자체 글자다.

△凤儿(봉아－펑얼) → 凤儿는 '鳳兒'의 간자체 글자다. 뛰어나고 현명한 아이. 우리말 뜻도 '새끼 봉황' '장차 큰 인물이 되리라 믿어지는 소년'이다.

△凤子(봉자－펑쯔) → 호랑나비.

△棒子(봉자－빵쯔) → 몽둥이, 방망이.

△婦德(부덕) → 坤德(쿤더). 우리말은 황후 또는 왕후의 덕.

△不狼不虎(부랑부호－뿌랑뿌후) → '이리도 아니고 호랑이도 아니다'라는 뜻 같지만 '일을 하는데 힘을 쏟지 않다, 힘껏 하지 않다'는 뜻이다.

△浮浪兒(부랑아) → 阿飞(아페이). 飞는 飛(날 비)의 간자체 글자다. '물결 따라 떠다니는 아이'가 아니라 '날아다니는 아이'라는 것인가.

△负负(부부－푸푸) → 몹시 부끄러워하다.

△夫婦(부부) → 两口子(량커우쯔). 부부를 가리켜 '두 입' '양 아가리'라니? 둘만 사는 연인 또는 자식이 없는 부부생활은

'二人世界(얼런스지에)'라고 한다.

△不三不四(부삼부사－뿌싼뿌쓰)→인품이 비천하고 너절하다는 뜻이다.

△不上不下(부상부하－뿌상뿌시아)→이러지도 저러지도 못하다, 빼도 박도 못하다는 뜻이다.

△副收入(부수입)→活收入(후어서우루). 그렇다면 고정수입은 '죽은 수입'이라는 것인가.

△負心(부심－푸신)→'마음을 등에 졌다'는 뜻이 아니라 '양심에 어긋나다' '신의를 저버리다'는 뜻이다.

△夫人(부인)→太太(타이타이), 床头人(촹터우런). 头는 頭(머리 두)의 간자체 글자다. 따라서 '床頭人'은 '밥상머리에 있는 사람'이라는 뜻이고 집사람, 안사람이라는 말은 '팡시아(房下)'다.

△富者(부자)→便家(삐엔지아). 부잣집. '편리한 집'이 아니다.

△不长不短(부장부단－뿌창뿌뚜안)→'길지도 않고 짧지도 않다'는 뜻이 아니라 '효과가 없다' '길이가 꼭 맞다'는 뜻이다.

△不住(부주－뿌주)→주거하지 않는다, 살지 않는다는 뜻보다는 '그치지 않다' '멎지 않다' '쉬지 않다'는 뜻이 우선이다.

△父親(부친)→大大(따다), 爸爸(빠바), 爹爹(띠에띠에), 阿父(아푸), 阿爸(아빠), 阿爷－阿耶(아이에), 阿郎(아랑), 爷(이에), 爷老子(이에라오쯔) 등 전 세계 모든 언어 중 '아버지'라는 말이 가장 많지 않나 싶다. 爸는 '아비 파'자, 爹는 '아비 다'자고 爷는 '아비 야(爺)'자의 간자체 글자다. '阿郎'은 문학적인 다정한 호칭이다. 그런데 알 수 없는 건 호칭에

붙는 '언덕 아(阿)'자다.

△北瓜(북과－베이꾸아) → 호박. '南瓜(난꾸아)'도 호박이다. 西瓜(시꾸아)는 수박이다.

△分股(분고－펀구) → 股는 '허벅지 고'자다. 허벅지를 나눈다고 하면 섹시한 상상부터 할지 모르지만 '주식을 나누다' '조(組)를 나누다' '여러 개로 나누다'는 뜻이다.

△粉曲(분곡－펀취) → 외설적인 노래.

△分头(분두－펀터우) → 头는 頭(머리 두)의 간자체 글자다. '일을 나누어 하다' '분담하다'는 뜻이다.

△分票(분표－펀퍄오) → 표를 나눠 갖는 게 아니라 '소액 지폐'를 뜻한다.

△不眠(불면) → 走困(쩌우쿤). '달리기가 곤란하다'는 뜻이 아니다.

△不治病(불치병) → 绝症(쥐에정).

△佛陀(불타) → 化主(화주).

△不合格點數(불합격점수) → 红分(훙펀).

△绷帶(붕대) → 药带(야오따이). 药은 藥(약물 약)의 간자체 글자다.

△鼻垢(비구－비꺼우) → '코때'가 아니라 '코딱지'라는 뜻이다.

△飞女(비녀－페이뉘) → 飞는 飛(날 비)의 간자체 글자다. '날아가는 여자'가 아니라 '불량소녀'다.

△非命横死(비명횡사) → 强死(치앙쓰).

△飞吻(비문－페이원) → 飞는 飛의 간자체 글자다, 吻은 '입술 문'자다. '날아가는 입술'이 아니라 '입술에 손을 댔다가 상

대방에게 던지는 시늉을 하는 키스' '던지는 키스'다.

△秘密番號(비밀번호) → 密码(미마). 码는 숫자를 나타내는 부호다.

△飞饭(비반－페이판) → 飞는 飛의 간자체 글자다. '날아가는 밥'이 아니라 '여기저기 돌아다니며 먹는 밥'이다.

△非常口(비상구) → 太平门(타이핑먼).

△鼻屎(비시－비스) → 코딱지. 屎는 '똥 시'자다. '鼻牛儿(비니우알)'도 코딱지다.

△費用(비용) → 付费(푸페이).

△飞耳(비이－페이얼) → '날아가는 귀'가 아니라 '먼 곳의 소식을 잘 듣는 귀'다.

△鼻子(비자－비쯔) → '코의 아들'이 아니라 그냥 '코'라는 뜻이다.

△飞车(비차－페이처) → 飞는 飛(날 비)의 간자체 글자다. '날아가는 차'가 아니라 '날 듯이 달리는 차' 과속 차량이다.

△飛行機(비행기) → 飞机(페이지), 银燕(인이엔). 飞机는 '飛機'의 간자체 글자다. 机는 원래 '책상 궤'자지만 機의 간자체로 쓰이고 있다. 비행기를 속어로는 '铁鸟(티엔냐오)'라고 한다.

△飞行器(비행기－페이싱치) → 미사일, 인공위성, 우주선 등 공중을 비행하는 기계 장치.

△飛行機格納庫(비행기격납고) → 机库(지쿠).

△飛行機編隊(비행기편대) → 机群(지췬).

△冰刀(빙도－삥따오) → '얼음 자르는 칼'이 아니라 '스케이트

날'이란 뜻이다.

△冰翁(빙옹-삥웡)→'얼음 늙은이'가 아니라 장인, 중매쟁이란 뜻이다.

△冰爪(빙조-삥주아)→'얼음 손톱'이 아니라 '등산용 아이젠(Eisen)'이다. 爪는 '손톱 조'자다.

△冰车(빙차-삥처)→'얼음 싣고 다니는 차'가 아니라 썰매라는 뜻이다.

人

△謝過(사과)→道歉(따오치엔).

△死机(사기-쓰지)→컴퓨터가 다운되다.

△死亡(사망)→过仙(꿔시엔), 去世(취스), 就世(지우스), 上迁(상치엔), 上西天(상시티엔), 亡化(왕화), 亡故(왕꾸).

过는 過의, 迁은 遷(옮길 천)의 간자체 글자다.

△死產(사산)→空月子(쿵위에쯔).

△事務室(사무실)→办公室(빤꿍스). 办은 辦(힘쓸 판)의 간자체 글자다.

△四十九齋(사십구재)→理七(리치). 일본서는 五十日祭.

△事業(사업)→生意(성이). 영업도 '生意'라고 한다.

사업, 영업을 하지 않는 사람은 '사는 뜻'이 없다는 것인가.

△謝恩會(사은회)→谢师宴(시에스이엔).

△辞人(사인-츠런)→'말씀하는 사람'이 아니라 문사(文士), 사인(词人)이라는 뜻이다.

△社長(사장)→经理(징리), 老板(라오반).

△辭典(사전)→词典(츠디엔).

△死顶(사정-쓰딩)→한사코 맞서다, 끝까지 저항하다.

△寫眞(사진)→照片(자오피엔).

△寫眞機(사진기)→摄影机(서잉지). 摄은 '가질 섭'자, 机는 機(틀 기)의 간자체 글자다.

△寫眞記者(사진기자)→摄影记者(서잉지저).
写真作家는 '摄影家(서잉지아)'다.

△寫眞撮影(사진촬영)→摄影(서잉). 摄이 '가질 섭'자니까 '그림자를 갖는다'는 뜻이다.

△私娼街(사창가)→黑街(헤이지에). 紅燈街(홍등가)가 아니고 黑街라는 것인가?

△辞行泪(사행루-츠싱레이)→'말하고 가는 눈물'이 아니라 '임종 때 흘리는 눈물'이다. 泪는 淚(눈물 루)와 같다.

△死刑囚(사형수)→死囚(쓰치우). 사형집행은 '正法(정파)'라고 한다.

△削髮(삭발)→落发(루어파). 머리 깎고 중이 된다는 뜻이다.

△产权(산권-찬취엔)→产은 産(낳을 산)의 간자체 글자다. 재산권.

△産婦人科(산부인과)→女科(뉘커).

△産兒制限(산아제한)→产儿节制(찬얼지에즈), 节育(지에위). 产은 産, 儿는 兒(아이 아), 节은 節(마디 절)의 간자체 글자로 '산아제한'이 아니라 '산아절제'다.

△产业(산업-찬이에)→'産業'의 간자체 글자다. 중국어의 '산

업'은 토지, 가옥 등 부동산과 재산이란 뜻도 있다.

△産業革命(산업혁명) → 工业革命(꿍이에거밍). 业은 業(일 업)의 간자체 글자다.

△山賊頭目(산적두목) → 山大王(산따이왕).

△杀口(살구—사커우) → 입안에 강한 자극을 주다. 아주 맛있다. 杀은 殺(죽일 살)의 간자체 글자다.

△三黨(삼당—싼당) → 부, 모, 처의 일족.

△三分之一(삼분지일) → 三停的一停(싼팅더이팅). 3분의 1.

△三虞祭(삼우제) → 接三(지에싼). 죽은 지 사흘째 되는 날 혼이 돌아온다고 해서 지내는 제사다.

△三八(삼팔—싼빠) → 칠뜨기, 팔푼이.

△喪家(상가) → 凶门(시웅먼).

△商工業(상공업) → 末业(모이에). 상공업을 천대시하는 말이다. 농업은 반대로 '本业(번이에)'이라고 한다. 상공업을 우리말과는 거꾸로 '工商业(꿍상이에)'이라고도 한다. 业은 業(일 업)의 간자체 글자다.

△商工業者(상공업자) → 末民(모민).

△商工業者人生(상공업자인생) → 末生(모성).

△床头人(상두인—촹터우런) → 头는 頭(머리 두)의 간자체 글자다. '밥상머리에 있는 사람'—'아내'를 가리킨다.

△上司(상사) → 高头(까오터우). 상급자. 头는 頭(머리 두)의 간자체 글자다.

△相思病(상사병) → 思春病(쓰춘삥).

△上水道(상수도) → 自来水(쯔라이수이).

△上药(상약-상야오)→약을 바르다. 우리말은 '좋은 약'이다.
△商業致富(상업치부)→末富(모푸). 장사로 치부하다.
△賞與金(상여금)→活工资(후어꿍쯔). 성과금도 活工资다.
△相議(상의)→商量(상리앙). 우리말 '商量'은 '헤아려 생각하다'는 뜻이다.
△商店(상점)→货店(후어띠엔).
△商標(상표)→货牌(후어파이).
△傷害保險(상해보험)→意外保险(이와이바오시엔)이라고도 한다.
△生計手段(생계수단)→落儿(라올). 儿는 兒(아이 아)의 간자체 글자다. 생계수단이 '떨어지는 아이'라니!
△生苦生(생고생)→活罪(후어쭈이).
△生气(생기-성치)→气는 氣(기운 기)의 간자체 글자다. '生气'는 활력이라는 뜻보다는 '화내다' '성내다'라는 뜻이 먼저다.
△生理帶(생리대)→妇女卫生巾(푸뉘웨이성진), 卫生棉(웨이성미엔). '부녀 생리 수건' '생리 목화'라는 뜻이다. 妇女는 婦女, 卫生은 衛生의 간자체 글자다.
△生放(생방-성팡)→'생방송'이 아니라 엉뚱하게도 '돈을 빌려주어 이자를 늘리다' '고리대를 하다'는 뜻이다.
△生日(생일)→过寿(궈서우). '생일을 쇠다'는 뜻이다. 자기생일은 母难日(무난르). 难은 難(어려울 난)의 간자체 글자니까 '어머니가 가장 어려웠던 날'이 자기생일이란 뜻이다. 또한 매년 맞는 생일은 小生日(샤오성르) 또는 散生日(산성

르)라 하고 50, 60처럼 끝수가 없는 10년 단위 나이의 생일은 整生日(정성르) 또는 正寿(정서우)라고 한다. 저승의 부모 생일은 阴寿(인서우)라고 하지만 10년 단위, 즉 80, 90세 등 整生日에만 챙긴다.

△生日宴(생일연) → 双庆(수앙칭)은 부부 합동 생일잔치, 双寿(수앙서우)는 특히 노년부부의 생일잔치. 庆은 慶(경사 경)의 간자체 글자다. 생일축하는 做生日(쭈어성르). 做는 '지을 주'자다.

△生肖(생초-성샤오) → 쥐띠, 소띠 따위 사람의 띠.

△生虎子(생호자-성후쯔) → 풋내기, 철부지. '산 호랑이 새끼'가 아니다.

△生花(생화) → 鲜花(시엔화).

△逝去(서거) → 过世(꿔스). 过는 過(지날 과)의 간자체 글자다.

△西紀(서기) → 公元(꿍위엔).

△書類(서류) → 文件(원지엔).

△署名(서명) → 具名(쥐밍).

△西洋料理(서양요리) → 西菜(시차이), 西餐(시찬). 양식.

△西洋文字(서양문자) → 洋字(양쯔).

△西洋人(서양인) → 番鬼(판꾸이), 洋鬼子(양꾸이쯔), 洋毛子(양마오쯔). 양놈. 서양 사람을 멸시하여 일컫는 말. 양키, 양코배기.

△西洋肠子(서양장자-시양창쯔) → 소시지. '서양 창자'가 소시지란 말인가.

△石男(석남-스난) → 고자(鼓子). 아이 못 낳는 '石女'의 반대

말이다.

△石头(석두－스터우)→① 돌 ②'가위 바위 보'에서 바위 ③ 농민을 압박하는 악덕 지주 ④ 의문, 문제, 걱정거리. '돌대가리'라는 뜻은 없다. 头는 頭(머리 두)의 간자체 글자다.

△船家(선가－촨지아)→'배를 만드는 집'이 아니라 '뱃사공'이라는 뜻이다.

△船力(선력－촨리)→'배의 힘' '배의 마력'이 아니고 '선박 운송비, 운임'이라는 뜻이다.

△膳物(선물)→礼物(리우).

우리말의 선물과 예물은 다르건만….

△船照(선조－촨자오)→배를 비추는 게 아니라 '선박 통행권' '배 항행증'이다.

△舌交(설교－서쟈오)→입맞춤, 키스.

△性交(성교)→造爱(짜오아이), 作爱(쭈어아이), 做爱(쭈어아이). 做는 '지을 주'자다.

△成年(성년－청니엔)→어른이 되는 성년이 아니라 '일년 내내'라는 뜻이다.

△城里(성리－청리)→'성이 있는 마을'이 아니라 '시내'라는 뜻이다.

△姓名(성명)→부친이나 스승이 지어준 이름은 训名(쉰밍)이다.

△圣母(성모－성무)→① 옛날 중국 민간에서 믿던 여신 ② 당(唐)의 무후(武后) ③ 임금의 생모라는 뜻도 있다.

△盛需期(성수기)→旺季(왕지). '왕성한 계절'이라는 뜻인가.

△城市(성시－청스)→'성이 있는 시가지'가 아니라 그냥 '도시'

라는 뜻이다.

△星條旗(성조기) → 花旗(화치). 花旗国(화치궈)은 미국.

△成春(성춘－청춘) → 봄을 이룬다는 뜻이 아니라 '병이 낫다'는 뜻이다.

△圣诞(성탄－성딴) → 옛날 중국에서는 공자의 탄생일을 이르던 말이었다. 圣은 聖(성스러울 성)의 간자체 글자다.

△城标(성표－청빠오) → 标는 標(나무 끝 표)의 간자체 글자다. 성이 있다는 '성의 표시'가 아니라 '도시를 상징하는 마크'를 뜻한다.

△細路(세로－시루) → 남자꼬마, 사내아이. 細路女(시루뉘)는 여자꼬마.

△歲暮(세모) → 年底(니엔띠), 年底下(니엔띠시아), 年根(니엔껀), 年关(니엔꽌), 年尾(니엔웨이). 关은 關(빗장 관)의 간자체 글자다.

△歲拜錢(세배전) → 压岁钱(야쑤이치엔), 押岁钱(야쑤이치엔), 辞世钱(츠스치엔). 岁는 歲(해 세)의 간자체 글자다.

△洗濯(세탁) → 洗衣(시이). 하긴 옷을 씻는 게 세탁이니까. 세탁기(洗濯机)는 税衣机(시이지). 机는 機(틀 기)의 간자체로 쓰였지만 機와 机(책상 궤)는 원래 별개의 글자다.

△紹介(소개) → 介绍(지에사오). 우리말 '소개'와는 거꾸로다.

△少年(소년) → 少男(샤오난). '少女'의 반대말이다. 小来(샤오라이)도 '소년' '어린 시절'이란 뜻이다.

△少年院(소년원) → 教养所(쟈오양쑤어). 养은 養(기를 양)의 간자체 글자다.

△小賣(소매) → 门市(먼스). 산매.

△小賣價格(소매가격) → 零价(링지아). 价는 價(값 가)의 간자체 글자다.

△小賣商品(소매상품) → 零货(링후어).

△小便(소변) → 小恭(샤오꿍), 小解(샤오지에).

△小生(소생) → 在下(짜이시아).

△所有株(소유주) → 占股(잔구). '허벅지를 점령하다'니?

△所重(소중) → 甘贵(깐꾸이). '달고 귀하다'가 아니라 '매우 소중하다'는 뜻이다.

△消火(소화) → 息火(시화).

△送舊迎新(송구영신) → 거꾸로 '迎新送旧(잉신쑹지우)'라고도 한다.

△手匣(수갑) → 手杻(서우처우), 手锭子(서우띵쯔), 手铐子(서우카오쯔).

△首都(수도) → 京华(징화), 京师(징스).

华는 華(빛 화), 师는 師(스승 사)의 간자체 글자다.

△水龙头(수룡두－수이룽터우) → 수도꼭지.

龙은 龍(용 룡), 头는 頭(머리 두)의 간자체 글자다.

△睡眠(수면) → 睡觉(수이자오).

△首席(수석) → 头名(터우밍).

△手數料(수수료) → 例金(리진), 用钱(융치엔).

우리말 用钱은 '용돈'이다.

△手術(수술) → 开割(카이꺼). '열어 가르다'는 뜻인가.

开는 開(열 개)의 간자체 글자다.

△手術室(수술실) → 开刀房(카이따오팡).

'开刀'는 '목을 베다－참수하다'는 뜻도 있다.

△水泳(수영) → 游泳(여우융). 游자도 '헤엄칠 유'다.

游水(여우수이)라고도 한다.

△守錢奴(수전노) → 黑眼皮(헤이이엔피).

그럼 파란 눈의 서양인엔 수전노가 없다는 것인가?

△輸出入(수출입) → 进出口(진추커우).

进은 進(나아갈 진)의 간자체 글자다.

△手打麪(수타면) → 拉面(라미엔). 손으로 쳐 만든 국수.

△受驗料(수험료) → 考费(카오페이).

△手話(수화) → 手语(서우위).

△熟練技術(숙련기술) → 硬功夫(잉꿍푸).

△宿所(숙소) → 宿头(쑤터우). 头는 頭의 간자체 글자다.

△純利益(순이익) → 毛利(마오리). 총이익.

△術策(술책) → 作子(쭈어쯔).

△乘船(승선) → 坐船(쭈어촨).

△昇進(승진) → 升职(성즈).

△乘車(승차) → 坐车(쭈어처), 搭车(따처).

△時間(시간) → 钟头(중터우)라고도 한다. 钟头는 '鐘頭'의 간자체 글자다. 시간이 '종 대가리'라는 것인가.

△時間浪費(시간낭비) → 磨工夫(모꿍푸), 费工夫(페이꿍푸).

△時間不足(시간부족) → 时间赤字(스지엔츠쯔).

△時計(시계) → 钟表(중뱌오).

钟은 '종 종(鐘)'자의 간자체 글자다.

△媤母(시모) → 阿婆(아포). 媤父(시부)는 公公(꿍궁).

△媤父母(시부모) → 阿家阿翁(아꾸아웡), 公婆(꿍포).
　젊은 시부모도 '늙은이 옹'자를 붙인단 말인가.

△视星(시성-스싱) → TV 스타. 电视明星(띠엔스밍싱)의 준말.

△诗人(시인-스런) → 시인. 诗家(스지아). '화살을 쏘는 사람'이란 뜻도 있다.

△始作・始初(시작・시초) → 开头(카이터우). '開頭'의 간자체 글자다.

△市場價格(시장가격) → 行情(항칭). 시세(市勢).

△試驗點數(시험점수) → 考分(카오펀).

△食券(식권) → 餐券(찬취엔).

△食脑(식뇌-스나오) → 머리를 쓰다.
　'뇌를 먹는다'는 뜻이 아니다.

△食糧(식량) → 口分(커우펀), 民天(민티엔).

△植木日(식목일) → 植树节(즈수지에). 树는 樹(나무 수)의, 节은 節(마디 절)의 간자체 글자다.

△食事(식사) → 用饭(융판), 用餐(융찬). 식사하다.

△植樹(식수) → 种树(중수). '種樹'의 간자체 글자다.

△食慾(식욕) → 口道(커우다오), 口胃(커우웨이).

△新聞購讀料(신문구독료) → 报费(빠오페이).
　报는 報(알릴 보)의 간자체 글자다.

△新聞配達夫(신문배달부) → 报差(빠오차이).

△新聞社(신문사) → 报社(빠오서). 신문인, 저널리스트는 报人(빠오런).

△新聞紙(신문지) → 报纸(빠오즈).

'新闻(신원)'은 뉴스, 소식이다.

△新婦宅(신부댁) → 坤宅(쿤자이).

△新夫人(신부인) → 新特(신터). 새 配偶者(배우자). 새 애인은 新欢(신환).

△信者(신자) → 教中人(쟈오중런).

△實價(실가) → 净价(징지아). 에누리 없는 가격. 价는 價(값 가)의 간자체 글자다.

△阿片(아편) → 紅黑白(홍헤이바이), 灰子(후이쯔). 모르핀, 헤로인. 아편 중독자는 烟鬼(이엔꾸이).

△惡黨(악당) → 光棍(꽝꾼). 빛나는 몽둥이가 아니다. 무뢰한, 부랑자가 '光棍'이다.

△握手(악수) → 拉手(라서우). 손을 끄는(拉) 게 악수란 말인가.

△安家(안가-안지아) → 권력자들이 몰래 모여 쑤군거리는 그런 집 '安家'가 아니라 '정착하다' '터전을 잡다' '살림을 차리다'는 뜻이다.

△安根(안근-안껀) → '안전한 뿌리'가 아니라 엉뚱하게도 '밥을 먹다'는 뜻이다.

△安根子(안근자-안껀쯔) → '안전한 뿌리로부터 태어난 아들'이 아니라 '뇌물을 바치다' '몰래통하다'는 뜻이다.

△安得(안득-안더) → '편안하게 얻는다'는 뜻이 아니라 '어디

에서 어떻게 얻으랴'는 반문(反問)의 뜻으로 쓰인다.

△安樂死(안락사) → 优死(여우쓰)라는 말도 쓴다.

优는 優(뛰어날 우)의 간자체 글자다.

△眼屎(안시－이엔스) → 눈곱. '눈똥'이란 뜻이다.

屎는 '똥 시'자다.

△安心(안심－안신) → '마음을 먹다' '마음을 품다'는 뜻도 있다.

△安全帽(안전모) → 铜帽(퉁마오). 헬멧.

△眼下無人(안하무인) → 眼底无人(이엔띠우런), 眼中无人(이엔중우런), 眼里没人(이엔리메이런). '眼下無人'이라는 말은 안 쓴다.

△愛根(애근) → 爱根(아이껀). 아내가 남편을 호칭하는 말이다. '사랑하는 뿌리'라니! 섹시한 말이다. 그런데 우리말 '愛根'의 뜻은 전혀 달라 '집착의 미망(迷妄)을 일으키는 근원이나 원인이 되는 것'이다.

△愛女(애녀－아이뉘) → '사랑하는 여자'가 아니고 남의 딸을 높여 부르는 '令愛(영애), 令孃(영양)'이라는 뜻이다.

△愛玩動物(애완동물) → 宠物(충우). 宠은 총애한다고 할 때의 寵(사랑할 총)의 간자체 글자다. 그런데 애완동물을 '사랑하는 물건'이라니?

△愛人(애인) → 爱人(아이런). '사랑하는 사람'보다는 '아내' 또는 '남편'이라는 뜻이 먼저다. 사랑하지 않는 부부는 있을 수 없다는 것인가. 사랑하는 사람은 '心上人(신상런)'이라고 한다. '마음에 늘 얹혀 있는 사람'이 애인이라는 뜻인가.

△愛之重之(애지중지) → 心尖尖(신지엔지엔). '마음이 뾰족뾰

족하다'니!

△爱好(애호－아이하오)→'사랑하고 좋아한다'는 뜻보다는 엉뚱하게도 '멋을 내다, 옷차림을 꾸미다'는 뜻이 강하다.

△夜間(야간)→黑间(헤이지엔). 밤.

△夜光時計(야광시계)→夜明表(이에밍뱌오), 夜光表(이에꽝뱌오).

△野球(야구)→棒球(빵치우). 중국에서 '野球'는 럭비 등에서 아웃된 볼을 가리킨다.

△夜鬼(야귀－이에꾸이)→밤늦도록 자지 않는 사람. 올빼미란 뜻의 '夜猫子(이에마오쯔)'도 같은 말이다.

△弱冠(약관)→及冠(지꽌). 남자의 만 20세.

△約束(약속)→约了(위에러).

△約婚男(약혼남)→未婚夫(웨이훈푸). 약혼녀(约婚女)는 未婚妻(웨이훈치).

△讓步(양보)→就搭(지우다).

△洋服(양복)→西服(시푸), 西装(시주앙). 서양 복장이란 뜻이다.

△洋伞(양산)→旱伞(한산), 坤伞(쿤산). 가물 때 쓰는 우산(旱傘)이 양산이란 말인가.

△洋食(양식)→西餐(시찬), 洋吃(양츠). 吃은 원래 '어눌할 흘'자지만 喫(먹을 끽)의 간자체로 쓰인다.

△凉友(양우－량여우)→부채.

△讓位(양위)→让头(랑터우). '讓頭'의 간자체 글자다.

△两天(양천－량티엔)→이틀.

△言語(언어)→'语言(위이엔)'이라고도 한다. 言语学도 '语言

学(위이엔쉬에)'이라고도 함. '言语'에는 또 ① 소리치다 ② 부르다 ③ 대답하다는 뜻도 있다.

△严命(엄명-이엔밍)→아버지의 명령. 严은 嚴(엄할 엄)의 간자체 글자다.

△旅客機(여객기)→客机(커지). 机는 機(틀 기)의 간자체 글자다.

△女傑(여걸)→铁姑娘(티에꾸냥).

△女工(여공)→'工女(꿍뉘)'라고도 함.

△旅券(여권)→路照(루자오), 护照(후자오). 护는 護(지킬 호)의 간자체 글자다. 원래 우리나라에서도 조선 말기 조선 내지(內地)에서 외국인이 길을 다닐 때 통리기무아문(統理機務衙門)에서 내주던 여행권이 '호조(護照)'였다.

△如反掌(여반장)→运掌(윈장). 运은 運(돌 운)의 간자체 글자다.

△餘裕(여유)→后步(허우뿌). 뒤로 걷는 느긋함이 여유라는 것인가.

△女人劇團(여인극단)→坤班(쿤빤).

△驛(역)→站(잔). '역말 역(驛)'자를 안 쓰고 엉뚱하게도 '우두커니 설 참(站)'자를 쓴다. 역무원도 '站务员(잔우위엔)'이고 역장도 '站长(잔장)'이라고 한다.

△力道(역도-리따오)→힘, 기운, 효과, 효력, 효능.

△年末決算書(연말결산서)→结彩报告单(지에차이빠오까오딴).

△連日(연일)→连天(리엔티엔).

△年長者(연장자)→居长(쥐장).

△列公(열공－리에꿍) → 여러분, 제공(諸公).

△廉賣(염매) → 減卖(지엔마이). 덜어 판다는 뜻이 아니다.

△叶轮(엽륜) → 선풍기, 수차 등의 날개바퀴. 葉輪의 간자체 글자다.

△葉書(엽서) → 信片(신피엔), 明信片(밍신피엔).

△靈柩車(영구차) → 黑箱车(헤이시앙처). '검은 상자의 차'라는 것인가.

△映山红(영산홍－잉산훙) → 진달래. 우리말의 '영산홍'과 '진달래'는 다르다.

△靈安室(영안실) → 太平间(타이핑지엔).

△營養食單(영양식단) → 营养配餐(잉양페이찬).

△英雄(영웅) → '영웅'은 남자영웅이고 여자영웅은 '英雌(잉츠)'다.

△映畵界(영화계) → 影界(잉지에), 影坛(잉탄), 电影界(띠엔잉지에), 星海(싱하이), 银海(인하이), 银幕(인무), 银坛(인탄). 영화배우는 电影明星(띠엔잉밍싱), 影星(잉싱). 坛은 壇(단단)의 간자체 글자다. 영화계 스타는 '银海巨星(인하이쥐싱)' '明星(밍싱)' '银星(인싱)' 영화인은 影人(잉런), 영화산업은 影业(잉이에), 영화 팬과 영화광은 影迷(잉미). 业은 業(일업)의 간자체 글자다. 또한 영화필름은 影片(잉피엔), 영화평은 影评(잉핑), 영화와 TV는 影视(잉스)다.

△映畵館(영화관) → 影院(잉위엔), 电影院(띠엔잉위엔), 影戏馆(잉시꽌).

△映畵祭(영화제) → 影节(잉지에). 최우수 남우주연상을 받은 사람은 影帝(잉띠), 최우수 여우주연상을 받은 사람은 影后

(잉허우)다.

△例(예) → 例子(리쯔). 보기, 본보기.

△艺道(예도 – 이다오) → 엉뚱하게도 간책, 속임수, 트릭을 뜻한다. 艺는 藝(재주 예)의 간자체 글자다. 우리말 '藝道'는 기예(技藝)의 길, 연예의 길이다.

△傲人(오인 – 아오런) → '오만한 사람'의 '오인'이 아니라 '자랑으로 여기다' '긍지를 느끼게 하다'는 뜻이다.

△午餐(오찬) → 午饭(우판).

△完了(완료) → '了了(랴오러)'라 한다. '了了(랴오랴오)'는 '확실히 알다' '분명히 알다'

△完全無缺(완전무결) → 一百百(이바이바이).

△完快(완쾌) → 好利落(하오리루어). 병이 완전히 낫다.

△往復(왕복) → 来回(라이후이).

△外界人(외계인) → 宇宙人(위저우런).

△外国人(외국인) → 番子(판쯔). 꼭 '팬츠' '바지' 소리로 들린다. '老番(라오판)'도 외국인이다.

△外國人勞動者(외국인노동자) → 洋打工(양다꿍).

△外國冊(외국책) → 洋本本(양번번).

△外三寸(외삼촌) → 母舅(무지우).

△外祖父(외조부) → 外大父(와이따푸), 外公(와이꿍), 外公公(와이꿍꿍).

△料理師(요리사) → 庖人(파오런), 名庖人(밍파오런), 庖宰(파오자이), 厨师(추스). 명요리사, 요리의 명인은 '名庖人(밍파오런)' '入廚能手(루추넝서우)'다. '부엌 들어가는데 능수'라는

뜻이다. 요리 솜씨, 요리술은 '食艺(스이)'라고 한다. 艺는 藝(재주 예)의 간자체 글자다.

△了不起(요불기－랴오부치)→'일어나지도 않고 마쳤다, 끝냈다'는 뜻이 아니라 '뛰어나다' '대단하다'는 뜻이다.

△曜日(요일)→星期(싱치). 우리말 '星期(성기)'는 음력 7월 7일 견우직녀성의 전설에서 유래한 혼인의 기일, 혼인날.

△容恕(용서)→原谅(위엔량).

△雨雹(우박)→冷子(렁쯔). 진눈깨비.

△優秀(우수)→了不起(랴오부치). '대단하다'도 '랴오부치'다.

△優勝牌・優勝旗(우승패・우승기)→锦标(진뱌오). '비단 표'라는 뜻인가.

△郵遞局(우체국)→邮局(여우쥐). 邮는 郵(역말 우)의 간자체 글자다.

△郵便葉書(우편엽서)→邮片(여우피엔). 우편요금은 邮资(여우쯔). 우편집배원은 邮务士(여우우스).

△郵便車(우편차)→信车(신처). 우체통은 信箱(신시앙) 또는 邮箱(여우시앙).

△郵票(우표)→信票(신퍄오), 邮花(여우화). 邮는 郵(역말 우)의 간자체 글자다.

△運賃(운임)→载脚(짜이쟈오), 脚价(쟈오지아), 脚价钱(쟈오지아치엔). 价는 價(값 가)의 간자체 글자다.

△運轉(운전)→开车(카이처). 开는 開(열 개)의 간자체 글자다.

△運轉技士(운전기사)→开车的(카이처더), 开车人(카이처런), 开车夫(카이처푸). 开는 開(열 개)의 간자체 글자다.

△運轉免許證(운전면허증) → 车照(처자오). '차를 비춰본다'는 뜻이 아니다. '驾照(지아자오)'라고도 한다. 驾는 駕(탈 것 가)의 간자체 글자다.

△雄辯家(웅변가) → 说将(수어쟝).

△原告(원고) → 原造(위엔짜오).

△元氣旺盛(원기왕성) → 呑牛(툰니우). 소를 삼킬 정도라는 것인가.

△原料(원료) → 原体(위엔티).

△原點還元・原點歸還(원점환원・원점귀환) → 九九归一(지우지우꾸이이), 九九归原(지우지우꾸이위엔). 归는 歸(돌아갈 귀)의 간자체 글자다.

△月經(월경) → 信水(신수이), 血分(쉬에펀).

우리말 血分은 '피의 영양적 분량'이다.

△月給(월급) → 工资(꿍쯔), 工薪(꿍신), 工钱(꿍치엔), 薪资(신쯔), 做月(쭈어위에), 做月工(쭈어위에꿍). 본봉은 正薪(정신), 기본급은 '整工资(정꿍쯔)'

△月末(월말) → 月底(위에디).

△僞善者(위선자) → 假道学(지아따오쉬에).

△爲人設官(위인설관) → 因人设事(인런서스).

△僞造品(위조품) → 假冒品(지아마오핀).

'거짓임을 무릅쓰고 만든 물건'이란 뜻이다.

△危險性(위험성) → 风险(펑시엔). 風險의 간자체 글자다.

△遊覽船(유람선) → 花艇(화팅).

△有名(유명) → 有名有姓(여우밍여우싱). 이름이 널리 알려지

다. 명성이 높다. '有名'은 '有姓名'보다 부족하다는 것인가. '유명≠유성명'?

△有名料理(유명요리)→名菜(밍차이). 유명요리사는 名厨(밍추). '이름난 채소'와 '이름난 부엌'이라니!

△乳母車(유모차)→元宝车(위엔바오처), 婴儿车(잉얼처)라고도 한다. 婴儿는 嬰兒(영아)의 간자체 글자다.

△有婦男(유부남)→人家男(런지아난). 有夫女는 人家女(런지아뉘).

△流星(유성)→天狗(티엔거우), 天狗星(티엔거우싱).

△幼稚園保姆(유치원보모)→教养员(쟈오양위엔). 养은 養(기를 양)의 간자체 글자다.

△流行(유행)→通兴(퉁싱).

△遊興街(유흥가)→坏地方(화이띠팡). 풍기문란한 곳, 나쁜 곳. 坏는 壞(무너질 괴)의 간자체 글자다.

△陸橋(육교)→天桥(티엔챠오). 桥는 橋(다리 교)의 간자체 글자다.

△陸上選手(육상선수)→田径运动员(티엔징윈뚱위엔). '田徑運動員'의 간자체 글자다.

△恩相(은상-언샹)→각하(閣下). 옛날 재상이나 높은 관리에게 존칭으로 쓰였다.

△银钱(은전-인치엔)→돈, 금전. '은돈'이 아니다.

△銀河水(은하수)→星海(싱하이).

△銀行本店(은행본점)→总行(쭝항). 支店은 分行(펀항). 总은 總(합칠 총)의 간자체 글자다.

△恩好(은호－언하오)→은혜를 좋아하는 게 아니고 '부부애'를 뜻한다.

△銀貨(은화－인후어)→현금과 상품. 우리말과는 전혀 다르다.

△淫亂寫眞(음란사진)→淫照(인자오).

△飮酒(음주)→喝酒(허지우).

△醫科大學(의과대학)→医学院(이쉬에위엔).

△醫師(의사)→医生(이성), 大夫(따이푸). '医师'가 고등 의학교육을 받은 후 면허를 받은 의료인인데 비해 '医士(이스)'는 중등 의학교육을 받은 후 면허를 받은 의료인으로 다르다. '돌팔이 의사'는 '二百二大夫(얼바이얼따이푸)'라 부른다. '모든 병을 머큐로크롬으로 치료하는 의사'라는 뜻이다. 돌팔이 의사를 또 路医(루이), '狗大夫(거우따이푸)' '野大夫(야따이푸)' '江湖大夫(장후따이푸)'라고도 한다. 主治醫는 '主医员(주이위엔)'이다.

△議事堂(의사당)→议事厅(이스팅). '議事廳'의 간자체 글자다.

△醫書(의서)→活人书(후어런수). '사람 살리는 책'이라는 뜻이다. 书는 書(글 서)의 간자체 글자다.

△擬聲音(의성음)→象声音(시앙성인).

△疑心(의심)→疑影(이잉), 疑云(이윈).

△椅子车(의자차－이쯔처)→휠체어. 일본서는 반대로 '车椅子(구루마이스)'라고 한다.

△二哥(이가－얼꺼)→둘째 형 또는 둘째 오빠.

△二斤半(이근반－얼진빤)→쇠고기나 돼지고기 2근 반이 아니라 '머리통'이란 뜻이다.

△二流子(이류자－얼리우쯔) → 건달, 망나니.

△二百五(이백오－얼바이우) → 바보, 천치, 멍텅구리.

△離別酒(이별주) → 路酒(루지우).

△二三日(이삼일) → 两三天(량싼티엔).

△二眼(이안－얼이엔) → '두 눈'이 아니라 '눈이 나쁜 사람'이다.

△利益(이익) → 落头(라오터우). 头는 頭(머리 두)의 간자체 글자다. '이익'이 '떨어지는 머리'라니!

△利子(이자) → 息金(시진), 息口(시커우), 花息(화시), 子金(쯔진). 이자와 원금은 '子母(쯔무)'다.

△李朝(이조－리차오) → 唐朝(탕차오). 당대(唐代) 군주의 성씨가 李였기 때문이다. 우리말 사전의 '李朝'는 '이씨조선'과 '베트남의 왕조'다.

△二虎(이호－얼후) → 두 마리의 호랑이가 아니라 '바보' '멍청한 사람'이다.

△翌日(익일) → 转天(주안티엔).

转은 轉(옮길 전)의 간자체 글자다.

△人間文化財(인간문화재) → 活文物(후어원우).

△人工衛星(인공위성) → 人造卫星(런짜오웨이싱).

卫는 衛(지킴 위)의 간자체 글자다.

△印度(인도) → 옛날 인도를 일컫던 말은 身毒(위엔두), 天竺(티엔주). 여기서 身은 '몸 신'자가 아니라 '나라 이름 견'자다.

△人脈(인맥) → 人际(런지). 际는 '際(가 제)'의 간자체 글자다.

△印刷(인쇄) → 印字(인쯔). 우리말 '印字'는 타이프라이터 등

기계로 글자를 찍는 것이다.

△引受(인수) → 起去(치취).

△日氣豫報(일기예보) → 天气豫报(티엔치위빠오).

△日當計算(일당계산) → 论日(룬르). 论은 論(말할 론)의 간자체 글자다.

△一等(일등) → 头等(터우덩), 头名(터우밍). 头는 頭(머리 두)의 간자체 글자다. '두등'이라니, 흥미로운 말이다.

△日暮(일모) → 天黑(티엔헤이). 해질녘.

△一方通行路(일방통행로) → 单行路(딴싱루).

△日本人(일본인) → 小鼻子(샤오비쯔). 왜놈, 일본 놈.

△一夫一妻(일부일처) → 一马一鞍(이마이안). 여자가 말안장이란 말인가.

△一時夫婦(일시부부) → 露水夫妻(루수이푸치).

△日月(일월) → 两曜(량야오). 해와 달.

△一日(일일) → 一天(이티엔).

△日字(일자) → 日子(르쯔).

△一字無識(일자무식) → 不识一丁(뿌스이띵). 识은 識(알 식)의 간자체 글자다. 낫 놓고 기역 자도 모른다는 뜻이다.

△一割(일할) → 一成(이청). 10%, 10분의 1.

△一行(일행) → 同行(퉁싱). 우리말 '일행'과 '동행'은 다르다.

△一回用乘車劵(일회용승차권) → 零票(링퍄오).

△臨時勤勞者(임시근로자) → 费用工(페이융꿍)

△姙娠(임신) → 坐胎(쭈어타이), 有喜(여우시).

△入力(입력) → 输入(수루).

△立席券(입석권) →站票(잔퍄오). 站은 '우두커니 설 참'자다.

△立身出世(입신출세) →进身(진선). 进은 進(나아갈 진)의 간자체 글자다.

△入場券(입장권) →门标(먼퍄오). 門標의 간자체 글자다.

△立錐餘地(입추여지) →间不容发(지엔뿌룽파). 송곳은커녕 머리카락 하나 들어갈 틈이 없다는 뜻이다.

ㅈ

△姉(자 : 누님) →阿姐(아지에). 姐는 '손위 누이 저'자다.

△自家用車(자가용차) →私家车(쓰지아처).

△雌答(자답－츠다) →'암컷의 대답'이 아니라 '꾸짖다' '질책하다'는 뜻이다.

△自動車(자동차) →机动车(지뚱처), 自驾(쯔지아).

△自動販賣機(자동판매기) →自助机(쯔주지).
机는 機(틀 기)의 간자체 글자다.

△刺头(자두－츠터우) →'머리를 찌르다'는 무서운 말이 아니고 '반대 의견을 주장하다'는 뜻이다.

△雌老虎(자로호－츠라오후) →글자 뜻이야 '늙은 암컷 호랑이'지만 단어의 뜻은 '남편을 깔고 뭉개는 여자' '과격한 기질의 여자'다.

△自殺(자살) →寻死(쉰쓰). 寻은 尋(찾을 심)의 간자체 글자다. '伏劍(푸지엔)'이라는 말은 또 '칼에 엎드리다'가 아니라 칼로 자살한다는 뜻이다.

△子息(자식)→옛날 중국에선 자식을 모두 '子(쯔)'라 부르고 아들은 丈夫子(장푸쯔), 딸은 女子子(뉘쯔쯔)라 불렀다. '女子'가 아닌 '女子子'다.

△紫外線(자외선)→黑光(헤이꽝). 붉은 광선인 자외선을 왜 '검은 광선'이라고 하는 것인가.

△自由寄稿家(자유기고가)→自由记者(쯔여유지저).

△刺刺(자자－츠츠)→'찌르고 또 찌른다'가 아니라 '말이 많다' '수다스럽다'는 뜻이다. '츠커우(刺口)'도 마찬가지 뜻이다.

△刺打(자타－츠다)→'찌르고 때리다'가 아니라 '심하게 꾸짖다'는 뜻이다.

△雌风(자풍－츠펑)→风은 風(바람 풍)의 간자체 글자다. '암컷이 일으키는 바람'이 아니라 '천하고 악하다'는 뜻이다.

△昨年(작년)→年时(니엔스), 年上(니엔상), 上年(상니엔). 지난 해. '연상의 여인'의 그 年上이 아니다.

△嚼舌(작설－쟈오서)→嚼은 '씹을 작'자다. '嚼舌'이라면 혀를 씹는다는 뜻이 아니라 '이러쿵저러쿵 지껄이다' '함부로 말하다'는 뜻이다.

△作業服(작업복)→工作服(꿍쭈어푸).

△殘飯(잔반)→零饭(링판). leftover.

△殘暑(잔서)→秋老虎(치우라오후). 초가을의 무더위.

△暫間(잠간)→选间(쉬엔지엔). 选은 選(가릴 선)의 간자체 글자다.

△雜談(잡담)→磨牙(모야). 어금니를 간다는 것인가.

△雜夫(잡부)→小打(샤오다).

△长江(장강－창지앙)→양자강. 양자강을 긴 강의 대명사로 만든 것이다.

△長官(장관)→部长(뿌장). 한국의 직제와는 딴판이다.

△長廣舌(장광설)→磨舌头(모서터우), 广长舌(꽝창서). 장광설이 아니라 '광장설'이란다. 头는 頭(머리 두)의, 广은 廣(넓을 광)의 간자체 글자다.

△将军包(장군포－쟝쥔빠오)→장군을 보자기로 싸는 게 아니라 '가위 바위 보'다.

△長男(장남)→阿大(아따).

△长等短等(장등단등－창덩뚜안덩)→'긴 것 짧은 것 등등'이라는 뜻이 아니라 '기다리고 기다리다'라는 뜻이다.

△薔薇(장미)→离娘草(리냥차오). 离는 離(떠날 리)의 간자체 글자다. 그럼 '떠나는 아가씨 풀(꽃)'이 장미란 말인가.

△長蛇陣(장사진)→长龙(창룽). 龙은 龍(용 룡)의 간자체 글자다. 기다란 용이 아니라 '장사진'이란 뜻이다.

△长寿面(장수면－창서우미엔)→'장수하는 얼굴'이 아니라 옛날 혼례 때 먹던 국수다. '얼굴 면(面)'자를 '밀가루 면(麵)'자의 간자체로 쓴 것이다.

△丈人(장인)→外父(와이푸), 岳父(위에푸), 岳公(위에꿍), 岳翁(위에웡), 岳丈(위에장), 妻父(치푸). 장모는 外母(와이무).

△将将(장장－쟝쟝)→가까스로, 겨우, 간신히.

△奬學金(장학금)→중국의 奖学金(쟝쉬에진)은 학업 성적이 우수한 학생에게 주는 돈이고 생활이 어려운 학생에게 주는 돈은 '助学金(주쉬에진)'이라고 한다.

△長兄(장형)→老大(라오따).

△长红(장홍－창홍)→길고 붉다는 뜻이 아니라 '하루 동안 주가가 대폭 상승하다'는 뜻이다.

△长黑(장흑－창헤이)→길고 검다는 뜻이 아니라 '하루 동안 주가가 대폭 하락하다'는 뜻이다.

△再嫁(재가)→晚走(완저우).

△著書(저서)→汗靑(한칭). 우리말 '汗靑'은 한간(汗簡), 즉 史書 또는 기록을 뜻한다.

△底薪(저신－디신)→바닥에 남은 장작개비가 아니라 '기본급' '본봉'이다.

△赤光光(적광광－츠꾸앙꾸앙)→'붉은 게 빛난다'는 뜻이 아니라 '벌거벗은 모양'이다.

△赤口白舌(적구백설－츠커우바이서)→'함부로 되는대로 말하다'는 뜻이다.

△適當(적당)→合适(허스). 适은 適(맞을 적)의 간자체 글자다.

△赤露(적로－츠루)→'붉은 이슬'이 아니라 '발가벗다' '적라(赤裸)'라는 뜻이다. 우리말에선 '적화(赤化)한 러시아'를 뜻한다.

△摘發(적발)→举发(쥐파). '擧發'의 간자체 글자다.

△赤背(적배－츠뻬이)→붉은 등이 아니라 '웃통을 벗다' '반라(半裸)'라는 뜻이다.

△的士(적사－디스)→택시. '다디(打的)'는 '택시를 타다'

△敵手(적수)→'克星(커싱)'이라고도 한다. 어려운 상대.

△赤十字(적십자)→红十字(홍스쯔).

△赤外線(적외선) →红外线(홍와이시엔).

△赤条条(적조조－츠타오타오) →条는 條(가지 조)의 간자체 글자다. '적나라하다' '실오라기 하나 걸치지 않았다'는 뜻이다.

△赤血球(적혈구) →紅細胞(홍시빠오).

△傳聞(전문) →肉电话(러우띠엔화).

△專門家(전문가) →专家(주안지아), 行家(항지아), 老在行(라오짜이항). 숙련가. 专은 專(오로지 전)의 간자체 글자다.

△全世界(전세계) →环宇(환위).

环은 環(고리 환)의 간자체 글자다.

△传薪(전신－촨신) →传은 傳(전할 전)의 간자체 글자다. '땔나무를 전달한다'는 뜻이 아니라 '학문이나 기술을 제자에게 전수한다'는 뜻이다.

△前日(전일) →昨天(쭈어티엔). 前夜는 昨晚(쭈어완).

△前週(전주) →上星期(상싱치).

△前天(전천－치엔티엔) →'앞 하늘'이 아니라 '그저께'다. 그저께 밤은 '前天晚上(치엔티엔완상)'이다.

△传播室(전파실－촨뽀스) →'전파 방송실'이 아니라 '수위실' '안내실'이라는 뜻이다.

△電話局(전화국) →话局(화쥐).

△電話機(전화기) →话机(화지). 电话机(띠엔화지)의 준말. 电은 電(번개 전)의, 机는 機(틀 기)의 간자체 글자다.

△電話番號(전화번호) →座机号码(쭈어지하오마). 유선전화번호다. '座机'는 앉아 있는 기계, 号는 번호, 码(碼)는 숫자를 나타내는 부호다. 携帶電話番號(휴대전화번호)는 手机号码

(서우지하오마)로 '손기계(手機) 번호'라는 뜻이다. 지역번호는 区号(취하오), 시내전화는 本地电话(번띠띠엔화)다.

△传黄(전황-촨후앙)→传은 傳(전할 전)의 간자체 글자다. '음란물을 전파한다'는 뜻이다.

△絶望(절망)→心死(신쓰). 단념(断念).

△窃命(절명-치에밍)→정권을 빼앗다. 신하가 임금의 실권을 빼앗아 나라를 다스리다. 窃은 竊(훔칠 절)의 간자체 글자다.

△絶世美人(절세미인)→花见羞(화지엔시우). 꽃이 보면 부끄러워할 정도로 미인이란 뜻이다.

△窃笑(절소-치에샤오)→남몰래 비웃다. 뒤에서 비웃다. '훔치는 웃음'이라는 것인가.

△折衷(절충)→折中(저중). 衷이 '마음 충'자지만 '가운데' '중간'이란 뜻도 있으니까 '중간을 꺾는다'는 뜻으로 같은 말이다.

△点(점-디엔)→식사 등의 주문.

△店客(점객-띠엔커)→상점 손님이 아니고 '여관 투숙객'이다.

△点心(점심-띠엔신)→요기하다, 간식, 가벼운 식사. 우리말 '점심'은 '낮에 끼니로 먹는 음식'이다.

△店底(점저-띠엔디)→상점 바닥이 아니라 '상점의 상품, 재고품'이다.

△点钱(점전-띠엔치엔)→돈을 세어 보다.

△店钱(점전-띠엔치엔)→상점 돈이 아니고 '숙박료' '투숙비'다.

△接机(접기-지에지)→공항에 가서 영접하다.

机는 機(틀 기)의 간자체 글자다.

△接續回數(접속회수) → 击次(지츠). 击은 擊(칠 격)의 간자체 글자다.

△接风(접풍－지에펑) → 멀리서 온 손님에게 식사를 대접하다. 환영회를 열다.

△正刻(정각) → 正点(정디엔), 准時(준스). 准이 표준, 기준, 규격이란 뜻이긴 하지만 '정각'의 뜻과는 차이가 있다.

△丁口(정구－띵커우) → 백성. 남자를 丁, 여자를 口라 부른다.

△政權掌握(정권장악) → 坐天下(쭈어티엔시아), 坐江山(쭈어쟝산). 왕 노릇을 하다.

△整頓(정돈) → 归弄(꾸이농). 归는 歸(돌아갈 귀)의 간자체 글자다.

△丁等(정등－띵덩) → 4급, 4등. 갑 → 을 → 병 → 정이니까.

△顶老(정로－딩라오) → 상노인으로 늙었다는 말이 아니라 '배우'의 다른 이름이다.

△停留場(정류장) → 站亭(잔팅). 버스, 전차 등 승객 대기소.

△情夫(정부) → 野男人(이에난런). '들의 남자'란 뜻이다. 情婦는 '野女人(이에뉘런)'

△定息(정식－띵시) → '정해진 휴식'이 아니라 '정해진 이자' '일정한 배당'이다.

△正午(정오) → 中午(중우). 점심.

△定員(정원) → 名額(밍어). 이름과 액수?

△丁财(정재－띵차이) → 가족과 재산.

△正札販賣(정찰판매) → 划一不二(화이뿌얼). 에누리 없음. 일률적, 획일적. 划은 劃(그을 획)의 간자체 글자다.

△顶好(정호－딩하오)→가장 좋다, 제일이다.
頂은 '꼭대기 정'자다.

△除夜(제야)→年宵(니엔샤오), 年夜(니엔이에).

△第一人者(제일인자)→第 一手(띠이서우).

△製造原價(제조원가)→造本(짜오번).

△糟糠之妻(조강지처)→荆室(징스), 荆妻(징치), 荆妇(징푸).
荊室은 사시나무로 엮어 만든 집, 가난한 집이란 뜻이다.
妇는 婦(지어미 부)의 간자체 글자다.

△祖母(조모)→大母(따무), 阿奶(아나이), 奶奶(나이나이). 奶는 '젖(乳) 내'자다. 그렇다면 할머니가 '젖어미(乳母)'란 말인가. 고약하기 그지없다. 유모는 달리 '奶妈(나이마)'라고 한다. 妈는 媽(어미 마)의 간자체 글자다.

△祖父(조부)→大父(따푸), 阿公(아꿍), 爷爷(이에이에). 爷(爺)가 '아비 야'자니까 '爷爷'는 '아버지의 아버지'란 뜻이다.

△朝夕(조석)→早晚(짜오완).

△操心(조심)→留神(리우선).

△早朝(조조)→早清(짜오칭).

△朝餐(조찬)→早餐(짜오찬).

△足吃(족흘－쭈츠)→吃은 원래 '어눌할 흘'자지만 '먹을 끽(喫)'자의 간자체 글자로 쓰인다. 따라서 '발을 먹는다'는 뜻이 아니라 '배불리 먹다'는 뜻이다.

△存款(존관－춘콴)→저금, 예금.

△存单(존단－춘딴)→예금통장, 예금증. '춘저(存折)'도 같은 말이다.

△存息(존식－춘시) → 예금 이자.

△存神(존신－춘선) →'존재하는 신'이 아니고 '기력을 배양하고 축적하다'는 뜻이다.

△存额(존액－춘어) → 예금고(预金高).

△存银(존은－춘인) → 예금 잔고.

△存在(존재－춘짜이) →'은행에 돈을 맡기다'는 뜻도 있다.

△存户(존호－춘후) → 예금주. '存主(춘주)'도 같은 말이다.

△从女(종녀－충뉘) → 조카딸. 从은 從(따를 종)의 간자체 글자다.

△从母(종모－충무) → 이모(姨母). 从은 從의 간자체 글자다.

△終日(종일) → 一天家(이티엔지에), 一天价(이테엔지에), 成天(청티엔). '오늘'을 今天(진티엔), '내일'을 明天(밍티엔) 등 날(日)을 '天'으로 표현하기 때문이다. '整天(정티엔)'과 '整工夫(정꿍푸)'도 '종일'이란 뜻이다.

△座席券(좌석권) → 坐票(쭈어퍄오), 座位票(쭈어웨이퍄오), 对号票(뚜어하오퍄오).

△座席番號(좌석번호) → 坐号, 座号(쭈어하오).

△晝間部(주간부) → 日间部(르지엔뿌). '夜间部(이에지엔뿌)'는 그대로 '야간부'다.

△廚房長(주방장) → 庖丁(파오띵). 厨师傅(추스푸).
庖丁은 남자 주방장이다.

△住所(주소) → 地址(띠즈).

△株式加入(주식가입) → 入股(루구). '허벅지에 들어가다'?

△株式請約(주식청약) → 认股(런구). 认은 認(알 인)의 간자체

글자다. '허벅지를 안다'?

△注油所(주유소) → 油亭(여우팅), 加油站(지아여우잔).

△注意事項(주의사항) → 须知(쉬즈).

△走好(주호－쩌우하오) → '달리기를 좋아하다'는 뜻이 아니라 '안녕히 가십시오' '잘 가십시오'라는 인사말이다.

△仲介人(중개인) → 介绍人(지에사오런). 소개인. 중개수수료는 鞋金(시에진)이라 한다.

△中古車(중고차) → 二手车(얼서우처).

△中国城(중국성－중궈청) → 중국의 성(castle)이 아니고 '중국인 거리' '차이나타운'이라는 뜻이다.

△中國語(중국어) → 주로 汉语(한위)라고 하고 华语(화위)라고도 한다. 汉은 漢(물 이름 한), 华는 華(빛 화)의 간자체 글자다.

△中國料理(중국요리) → 中餐(중찬), 中菜(중차이), 中国菜(중궈차이).

△重落(중락－충루어) → '무겁게 떨어지다'가 아니라 '병이 도지다'는 뜻이다.

△中媒(중매) → 作红(쭈어훙).

△仲秋節(중추절) → 团圆节(투안위엔지에). '둥글고 둥근 절기'란 말인가.

△中學校(중학교) → 完全中学(완취엔중쉬에). 한국의 중학교에 해당하는 初中(추중) 과정과 고등학교에 해당하는 高中(까오중) 과정의 6년제 종합중학교다.

△卽時(즉시) → 立刻(리커). 刻은 '새길 각'자지만 시간으로 치

면 15분을 가리킨다. '15분이 곤두서 있다'는 뜻인가?

△症候群(증후군) → 综合症(쭝허정). syndrome.

△地果(지과 – 띠궈) → 땅콩, 낙화생.

△地雷(지뢰) → 铁瓜(티에꽈), 铁西瓜(티에시꽈). '쇠 오이'와 '쇠 수박'이란 말인가.

△支配人(지배인) → 经理(징리).

△志願者(지원자) → 应聘者(잉핀저).

应은 應(응당 응)의 간자체 글자다.

△知的障碍者(지적장애자) → 智残人(즈찬런).

△知的財産權(지적재산권) → 智慧财产权(즈후이차이찬취엔).

△指定座席(지정좌석) → 划位(화웨이).

划은 劃(그을 획)의 간자체 글자다.

△志操(지조) → 二三(얼싼). '사상이나 절개를 자주 바꾸다' '절조나 덕을 지키지 않고 바꾸다'는 뜻이다.

△地地道道(지지도도 – 띠디따오따오) → '땅과 땅, 길과 길'이라는 뜻이 아니라 '틀림없이 진짜'라는 뜻이다.

△紙幣(지폐) → '纸票(즈퍄오)' '钞票(차오퍄오)'라고도 한다. 钞는 鈔(노략질할 초)의 간자체 글자다. 거액 지폐는 '整票(정퍄오)'다. 우리말 '纸票'는 '종이딱지'나 '카드'다.

△智慧(지혜) → 心孔(신쿵). '마음의 구멍'이라니?

△職業(직업) → 청춘기의 직업을 '青春饭(칭춘판)'이라고 함.

饭은 飯(밥 반)의 간자체 글자다. '직업=밥'이란 말인가.

△職業病(직업병) → 工业病(꿍이에삥).

业은 業(일 업)의 간자체 글자다.

△職業種(직업종) → 三百六十行(싼바이리우스항). 三十六行(싼스리우항).

△職員教育(직원교육) → 黄金教育(황진쟈오위).

△直前(직전－즈치엔) → 곧장 앞으로 나아가다. 우리말 直前은 '바로 앞' '일이 생기기 바로 전'으로 전혀 다른 뜻이다.

△診斷書(진단서) → 医生纸(이성즈). '의사의 종이'란 뜻이다.

△陈妈妈(진마마－천마마) → 요강, 생리대, 방사(房事) 후 뒤처리하는 천.

△嫉妬(질투) → 女石(뉘스).

△集日(집일－지르) → 장날.

大

△车脚钱(차각전－처쟈오치엔) → 운임, 운송료, 운송비.

△车间(차간－처지엔) → 지하철, 열차 등의 '찻간'이란 뜻이 아니라 엉뚱하게도 작업장, 직장, 작업현장이란 뜻이다.

△车喝(차갈－처허) → 차가 사람을 꾸짖는 게 아니라 '분별없이 농담하다'는 뜻이다.

△次男, 次女(차남, 차녀) → 行二(항얼). 둘째.

△茶博士(차박사－차보스) → 차 지식이 풍부한 박사가 아니라 옛날 찻집 심부름꾼, 다방 종업원을 일컫는다.

△车前(차전－처치엔) → '차 앞'이란 뜻이 아니라 '질경이(车前草)'라는 뜻이다.

△次週(차주) → 下周(시아저우). 주일의 週자 간자체로 周를

쓴다. 週는 '주일 주'자지만 '두루 주'자이기도 하기 때문이다.

△着實(착실) → 实在(스짜이). '착실'이 '실제 있는 것'이라니?

△斬首(참수) → 开刀(카이따오).

开는 開(열 개)의 간자체 글자다.

△娼女(창녀) → 凤姐(펑지에). '봉황 아씨'라는 뜻이니까 창녀에 대한 최고의 경칭이다. 凤은 鳳(새 봉)의 간자체 글자다.

△創始者(창시자) → 原始人(위엔스런). 창시자를 '원시인'이라고 하다니?

△債權者(채권자) → 账主(장주).

账은 賬(장부 장)의 간자체 글자다.

△彩头(채두－차이터우) → '무늬 있는 대가리'라는 뜻이 아니라 '좋은 징조' '행운의 조짐'이란 뜻이다. 头는 頭(머리 두)의 간자체 글자다.

△妻(처) → 家下(지아시아). 자기 처를 겸손하게 일컫는 말. 愚妻(위치 → 우처)라는 뜻이다. 内助(네이주). 본처는 大老婆(따라오포), 正太太(정타이타이), 大太太(따타이타이).

△妻家(처가) → 岳家(위에지아).

△妻男(처남) → 손아래 처남은 内弟(네이띠), 손위 처남은 内兄(네이시웅).

△处男(처남－추난) → 处는 處(곳 처)의 간자체 글자로 '处女(처녀)'의 반대말이 '处男(처남)'이다. 우리말엔 '처녀'만 있고 '처남'은 없다.

△處理(처리) → 办理(빤리). 办은 辦(힘쓸 판)의 간자체 글자다.

△尺锦(척금－츠진) → '한 자의 비단'－'짧은 명문(名文)'이란 뜻이다.

△川马(천마－촨마) → 马는 馬(말 마)의 간자체 글자다. '川马'란 개천에 있는 말이 아니라 쓰촨(四川)성에서 나는 말을 가리킨다.

△千萬多幸(천만다행) → 谢天谢地(시에티엔시에티). '하늘과 땅에 감사할 일'이라는 것인가.

△川费(천비－촨페이) → '도랑 치고 가재 잡는 비용'이 아니다. '여비' '노비'라는 뜻이다.

△天主教(천주교) → 加特力教(지아터리쟈오). 가톨릭교.

△川菜(천채－촨차이) → 개천가의 채소가 아니라 '쓰촨(四川) 요리'다.

△天痴(천치) → 九百(지우바이). 바보. 좀스런 사람. '狂夫(쾅푸)' 역시 '미친 사내'가 아니라 천치 바보다.

△铁将军(철장군－티에쟝쥔) → 자물쇠.

△青年(청년) → 轻年(칭니엔).

△青春豆(청춘두－칭춘떠우) → 여드름. '美丽豆(메이리떠우)'라고도 한다. 丽는 麗(고울 려)의 간자체 글자다.

△體格(체격) → 个条(꺼탸오). 个条는 個條의 간자체 글자다. 个子(꺼쯔)와 个儿(個兒 → 꺼얼)도 비슷한 뜻이다.

△諦念(체념) → 认头(런터우). '認頭'의 간자체 글자다.

△體面(체면) → 面子(미엔스). '얼굴의 아들'이라니?

△初代(초대) → 第一任(띠이런). 초대 대통령 → 띠이런 쭝퉁(第一任 总统).

△招待(초대) → 招来(자오라이).

△招待券(초대권) → 紅票(훙퍄오). 우대권, 무료입장권.

△初等學校(초등학교) → 小学(샤오쉬에). 초등학교 6년 과정을 초급 4년과 고급 2년으로 나눠 '初级小学(추지샤오쉬에)'와 '高级小学(까오지샤오쉬에)'라고 한다. 이 6년제 소학을 '完全小学(완취엔샤오쉬에)'이라고 한다.

△初伏(초복) → 头伏(터우푸).

头는 頭(머리 두)의 간자체 글자다.

△草地席(초지석－차오띠시) → '풀밭 자리'라는 뜻이 아니라 돗자리, 멍석이란 뜻이다.

△寸志(촌지) → 微礼(웨이리), 微敬(웨이징).

△总角(총각－쫑쟈오) → 미성년, 어린아이, 어릴 적부터의 친구. 우리말의 '장가갈 나이가 되도록 아직 장가가지 못한 남자'와는 뜻이 전혀 다르다.

△總監督(총감독) → 总领队(쫑링뚜이).

△總目錄(총목록) → 总单(쫑딴).

总은 總(합칠 총)의 간자체 글자다.

△总长(총장－쫑장) → ① 북양군벌(北洋軍閥) 시기의 중앙 정부 장관 ② 참모총장.

△總支配人(총지배인) → 总经理(쫑징리).

△撮影始作(촬영시작) → 开镜(카이징).

开는 開(열 개)의 간자체 글자다.

△最高價(최고가) → 天价(티엔지아).

价는 價(값 가)의 간자체 글자다.

△最年少者(최연소자) → 最年幼人(쭈이니엔여우런). 별나게 짜인 말이다.

△最年長者(최연장자) → 最老輩(쭈이라오뻬이). 가장 연장자들에게 '무리 배'자를 갖다 붙이는 건 무례한 짓이 아닌가?

△秋天(추천) → 金天(진티엔).

△醜態(추태) → 洋相(양시앙). '서양 모습'이란 뜻인가?

△蹴球(축구) → 足球(쭈치우).

△祝儀金(축의금) → 礼金(리진). '예의로 주는 돈'이란 뜻인가?

△祝賀(축하) → 恭喜(꿍시)라는 말도 쓴다.

△春假(춘가－춘지아) → 봄 방학, 봄 휴가. '겨를 가(暇)'자를 쓰지 않고 '거짓 가(假)'자를 쓰고 있다. 겨울 방학은 '뚱지아(冬假)' 여름방학은 '시아지아(夏假)'다.

△春毛(춘모－춘마오) → 봄에 나는 털이 아니라 '봄에 깎는 양털'이다.

△出恭(출공－추꿍) → '나가서 공손하게 하다'가 아니라 기상천외하게도 '대변을 보다' '변소에 가다'라는 뜻이다.

△出口(출구－추커우) → 출구(exit), 출로(出路)라는 뜻 외에도 ① 말을 꺼내다 ② 배가 항구를 떠나다 ③ 수출하다는 뜻도 있다.

△出勤(출근) → 上班(상빤). 퇴근은 下班(시아빤)이다.

△出梅(출매－추메이) → '매실이 나오다'가 아니라 '장마가 끝나다'는 뜻이다.

△出毛病(출모병－추마오삥) → '털이 나는 병'이 아니라 '① 고장이 나다 ② 사고가 나다 ③ 문제가 생기다'는 뜻이다.

△出帆(출범) → 开船(카이촨).

开는 開(열 개)의 간자체 글자다.

△出世(출세－추스)→우리말 뜻과는 정반대로 '속세를 떠나다'는 뜻도 있고 '출생하다'는 뜻도 있다.

△出薪(출신－추신)→'장작개비가 나온다'는 뜻이 아니라 '임금을 지급하다'는 뜻이다.

△出心(출심－추신)→마음이 우러나온다는 뜻이 아니라 '마음결' '마음자리'라는 뜻이다.

△出眼(출안－추이엔)→기가 막혀 눈알이 튀어나온다는 뜻이 아니라 '훌륭하다' '돋보인다'는 뜻이다.

△出洋(출양－추양)→고기를 잡으러 바다로 나간다는 뜻이 아니고 '외국으로 가다'는 뜻이다.

△出月(출월－추위에)→'나타나는 달'이 아니라 '다음달'이라는 뜻이다. 다음달을 '시아위에(下月)'라고도 한다.

△出子(출자－추쯔)→'아들이 나오다'가 아니라 '한 차례' '한 번'이라는 뜻이다.

△出張(출장)→出差(추차이). 우리말 '出差'는 천문학 용어다.

△出航(출항)→开船(카이촨). 开는 開(열 개)의 간자체 글자다.

△出火(출화－추후어)→'불이 나다' '불을 내다'가 아니라 '성내다' '욕정을 불태우다'는 뜻이다.

△充電(충전)→上电(상띠엔).

电은 電(번개 전)의 간자체 글자다.

△臭名(취명－처우밍)→냄새나는 이름? 악명, 추문이란 뜻이다.

△臭美(취미－처우메이)→아름다움에서 냄새가 난다는 뜻이 아니라 '우쭐해하다' '잘난 체하다'는 뜻이다.

△就職(취직)→食头路(스터우루). 头는 頭(머리 두)의 간자체 글자다.

△臭货(취화－처우후어)→'냄새나는 돈'이 아니라 '더러운 놈' '역겨운 놈'이란 뜻이다.

△齒科(치과)→牙科(야커). 치아는 牙齿(야츠), 치과의사는 牙医(야이), 牙大夫(야따이푸), 牙科大夫(야커따이푸), 齿痛(치통)은 牙风(야펑), 칫솔은 牙刷(야솨).

△齿数(치수－츠수)→이, 이빨의 수가 아니라 '언급하다' '제기하다'는 뜻이다.

△親舊(친구)→友朋(여우펑). '펑여우(朋友)'라는 말도 쓰고 반대로 '여우펑(友朋)'이라는 말도 쓴다.

△七个八个(칠개팔개－치거빠거)→옥신각신하다. 말다툼하다. 个는 個(낱 개)의 간자체 글자다.

△七孔八洞(칠공팔동－치쿵빠뚱)→구멍투성이, 약점과 결점 투성이.

△七百五(칠백오－치바이우)→머저리, 바보.

△七上八下(칠상팔하－치상빠시아)→마음이 혼란하다. 안절부절못하다.

△七五折(칠오절－치우저)→25% 할인이다. 75% 할인이 아니다. 七折(칠절－치저)도 70% 할인이 아니라 30% 할인이다.

△七七(칠칠－치치)→칠칠일. 죽은 지 49일째.

△七七八八(칠칠팔팔－치치삐빠)→뒤죽박죽이 되다.

△寢臺(침대)→寝床(친추앙), 床位(추앙웨이). 호텔, 병원, 열차 등의 침대나 침대권이 모두 '床位'다.

△痴汉(치한－츠한)→'색광(色狂)'보다는 바보, 머저리라는 뜻이다.

△親密(친밀)→貼己(티에지). '몸이 붙었다'는 뜻이다. 貼心(티에신)－'마음이 붙었다'는 말도 쓴다.

△寢臺車(침대차)→卧车(워처).

ㅌ

△打光(타광－다꾸앙)→빛을 때리는 게 아니고 '기계 따위를 갈아 광을 내다'는 뜻이다.

△打里(타리－다리)→'마을을 치다'가 아니라 '내근' '내근을 하다'는 뜻이다.

△打立(타립－다리)→'때려 세우다'가 아니라 '시작하다'는 뜻이다.

△打米(타미－다미)→쌀을 때리는 게 아니라 '쌀을 사다' '쌀을 찧다' '쌀을 타다'는 뜻이다.

△打饭(타반－다판)→밥을 때린다는 뜻이 아니라 '밥을 짓다' '밥을 푸다' '밥을 나르다'는 뜻이다.

△打白(타백－다바이)→하얗게 질리도록 때린다는 뜻이 아니고 '하늘이 환해지다'는 뜻이다.

△打不起(타불기－다뿌치)→'일어나지 못할 정도로 두들겨 패다'는 뜻이 아니라 '돈이 없어 살 수 없다'는 뜻이다.

△打伞(타산－다산)→우산을 때리는 게 아니라 우산을 쓴다는 뜻이다.

△打手(타수－다서우)→야구의 타자가 아니다. ① 졸개 ② 고용꾼 ③ 보디가드 ④ 경호원이란 뜻이다.

△打的(타적－다디)→'때리는 것'이 아니고 '택시' 또는 '택시를 타다'는 뜻이다.

△打臣(타신－다천)→신하를 때리는 게 아니라 '다스(dozen)' '타(打) '라는 뜻이다.

△打乐器(타악기)→击乐器(지위에치). 击은 擊(칠 격)의 간자체 글자다.

△打野(타야－다이에)→싸다니다, 쏘다니다, 노숙하다, 오입하다.

△打堤(타제－다띠)→제방을 때리는 게 아니고 '제방을 쌓다'는 뜻이다.

△打酒(타주－다지우)→술을 때린다는 뜻이 아니라 '술을 사다'는 뜻이다.

△打草(타초－다차오)→'풀을 때리다'가 아니라 '풀을 베다'는 뜻이다.

△打春(타춘－다춘)→입춘(立春). 봄을 때리는 게 아니다.

△打针(타침－다전)→바늘을 때리는 게 아니라 '주사를 놓다'는 뜻이다.

△打表(타표－다뱌오)→'겉을 때리다'가 아니고 '표를 작성하다'는 뜻이다.

△打票(타표－다퍄오)→표를 사다.

△打皮(타피－다피)→거죽을 때리는 게 아니고 과일 따위 껍질을 벗긴다는 뜻이다.

△妥協(타협)→就搭(지우다).

△打话(타화－다화)→이야기를 때리는 게 아니고 '말을 하다'

'말을 나누다'는 뜻이다.

△歎服(탄복) → 击赏(지상). 击은 擊(칠 격)의 간자체 글자다.

△脫衣室(탈의실) → 更衣室(껑이스). 옷 벗는 방이 아니라 옷 갈아입는 방이다.

△搭工夫(탑공부－다꿍푸) → '올라타는 공부'가 아니라 '시간을 들이다'는 뜻이다.

△搭伞(탑산－다산) → 우산을 받쳐 쓰다.

△搭情(탑정－다칭) → '호의를 고맙게 생각하다' '은혜를 느끼다'는 뜻이다. 글자 뜻으로 봐도 '정(情)에 올라타다'니, 얼마나 멋있는 말인가.

△態度(태도) → 架音(지아인). 모습.

△太陽(태양) → 热头(러터우). '熱頭'의 간자체 글자다.

△吐舌(토설－투서) → 혀를 내두르다.

△通譯人(통역인) → 舌人(서런).

△通話中(통화중) → 占线(잔시엔).

线은 線(실 선)의 간자체 글자다.

△退勤(퇴근) → 下班(시아빤).

△退職慰勞金(퇴직위로금) → 黃金握手(황진워서우).

△投票用紙(투표용지) → 选票(쉬엔퍄오). 选은 選(뽑을 선)의 간자체 글자다.

△特別席(특별석) → 专席(주안시). 专은 專(오로지 전)의 간자체 글자다.

ㅍ

△罷業(파업)→罢工(빠꿍). 罢는 罷(파할 파)의 간자체 글자다. '파업하는 직공'이란 뜻이 아니라 그냥 '파업하다' '스트라이크하다'는 뜻이다. 중국에서 '파업'이라는 말은 쓰지 않는다. 우리말 사전의 '파공(罷工)'은 천주교에서 '주일과 대축일에 육체노동을 금하는 일'이다.

△贩买(판매－판마이)→贩买는 販買의 간자체 글자다. 그렇다면 '販買'라니? 우리말엔 '販賣'는 있지만 '販買'는 없다. 販이 '팔 판'자이기 때문이다. 그러나 중국어엔 '사들인다, 매입한다'고 할 때 '販買한다'고 한다. '販賣'는 '구입하여 팔다'는 뜻으로 구별해 쓰인다.

△八刀(팔도－빠따오)→8개의 칼이 아니라 '나누다'라는 뜻이다. '分'자를 八과 刀로 분해한 익살스런 글자다.

△八仙过海(팔선과해－빠시엔꿔하이)→过는 過(지날 과)의 간자체 글자다. '여덟 선녀가 바다를 지나가다'는 뜻이 아니라 '제각기 솜씨를 뽐내다'라는 뜻이다.

△八折(팔절－빠저)→'여덟 번 접다, 꺾다'가 아니라 80%, 8할이라는 뜻이다.

△八八席(팔팔석－빠빠시)→'자리 88석'이 아니라 기상천외하게도 '고급 요리'라는 뜻이다.

△霸氣(패기)→有心胸(여우신시웅). '마음도 있고 가슴도 있다'는 것인가.

△贝书(패서－뻬이수)→불경.

△便紙(편지) → 鱼书(위수), 封信(펑신). 鱼书는 魚書의 간자체 글자다.

△便紙封套(편지봉투) → 信皮(신피), 信封(신펑), 封筒(펑퉁).

△編輯長(편집장) → 总编辑(쭝삐엔지), 主编(주피엔).

△闭门天子(폐문천자 - 삐먼티엔쯔) → '문 닫고 들어앉은 천자 - 왕'이 아니라 '밖에서는 꿈쩍 못하면서 집안에선 큰소리치는 사람'이다.

△包价旅行(포가여행 - 빠오지아뤼싱) → 패키지(package) 관광 여행. 价는 價(값 가)의 간자체 글자다.

△包机(포기 - 빠오지) → '기계를 싼다'는 뜻이 아니라 '비행기를 전세 내다' '전세기'란 엉뚱한 뜻이다. 机는 機(틀 기)의 간자체 글자다.

△抱佛脚(포불각 - 빠오포쟈오) → 급하면 부처님 다리를 끌어안는다. 평소에 준비하고 있지 않다가 일이 닥쳐서야 급히 하다.

△抱擁(포옹) → 抱持(빠오츠). 끌어안다.

△暴雪(폭설) → 雪暴(쉬에빠오). 많이 오는 폭설이 아니라 '눈보라' '폭풍설'이라는 뜻이다.

△暴雨(폭우) → 雨暴(위빠오). '暴雨'와는 거꾸로다.

△表面(표면) → 浮头(푸터우). '물에 떠 있는 머리'가 아니다. 头는 頭(머리 두)의 간자체 글자다.

△品質(품질) → 货身(후어선). 质量(즈리앙).

△豊年(풍년) → 熟年(수니엔). '익은 해'가 풍년이란 말인가.

△风头(풍두 - 펑터우) → 风头는 '風頭'의 간자체 글자다. '바람

잔뜩 든 머리'가 아니라 '정세' '동향' '형세'다.

△风头十足(풍두십족－펑터우스쭈) →'바람 든 머리에 열 개의 다리'가 아니라 ① 첨단을 걷다 ② 남의 눈을 끌다 ③ 주제넘게 나서다는 뜻이다.

△風聞(풍문) → 耳风(얼펑). 风은 風(바람 풍)의 간자체 글자다.

△风派(풍파－펑파이) →'바람의 파벌'이 아니라 '기회주의 집단'이다.

△风风雪雪(풍풍설설－펑펑쉬에쉬에) → 수선스럽고 왈패 같은 모습.

△风风雨雨(풍풍우우－펑펑위위) → ① 마음이 동요하는 모습 ② 정세가 어지러운 모양 ③ 시련.

△风风火火(풍풍화화－펑펑후어후어) → ① 당황하여 어쩔 줄을 모르는 모습 ② 기세, 위세 등등한 모습 ③ 몹시 화를 내는 모습.

△必将(필장－삐쟝) →'반드시 장군이 된다, 되겠다'는 뜻이 아니라 '반드시 …할 것이다'라는 뜻이다.

△河卵石(하난석－허루안스) → 조약돌, 자갈.

△學生(학생) →'学子(쉬에쯔)'라고도 한다.

△學者氣質(학자기질) → 书气(수치). '書氣'의 간자체 글자다. 學者風(학자풍)은 '书香(수시앙)'이다.

△寒假(한가－한지아) → 겨울방학. 冬假(뚱지아). '겨를 가(暇)'

자가 아닌 '거짓 가(假)'자를 쓰고 있다.

△寒瓜(한과－한꽈)→수박. '西瓜(시꽈)'도 수박이다. 일본서도 수박을 '西瓜(스이카)'라고 한다. 참외는 또 '가물 한(旱)'자의 旱瓜(한꽈)라고 한다.

△寒女(한녀－한뉘)→가난하고 비천한 집 딸.

△寒毛(한모－한마오)→솜털.

△寒星(한성－한싱)→겨울밤의 별.

△寒品(한품－한핀)→가난하고 비천한 사람.

△割引(할인)→折头(저터우), 打折(다저). '머리를 꺾다' '때려 꺾다'니? 5% 할인은 九五折(지우우저), 10% 할인은 九折(지우저).

△含贝(함패－한뻬이)→깨끗한 이(齒).

△合格(합격)→及格(지거), 考上(카오상), 考中(카오중).

△合镜(합경－허징)→이혼했던 부부가 다시 함께 살다.

△合口(합구－허커우)→입을 합쳐 키스한다는 뜻이 아니라 ① 상처가 아물다 ② 말다툼을 하다 ③ 입에 맞다는 뜻이다.

△合龙(합룡－허룽)→다리를 건설할 때 마지막으로 양편을 중간에서 접합하다. 龙은 龍(용 룡)의 간자체 글자다.

△合门(합문－허먼)→온 가족, 온 집안.

△合眼(합안－허이엔)→눈을 감다, 잠을 자다.

△合議(합의)→议合(이허). '합의'와는 반대로 '의합'이다.

△合掌(합장)→合十(허스). 열(十) 손가락을 합치는 게 합장이란 뜻인가.

△合唱曲(합창곡)→群曲(췬취).

△港股(항고－강구)→'항구의 허벅지'가 아니고 '홍콩 주식시장'이다.

△降服(항복－쟝푸)→웃옷을 벗어 사죄하다. 우리말은 '적에게 굴복하다'는 뜻이다.

△港星(항성－강싱)→'항구의 별'이 아니라 '홍콩의 연예인 스타'다.

△港币(항폐－강삐)→币는 幣(재물 폐)의 간자체 글자다. '항구의 화폐'가 아니라 '홍콩 달러'다. '항구 港'자를 홍콩이 전매특허를 얻어 독차지한 것인가.

△海病(해병－하이삥)→뱃멀미.

△海说(해설－하이수어)→'바다 말씀'이 아니라 '허무맹랑한 소리'다.

△海外留學(해외유학)→蓝道(란따오).

△解人(해인－지에런)→사리를 아는 사람.

△害喜(해희－하이시)→'기쁨을 해친다'는 뜻이 아니라 '입덧을 하다'는 뜻이다. '害月子.(하이위에쯔)'와 '害口(하이커우)'도 같은 뜻이다.

△幸運(행운)→好运(하오윈). 运은 運(돌 운)의 간자체 글자다.

△行子(행자－항쯔)→몹쓸 것(놈).

△行号(행호－항하오)→상점.

△香氣(향기)→气息(치시). 우리말 '氣息'은 '호흡의 기운'이다.

△血盆(혈분－쉬에펀)→'피가 담긴 동이'가 아니라 '시뻘겋게 딱 벌린 입'이다.

△血眼(혈안)→红眼(훙이엔). ①눈에 핏발을 세우고 샘을 부

리다 ② 질투하다 ③ 열광하다.

△兄(형) →阿哥(아꺼), 哥哥(꺼거), 老大哥(라오따꺼). 오빠도 '哥哥'다. '哥子(꺼쯔)'도 마찬가지다. '金哥' '李哥'라고 부를 때의 '哥'가 '형 가'자다. 큰형은 '大哥(따꺼)' 둘째형은 '二哥(얼꺼)'다.

△兄嫂(형수－시옹싸오) →'형의 아내'가 아니라 '형과 형수'라는 뜻이다.

△兄弟(형제) →'哥弟(꺼띠)'라고도 한다.

△鞋拔子(혜발자－시에바쯔) →구둣주걱. '신을 뽑는 아들'이 아니다.

△鞋油(혜유－시에여우) →구두약.

△惠澤(혜택) →实惠(스후이). 보통 혜택보다는 나은 실제 혜택이란 뜻인가?

△好强(호강－하오치앙) →지려고 하지 않다, 승부욕이 강하다.

△好久(호구－하오지우) →오랫동안.

△好气(호기－하오치) →화나다, 성나다, 부아가 치밀다. '좋은 기운'이 아니다.

△胡来(호래－후라이) →① 생각 없이 함부로 하다 ② 되는대로 멋대로 하다 ③ 소란을 피우다. 우리말 '후레아들'은 '胡来아들'에서 왔다.

△好里(호리－하오리) →'좋은 마을'이 아니라 '좋은 쪽(방향)'이다.

△好闻(호문－하오원) →'좋은 소식'이 아니라 '냄새가 좋다'는 뜻이다.

△好死(호사-하오쓰)→천수를 다하다, 제 명에 죽다.

△好喪(호상)→喜丧(시쌍). 결혼의 '喜事'와 好丧의 '喜丧'을 합쳐 '红白喜事(홍바이시스)'라고 한다.

△胡孙(호손-후쑨)→원숭이.

孙은 孫(손자 손)의 간자체 글자다.

△湖水(호수)→海子(하이쯔). 호수가 바다의 아들이라는 것인가.

△胡言(호언-후이엔)→되는대로 말하다, 함부로 지껄이다, 허튼소리를 하다.

△好在(호재-하오짜이)→다행히도, 운 좋게.

△戶籍簿(호적부)→户册(후처).

△好菜(호채-하오차이)→① 은 반찬 ② 고급 요리 ③ 매우 졸렬하다(서투르다, 형편없다). '좋은 채소'라는 뜻이 아니다.

△胡花(호화-후화)→돈을 마구 쓰다, 허투로 쓰다.

△或者(혹자-후어저)→'어떤 사람'이 아니라 '아마' '어쩌면' '혹시' 등 부사로 쓰인다.

△昏过去(혼과거-훈꿔취)→까무러치다, 의식을 잃다. '날이 저문(昏) 과거로 돌아갔다'는 뜻인가.

△混雜(혼잡)→挨挢(아이짜). 挨는 '밀칠 애' 挢은 '마주칠 찰' 자다. 그런데 상상할 수 없는 건 이 말이 일본어에서는 마주치면 인사하는 그 '인사'라는 것이다.

△混虫(혼충-훈충)→멍텅구리, 바보.

△红男绿女(홍남녹녀-홍난뤼뉘)→훌륭하게(아름답게) 차려입은 젊은 남녀.

△红名单(홍명단-홍밍딴)→공개 수배자 명부. '블랙리스트'가

아니고 '레드 리스트'인가?

△鸿文(홍문－홍원) → 대문장, 대작.

△红书(홍서－홍수) → 毛泽东(마오쩌뚱)의 저작. 진보적인 서적.

△紅衛兵總司令官(홍위병총사령관) → 红司令(홍쓰링). 문화혁명 때의 毛泽东(마오쩌뚱).

△红椅子(홍의자－홍이쯔) → 성적이 꼴찌인 합격자.

△红人(홍인－홍런) → ① 메리칸 인디언 ② 인기 있는 사람 ③ 잘 팔리는 사람.

△鸿才(홍재－홍차이) → 뛰어난 재능.

△红包(홍포－홍빠오) → 명절 때 아이들, 고용인에게 주는 돈. 상여금, 보너스, 세뱃돈.

△红票(홍표－홍퍄오) → 초대권, 무료입장권, 우대권.

△紅鶴(홍학) → 火烈鸟(후어리에냐오). 플라밍고(flamingo).

△红火(홍화－홍후어) → 번성하다, 번창하다, 왕성하다, 흥청거리다.

△花狗(화구－화거우) → 얼룩 개. 花牛(화니우)는 얼룩 소, 花猫(화마오)는 얼룩 고양이다.

△和国(화국－허궈) → 일본의 옛 이름.

△花娘(화낭－화냥) → 기 생, 기녀, 창기(娼妓).

△和头酒(화두주－허터우지우) → 사과의 술자리.

△花郎(화랑－화랑) → 남자 거지, 꽃 파는 남자.

△和文(화문－허원) → 일어, 일문.

△话白(화백－화바이) → 비꼬아 말하다. '하얗게 말하다'는 뜻인가.

△和服(화복－허푸) → 일본식 옷(복장).

△花弗(화불－화푸) → 바람기 있는 남자, 사랑이 변덕스러운 남자.

△花费(화비－화페이) → 비용, 경비, 쓰다, 소비하다, 소모하다.

△花冰(화빙－화삥) → 꽃처럼 언 얼음이 아니라 피겨스케이팅을 일컫는 말이다.

△话箱(화상－화시앙) → 수다쟁이.

△花生(화생－화성) → 땅콩.

△花鼠(화서－화수) → 다람쥐. 다람쥐가 들으면 만족할 이름(꽃쥐)이다.

△话仙(화선－화시엔) → 잡담꾼, 한담(闲谈)꾼.

△花臣(화신－화천) → 꽃 같은 신하가 아니라 모양, 스타일, 패션, 유행이다.

△花将(화장－화지앙) → 돈 씀씀이가 헤픈 사람.

△火葬(화장) → 火化(후어화).

△化粧室(화장실) → 卫生间(웨이성지엔), 洗手間(시서우지엔), 厕所(처쑤어), 毛坑, 茅坑(마오컹). 남자용은 男部(난뿌), 여자용은 女部(뉘뿌)다. 卫는 衛(지킴 위)의 간자체 글자다. 化粧紙(화장지)는 卫生纸(웨이성즈)다.

△火葬場(화장장) → 火化场(후어화창), 化人场(화런창).

△話題人物(화제인물) → 风头人物(펑터우런우). 风头는 '風頭'의 간자체 글자다.

△畵中之餠(화중지병) → 画饼充饥(화빙충지). '그림의 떡으로 굶주린 배를 채우다'는 뜻이다. 중국 특유의 과장이 심한

말이다.

△貨幣平價切上(화폐평가절상) → 货币升值(후어삐성즈).

币는 幣(재물 폐)의 간자체 글자다.

△貨幣平價切下(화폐평가절하) → 货币贬值(후어삐비엔즈).

△靴兄弟(화형제-쉬에시옹띠) → 한 여자와 관계를 맺고 있는 남자들. 구멍동서.

△花货(화화-화후어) → 행실이 경박한 여자.

△花花公子(화화공자-화화꿍쯔) → 부잣집의 방탕한 자식, 난봉꾼, 플레이보이.

△花花太岁(화화태세-화화타이쑤이) → 못된 짓만 일삼는 권문세가의 불량소년. 岁는 歲(해 세)의 간자체 글자다.

△花花孝(화화효-화화샤오) → 손자가 입는 상(喪).

△擴大鏡(확대경) → 放大鏡(팡따징).

△確率(확률) → 机率(지뤼). 机는 機(틀 기)의 간자체 글자다.

△换口(환구-환커우) → '입을 교환한다'면 키스를 하는 게 아니라 '말을 주고받다' '이야기를 나누다'는 뜻이다.

△还口(환구-환커우) → 말대답하다, 말대꾸하다. 还言(환이엔)도 같은 뜻이다. 还은 還(돌아올 환)의 간자체 글자다.

△换头(환두-환터우) → 문장이나 악곡의 단락을 바꾸다.

头는 頭(머리 두)의 간자체 글자다.

△幻想(환상) → 玄想(쉬엔시앙).

△还手(환수-환서우) → 반격하다, 되받아치다.

△換乘(환승) → 换机(환지). 비행기 갈아타는 건 환승이 아니고 '换机'다. 机는 機(틀 기)의 간자체 글자다.

△换心(환심－환신)→'마음이 바뀌다, 변심하다'가 아니고 '서로 깊이 이해하다'는 뜻이다.

△歡迎(환영)→'香迎(시앙잉)'이라고도 한다.

△还情(환정－환칭)→은혜나 인정에 보답하다. 답례를 하다. 还은 還(돌아갈 환)의 간자체 글자다.

△换片(환편－환피엔)→기저귀를 갈다.

△换画(환화－환후아)→'그림을 바꾸다'가 아니라 애인을 바꾼다(갈다)는 뜻이다.

△活头(활두－후어터우)→일솜씨. 头는 頭의 간자체 글자다.

△活宝(활보－후어바오)→익살꾼, 웃음거리 인물, 가소로운 사람.

△活死人(활사인－후어쓰런)→산송장, 무능한 사람, 활기가 없는 사람.

△活像(활상－후어시앙)→꼭 닮다, 아주 비슷하다.

△活电报(활전보－후어띠엔빠오)→입이 가벼운 사람, 촉새. '살아 있는 전보'란 뜻인가.

△黄狗契约(황구계약－황거우치위에)→노조에 가입하지 않는다는 조건으로 하는 고용 계약.

△黄带(황대－황따이)→음란 비디오테이프.

△黄毒(황독－황두)→음란물 해독.

△黄梨(황리－황리)→① 파인애플 ② 능력도 없이 머릿수만 채우고 있는 사람. 우리말 '黃梨'는 배의 한 가지인 '황술레'

△黄砂(황사)→沙尘暴(사천빠오). 尘은 塵(티끌 진)의 간자체 글자다.

△黄书(황서－황수)→음란서적. 书는 書(글 서)의 간자체 글자다. 우리말 '黃書'는 ①노란 종이로 된 외교문서, yellow book ②중국 청나라 王夫之가 편찬한 책이다.

△荒数(황수－황수)→대략적인 숫자.

△黄雀雨(황작우－황취에위)→음력 9월에 내리는 비.

△黄潮(황조－황차오)→음란물이나 매춘 등의 범람 풍조.

△黄品(황품－황핀)→음란물.

△黄昏(황혼)→依夕(이시).

△回教徒教會堂(회교도교회당)→回回堂(후이후이탕).

△会病(회병－후이삥)→회의가 지나치게 빈번한 병폐.

△灰事(회사－후이스)→흉사(凶事). 재수 없는 일.

△會社(회사)→公司(꿍쓰). 会社(후이서)는 옛날의 정치, 학술 단체다.

△灰孙子(회손자－후이쑨쯔)→먼 자손. 며느리와 시아버지가 붙어서 낳은 자식. 孙은 孫(손자 손)의 간자체 글자다.

△會食(회식)→聚餐(쥐찬). 聚会(쥐후이).

△会潮(회조－후이차오)→지나치게 잦은 회의.

△会八股(회팔고－후이빠구)→'여덟 허벅지 모임'이 도대체 무슨 뜻일까. '회의가 쓸데없이 길고 내용이 없다'는 뜻이다.

△会海(회해－후이하이)→극히 빈번한 회의.

△会荒(회황－후이황)→매우 드문 회의, 거의 열리지 않는 회의.

△横说竖说(횡설수설)→'조리없이 함부로 지껄이다'가 아니라 ①이리저리 설득하다 ②거듭 타이르다 ③반복하여 깨닫게 하다는 뜻으로 쓰인다.

△橫肉(횡육－헝러우)→흉악한 얼굴, 근육.

△橫人(횡인－헝런)→난폭한 사람.

△孝男(효남－샤오난)→孝女(샤오뉘)의 반대말이다. 우리말엔 '효녀'만 있다.

△後食(후식)→尾食(웨이스). 디저트.

△後日(후일)→改日(가이르), 改天(가이티엔), 过天(꿔티엔).

△后天(후천－허우티엔)→모레. 大后天(따허우티엔)은 글피.

△休暇(휴가)→伏假(푸지아). '가짜에 엎드리다'가 아니고 여름 휴가, 여름방학이다. 휴가라고 할 때 '말미 가(暇)'자가 아닌 '거짓 가(假)'자를 쓰고 있다.

△黑家(흑가－헤이지에)→'검은 집'이 아니라 밤, 밤중이란 뜻이다.

△黑客(흑객－헤이커)→아편쟁이, 해커(hacker).

△黑洞(흑동－헤이뚱)→블랙홀.

△黑龙(흑룡－헤이룽)→공장 굴뚝의 검은 연기, 오염된 검은 하천. 龙은 龍(용 룡)의 간자체 글자다. 우리말 黑龍은 글자 그대로 '검은 빛깔의 용'이다.

△黑星期五(흑성기오－헤이싱치우)→불길한 금요일, 13일의 금요일.

△黑体(흑체－헤이티)→'검은 몸'이 아니라 '고딕 활자'다. 우리말 黑体는 '모든 파장의 복사광선을 완전히 흡수하는 가상의 물체'

△黑汉(흑한－헤이한)→암흑가 사람, 마피아 분자. 汉은 漢(물 이름 한)의 간자체 글자다.

△痕迹(흔적)→印子(인쯔).

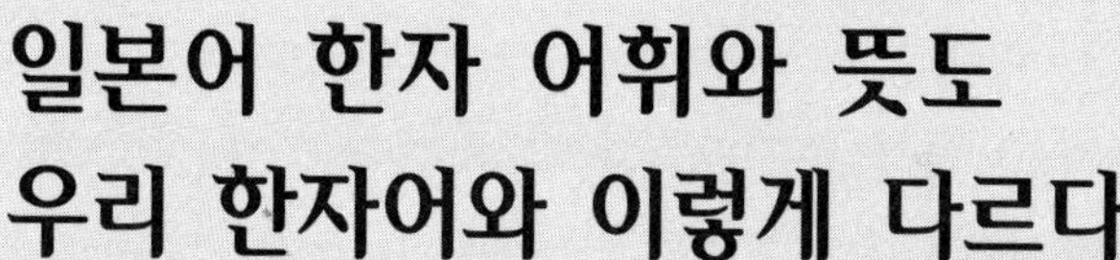

일본어 한자 어휘와 뜻도 우리 한자어와 이렇게 다르다

06 • • •

일본어 한자 어휘와 뜻도 우리 한자어와 이렇게 다르다

일본어의 한자 어휘 모양새와 한자 단어의 뜻을 봐도 우리 한자어와는 사뭇 다르고 까무러칠 정도로 엉뚱하게 다르다. 그 이유는 우리 한자 단어와는 다른 글자를 쓰는가 하면 한자 본디의 한 글자, 한 글자 고유한 뜻과는 전혀 상관없이 일본어 발음에만 맞춰 아무 한자나 찍어다 맞춰버리고 입혀버렸기 때문이다. 그런 한자어, 즉 취음자(取音字)—군두목의 '아테지(当て字)'가 전체 일본어 어휘의 70% 이상을 차지한다. 예를 들어 '안녕!' '하이!' 등 '인사'를 뜻하는 '아이샤쓰(挨拶)'라는 어휘를 보면 挨는 '밀칠 애, 떼밀 애' 拶은 '마주칠 찰, 들이닥칠 찰'자로 '인사'하고는 전혀 상관없는 뜻의 엉뚱한 글자다.

'쿠로모지(黑文字)'는 검은 문자가 아니라 이쑤시개고 '아오다이쇼(青大將)'라면 '푸른 군복의 장군' 쯤으로 생각할지 모르지만 엉뚱하게도 '구렁이'란 뜻이다. '시와스(師走)'라고 하면 또 '뜀박질하는 스승'으로 여기겠지만 그게 아니고 '섣달'— '음력 12월'이란 뜻이다.

한국의 교양인뿐 아니라 중국 사람들까지도 아무렇지도 않게, 점잖은 자리에서 분위기를 부드럽고 재미있게 돋우려는 듯 말하는 '낭만'이라는 말만 해도 몹시 웃기고 지극히 웃기는 말이 아닐 수 없다. '浪漫'의 浪은 '물결 랑' 漫은 '흩어질 만' '방종할 만'자로 '기이하고 가공적(架空的)이며 감성적이고 경이적'이라는 우리말 사전의 '낭만'이라는 말뜻과는 아무런 상관이 없는 한자라는 사실을 반드시 알아야 할 것이다.

'낭만'이라는 말은 일본이 1868년 메이지(明治)유신을 계기로 서양문물을 대거 받아들이면서 프랑스 말 roman(로망)을 번역할 때 한자 뜻과는 전혀 상관없이 비슷한 발음의 한자를 찍어다 붙인 탓이다. '浪漫'을 일본인들은 '낭만'이 아니라 '로만(ロマン)'으로 읽기 때문이다. 그들은 당초 불어 'roman'이라는 말에 '浪漫' 말고도 '浪曼' '魯漫'이라는 한자 후보를 놓고 선택을 고민하다가 '浪漫'으로 결정해 버린 것이다. 나머지 浪曼과 魯漫도 일본인 발음은 똑같은 '로만'이기 때문이다. 이 말을 한국인과 중국인들이 뭐가 뭔지 앞뒤도 가리지 않고 각각 '낭만'과 '랑만'으로 읽는다는 건 참으로 어처구니없고 주체성 없기로 짝이 없는 일이다. '낭만'이라고 말하지 않으면 그럼 뭐라고 해야 하는가? 원래의 프랑스 말, 외래어 그대로 '로망'이라고 읽어야 마땅하고 그렇게 읽을 수밖에 없는 말이 '낭만'이다.

그러면 일본어 한자 어휘가 한국어 한자 어휘와 어떻게 다르고 그 뜻 또한 얼마나 배꼽 빠지도록 우습고도 어처구니없고 끔찍하게 별나고 다른지 가나다순 발음 순서로 열거해 보면 대략 다음과 같다.

ㄱ

△竿頭(간두－사오가시라)→그날 그 배에서 가장 많이 낚는 사람. 우리말 '竿頭'는 '백척간두(百尺竿頭)'라고 할 때의 그 '대막대기 끝'이다.

△簡略, 簡單(간략, 간단)→手短(데미지카). '손이 짧은 것'이 간단한 것이라니?

△間髮(간발－간하쓰)→한국인이 무심코 쓰는 '간발의 차'라는 말은 순 일본말이다. '間一髮(간잇파쓰)'라고도 한다.

△間柄(간병－아이다가라)→사람과 사람 사이. 친분 관계.

△看護(간호)→介護(가이고). 간호사는 '看護婦(간고후)'다.

△葛折(갈절－쓰즈라오리)→꾸불꾸불한 산길. '칡을 꺾는다'는 뜻이 아니다.

△感氣(감기)→風邪(가제), 感冒(간보). 신기한 건 중국어의 감기도 '간마오'로 발음만 다를뿐 같은 글자 '感冒'를 쓴다는 사실이다.

△甘言利說(감언이설)→口車(구치구루마). 입발림. '입 속의 차'처럼 말을 잘 굴린다는 뜻인가?

△感歎(감탄)→間投(간토). 사이로 던지는 게 '감탄'이라니!

△强者(강자)→弁慶(벤케이). 弁은 辯(말할 변)의 약자다.

△客膳(객선－갸쿠젠)→손님을 접대하는 식사, 밥상. 膳은 원래 고기, 반찬을 뜻한다.

△居室(거실)→居間(이마).

△居酒屋(거주옥－이자카야)→선술집.

△健康(건강)→丈夫(조부). '장성한 남자'가 아니다. '大丈夫(다이조부)'는 '괜찮다' '걱정 없다'는 뜻이다.

△檢察總長(검찰총장)→檢事總長(겐지소쵸).

△訣別(결별)→決別(겟베쓰).

△結婚初夜(결혼초야)→新枕(니이마구라), 결혼 첫날밤을 보내다.

△經團聯(경단련)→經團連(게이단렌).

△警察廳(경찰청)→警視廳(게이시초). 경찰청장은 警視總監(게이시소칸) 또는 警察廳長官(게이샤쓰초쵸칸)이라고도 한다.

△警察署留置場(경찰서유치장)→豚箱(부타바코). '돼지 상자'란 말인가.

△驚蟄(경칩)→啓蟄(게이치쓰).

△庫裏(고리-쿠리)→절의 부엌. 절의 부엌을 모독하는 말 아닌가.

△尻餠(고병-시리모치)→'엉덩이 떡'이 아니고 '엉덩방아'다.

△高飛車(고비차-다카비샤)→'높이 나는 차'가 아니라 '고압적인 태도' '고자세로 나오다'는 뜻이다.

△苦手(고수-니가테)→다루기 어렵고 싫은 상대. 자기가 잘 못하는 일.

△古稀(고희)→古希(코키). 希는 '드물 희'자이기도 하다. 중국서는 물론 杜甫의 시 그대로 '古稀(구시)'로 쓰고 있다.

△空拳(공권)→素手(스데). 맨손, 맨주먹.

△工夫(공부-고후)→공사장 인부. '工夫'를 고친 명칭은 工手(고슈). 학교 공부는 勉强(벤쿄). 우리말 '勉强(면강)'은 '억

지로 함' '억지로 시킴'이다.

△寡婦(과부) → 後家(고케). 홀어미, 미망인. 우리말 後家(후가)는 '뒷집'이다.

△觀光(관광) → 物見(모노미). 구경. 관광이 물건만을 보는 것이란 말인가?

△觀世水(관세수-간제미즈) → 소용돌이치는 물 모양의 무늬.

△冠婚喪祭(관혼상제) → 冠婚葬祭(간콘소사이).

△光頭(광두-고토) → 대머리. 독두(禿頭).

△光被(광피-코히) → 임금의 덕이 널리 미침. '가피(加被)'가 '부처님의 덕이 미침'이듯이?

△校監(교감) → 教頭(교도). 교감이 '가르치는 머리'라면 그럼 교장은 뭐란 말인가. 校長은 '校頭(교토)'라고 한다.

△教師(교사) → 教諭(교유). 諭는 '깨우칠 유'자다.

△拘留(구류) → 勾留(코류).

△口裏(구리- 구치우라) → 말귀. '입속'이 말귀라니?

△舊式(구식) → 古式(코시키).

△歐洲(구주) → 歐州(오슈).

△區廳長(구청장) → 區長(구쵸). '구청장'보다 '區長'이 합당한 말이다. 중국에서도 '区长(취장)'이라고 한다.

△口絵(구회-구치에) → '입으로 그린 그림'이 아니라 '책, 잡지 첫머리에 넣는 그림'이다.

△國會議員(국회의원) → 衆議員의 경우 '代議士(다이기시)'라고 한다.

△拳拳(권권-켄켄) → 두 손으로 받듦. 우리말의 拳拳도 '참된

마음으로 정성스럽게 간직함' '삼가는 모습'으로 비슷하긴 하다.

△貴方(귀방－아나타)→당신, 귀하.

△鬼齒(귀치－오니바)→버드러진 덧니. 아무리 보기 싫어도 '귀신 이빨'이라니?

△極安(극안－고쿠야스)→아주 쌈. 극히 염가.

△禁錮(금고)→禁固(킨코).

△金星(금성－킨보시)→뜻밖의 큰 공훈. 일본씨름에서 세키와케(關脇) 이하 씨름꾼이 최고급인 요코즈나(横綱)를 이기는 일.

△金側(금측－킨가와)→껍데기가 금으로 된 물건. 銀側(긴가와)은 껍데기가 은으로 된 물건이다. 우리말 '金側'은 '금딱지'다.

△機關短銃(기관단총)→短機關銃(단키칸쥬).

△氣分(기분)→御機嫌(고키겐). 심기(心氣).

△氣丈夫(기장부－키조부)→마음이 든든함. 大丈夫(다이조부).

ㄴ

△落度(낙도－오치도)→잘못, 과실.

△落髮(낙발－라쿠하쓰)→머리를 깎고 중이 됨. 우리말 '落髮'은 그냥 '머리를 깎음'이고 '落髮爲僧(낙발위승)'이라고 해야 '머리를 깎고 중이 됨'이다.

△落胎(낙태)→墮胎(다타이).

△難死(난사－난시)→재난으로 죽음.

△難儀(난의－난기)→곤란, 어려움.

△難詰(난힐－난키쓰)→힐난. 결점을 들어 비난함. 우리말 '詰難(힐난)'과는 글자 순서가 거꾸로다.

△男氣(남기－오도코기)→협기(俠氣), 의협심.

△男女(남녀)→士女(시조). 우리말의 '士女'는 '남녀'라는 뜻보다 '선비의 아내' '선비와 부인'이라는 뜻이 먼저다.

△男女混宿(남녀혼숙)→雜魚寢(자고네). 잡고기처럼 잔다는 뜻인가.

△男前(남전－오도코마에)→남자다운 풍채나 용모.

△男衆(남중－오도코슈)→남자들, 남정네. 반대말은 '女衆(온나슈)'

△男波(남파－오나미)→'남자의 물결'이 아니라 '높은 파도'다. 반대로 낮은 파도는 '女波(메나미)'다.

△男便, 夫君(남편, 부군)→良人(료진). 남편은 무조건 '어진 사람'이란 말인가.

△郎女(낭녀－아라쓰메)→아가씨.

△郎子(낭자－아라쓰고)→도령, 도련님. 우리말의 '郎子'는 옛날에 젊은 남녀를 친밀하게 일컫던 말이고 '娘子'는 처녀다.

△內內(내내－나이나이)→① 중심 ② 마음 속 ③ 몰래 ④ 비밀.

△內達(내달－나이다쓰)→내막적으로 미리 알림.

△內輪(내륜－우치와)→집안, 가정 내. 집안이 '속 바퀴'라니?

△來後年(내후년)→再來年(사이라이넨).

△路肩(노견－로가타)→벼랑길의 가장자리. 우리말 '갓길'은

이 일본말 '路肩'을 번역한 것이다.

△奴等(노등－야쓰라)→놈들, 자식들. やつ(야쓰)의 복수형이다. '奴原(야쓰바라)'도 같은 뜻이다.

△露宿者(노숙자)→野宿者(야슈쿠샤).

△奴畜生(노축생－도치쿠쇼)→짐승만도 못한 놈.

△農山村(농산촌－노산손)→농촌과 산촌.

△腦天氣(뇌천기－노텐키)→좀 경박한 사람, 또는 그런 모습.

△能否(능부－노히)→할 수 있음과 없음. 능력의 유무.

△尼公(니공－니코)→여승이 된 귀부인에 대한 높임말. '尼君(아마기미)'도 같은 말이다.

△泥龜(니구－도로가메)→자라. 'すっぽん(슷폰)'의 딴이름이다.

△泥棒(니봉－도로보)→도둑질, 도둑놈. '泥坊'으로도 씀. 도둑놈이 '진흙(泥) 몽둥이(棒)'라니?

△泥繩(니승－도로나와)→일을 당하고야 허둥지둥 그 대책을 세움을 비웃는 말. 도둑을 보고서야 오랏줄을 꼰다는 뜻에서.

ㄷ

△短兵急(단병급－단페이큐)→갑작스러움, 느닷없음.

△短點(단점)→短所(단쇼).

△唐辛子(당신자－도가라시)→고추.

△大甘(대감－오아마)→엄하지 않고 너그러운 모습.

△大法院長(대법원장)→最高裁長官(사이고사이쵸칸).

△大兵(대병－다이효)→몸집이 크고 뚱뚱한 사람. 반대말은

‘小兵(고효)’이다. 우리말 ‘大兵’은 ‘大軍’이다.

△袋耳(대이－후쿠로미미)→한 번 들으면 잊지 않음, 또 그런 사람. ‘자루 귀’ ‘부대 귀’라 그렇다는 것인가. 袋는 ‘자루 대’자다. 반대로 소쿠리에 물을 붓듯 들은 말을 곧 잊어버리는 사람의 귀는 ‘笊耳(자루미미)’ 또는 ‘籠耳(가고미미)’라고 한다. 笊는 ‘소쿠리 조’ 籠은 ‘바구니 롱’자다.

△大字(대자－오아자)→町(초), 村(손) 아래 말단 행정구역.

△大丈夫(대장부－다이죠부)→사내대장부의 ‘대장부’보다 ‘괜찮음’ ‘걱정 없음’ ‘틀림없음’이라는 뜻이 훨씬 많이 쓰인다.

△待避(대피)→退避(타이히).

△桃尻(도고－모모지리)→‘복숭아처럼 생긴 엉덩이’가 아니라 ‘말 타기가 서툴러 엉덩이가 안장에 잘 좌정되지 않음’이다. 尻는 ‘엉덩이 고’자다.

△道路工事(도로공사)→道普請(미치부신). 도로 개설 또는 보수 공사.

△道理, 理致(도리, 이치)→理屈(리구쓰).

△都賣商(도매상)→問屋(톤야). ‘물어보는 집’이 아니다.

△賭博(도박)→博打(바쿠치). 노름.

△到着(도착)→着到(차쿠도). ‘到着(도차쿠)’과 함께 쓰고 있다.

△禿(독－가무로)→단발머리, 단발머리 아이. ‘대머리’가 아니다.

△同君(동군－도쿤)→‘같은 임금’이 아니라 ‘그 사람’이라는 뜻이다.

△同壻(동서)→相嫁(아이요메).

△同志(동지)→同士(도시). 동지가 ‘같은 선비’라니?

△東下駄(동하태－아즈마게타)→여성용 왜나막신.

△豆本(두본－마메홍)→휴대용의 작은 책.

△杜氏(두씨－도지)→두씨 성을 가진 사람이 아니라 '술을 빚는 기술자 또는 그 우두머리'를 가리킨다.

△豆藏(두장－마메조)→수다스런 사람. 옛날 익살스런 몸짓과 빠른 말씨로 사람들을 웃기며 동냥 다니던 거지.

△杜絶(두절)→途絶(토제쓰).

△遁甲術(둔갑술)→忍法(닌포). 둔갑술이 '참는 법'이라니?

△得手(득수－에테)→가장 능한 재주. 특기.

△馬夫(마부)→御者(교샤). 마부가 '임금 놈'이라니?

△幕尻(막고－마쿠지리)→일본 씨름꾼의 계급의 하나. '幕內(마쿠우치)'와 '幕下(마쿠시타)'도 마찬가지다.

△滿員(만원)→滿杯(만파이). 만원이 '가득 찬 술잔'이라니?

△每日(매일)→日每(히고토). 우리말 '每日'과는 거꾸로다.

△面輪(면륜－오모와)→앞에서 본 얼굴. '얼굴 바퀴'가 '앞에서 본 얼굴'이라고?

△面長(면장－오모나가)→얼굴이 갸름함. 그런 사람.

△命令, 指示(명령, 지시)→御沙汰(고사타).

△鳴神(명신－나루카미))→'우는 귀신'이 아니라 '천둥'이다.

△名譽毁損(명예훼손)→名譽棄損(메이요키손).

△名前(명전－나마에)→이름. '이름 앞에'라는 뜻이 아니다.

△名銜(명함) → 名刺(메이시). '이름 찌르기'라니?

△摸索(모색) → 模索(모사쿠).

△木灵(목령-코다마) → 메아리. 메아리가 왜 나무의 혼령인가. 灵은 靈(신령 령)의 약자다.

△目糞(목분-메쿠소) → 눈곱. 糞은 '똥 분'자다. 눈곱을 '눈 똥'이라니! '目脂(메야니)'도 눈곱이다. '눈 똥'에 비해 '눈 기름'은 그래도 괜찮은 표현인가?

△目深(목심-마부카) → 모자 따위를 눈이 가릴 정도로 푹 눌러 씀. '쑥 들어간 눈'이라는 뜻이 아니다.

△沐浴湯(목욕탕) → 錢湯(센토). 공중목욕탕이 '돈탕'이라니! 목욕료는 거꾸로 '湯錢(유센)'이다. 대중목욕탕을 또 '風呂場(후로바)' '湯屋(유야)'이라고도 한다. 일반 주택의 욕실은 '湯殿(유도노)'이고 욕조와 목욕통은 '湯船(유부네)'이라고 부른다.

△目標(목표) → 目安(메야스). 대중. 표준.

△猫背(묘배-네코제) → 새우등. 또 그런 사람.

△猫糞(묘분-네코바바) → 자기가 저지른 나쁜 짓을 숨기고 시치미 뗌. 고양이 똥?

△猫舌(묘설-네코지타) → 뜨거운 음식을 식히지 않고서는 먹지 못하는 사람. 고양이 혀.

△舞踊家(무용가) → 舞踏家(부도가).

△無慘(무참) → 酸鼻(산비). 아주 무참한 게 '신(酸) 코'라니?

△文句(문구-몬쿠) → 불평, 이의(異議)라는 뜻도 있다.

△門閥, 家門(문벌, 가문) → 門地(몬치).

△聞香(문향－분코) → 향내를 맡아 분간함.

△物頭(물두－모노가시라) → 우두머리, 두목, 수령. '물건의 대가리'란 말인가?

△物心(물심－모노고코로) → 철. 물정. 세정. 우리말 '物心'은 '물질과 정신'이다.

△物語(물어－모노가타리) → 이야기. 전설.

△物腰(물요－모노고시) → 사람을 대하는 말씨, 태도.

△物眞似(물진사－모노마네) → 흉내. '짝퉁'은 아니고?

△味方(미방－미카타) → 자기편, 아군(我軍).

△味噌(미쟁 → 미소) → 된장. 된장국은 '味噌汁(미소시루)'이다. 噌은 '장꾼 웅성거릴 쟁'자 또는 '공연히 떠들 승'자다.

△美人(미인) → 紅裙(고쿤). 미인. 기생. '분홍치마'만 입으면 미인이란 말인가. '傾國(게이코쿠)'도 미인이다. '手弱女(타오야메)'도 '우아하고 아름다운 여인'이란 말이다. '弁天(벤텐)'도 '미인'이라는 뜻으로 인도의 여신 '弁才天(벤자이텐)'의 준말이다. '別嬪(벳핀)'도 '미인'이지만속어다.

ㅂ

△博學(박학) → 物知(모노시리). 유식(有識). 물건을 아는 게 '박학'이란 말인가.

△半可通(반가통－항카쓰우) → 잘 알지도 못하면서 아는 체함, 또는 그 사람.

△反撥(반발) → 反發(한파쓰).

△飯事(반사－마마고토)→소꿉놀이 장난. '밥 짓는 일' '식사'가 소꿉놀이라니?

△房(방)→部屋(헤야).

△白詩(백시－하쿠시)→백낙천(白樂天)의 시.

△百姓(백성－햐쿠세이)→백성. 일반국민. 같은 한자 '百姓'이지만 '햐쿠쇼'로 발음하면 농민, 시골 사람을 가리킨다.

△白星(백성－시로보시)→일본씨름에서 이겼다는 승리 표시. 반대로 '黑星(구로보시)'은 졌다는 표시다.

△白首(백수－시로쿠비)→매춘부, 창녀. 목에 분을 짙게 바른다고 해서. 우리말 '白首'는 白頭, 鶴首를 가리킨다.

△白身(백신－시로미)→달걀 흰자위. 고기, 생선의 흰 부분. 우리말 白身은 소, 돼지 잡는 백장(백정)이다.

△白田賣買(백전매매－시로타바이바이)→아직 눈(雪)이 있을 때, 모도 내기 전에 산미(産米) 매매계약을 맺는 일. '입도선매(立稻先賣)'는 명함도 못 내밀 말이다.

△法務長官(법무장관)→司法長官(시호쵸칸).

△弁当(변당－벤토)→도시락. 弁当은 '辯當'의 간자체 글자로 '당당함을, 마땅함을 말하다'는 뜻이다.

△辨明(변명)→辨解(벤카이).

△變人(변인－헨진)→'변한 사람'이 아니고 '괴짜' '색다른 사람'이라는 뜻이다.

△報償金(보상금)→報奬金(호쇼킨).

△保險設計士(보험설계사)→保險外交員(호켄가이코인).

△本立(본립－홍다테)→책꽂이.

△本腰(본요－혼고시) → 본격적인, 진지한 마음가짐. 제대로 마음을 씀.

△逢引(봉인－아이비키) → 사랑하는 남녀의 밀회. 시노비아이(しのびあい).

△附加價値(부가가치) → 付加價値(후카카치).

△不器用(부기용－부키요) → 서투름. 손재주가 없음.

△不得手(부득수－후에테) → 잘 하지 못함. 즐기지 않음.

△浮浪者(부랑자) → 雲助(구모스케). 못된 놈.

△負傷(부상) → 怪我(케가). 상처. 怪는 '의심할 괴'자다.

△腐蝕(부식) → 腐食(후쇼쿠).

△夫人(부인) → 女房(뇨보). '여자 방'이 아니다.

△富者(부자) → 長者(초쟈). 우리말 '長者'는 ① 어른 ② 지체가 높은 사람 ③ 덕망이 뛰어난 어른이고 속어로 '富者'를 가리킨다.

△糞力(분력－구소치카라) → 뚝심. '뚝심'＝'똥심'이란 말인가.

△焚身自殺(분신자살) → 燒身自殺(쇼신지사쓰).

△嚊(비－가카아) → 아내, 마누라. 嚊는 '헐떡거리는 소리 비'자다. 남편은 '宿六(야도로쿠)'다.

△鼻溝(비구－하나미조) → 인중. '닌추(人中)'라고도 함. '코의 도랑'이 인중이라니 재미있는 말이다.

△秘密番號(비밀번호) → 暗証番號(안쇼방고).

△秘書室長(비서실장) → 官房長(칸보쵸).

△匕首(비수) → 九寸五分(쿠슨고부). 단도(短刀).

△費用(비용) → 入目(이리메). 경비. 비용이 '들어가는 눈'이라니?

△蛇口(사구-자구치)→수도꼭지. 중국어에선 '뱀 아가리'가 아니라 '용대가리(龙头→룽터우)'가 수도꼭지다. 우리말 蛇口는 '물 따르는 주전자 등의 부리 끝'이다.

△産月(산월)→臨月(린게쓰). '출산하는 달'이 '임하는 달'이라니?

△産災(산재)→勞災(로사이). '산업 재해'가 아니고 '근로 재해'란 말인가.

△書藝家(서예가)→書家(쇼가).

△煽動(선동)→扇動(센도).

△四六時中(시로쿠지추)→온종일. 시종(始終).

△思慕, 戀慕(사모, 연모)→懸想(케소). 이성을 그리워함.

△師走(사주-시와스)→섣달. 음력 12월. 양력 12월에도 쓰임.

△士魂(사혼-시콘)→무사(武士)의 정신.

△山幸(산행-야마사치)→산나물. 열매. 반대말은 海幸(우미사치).

△三味線(삼미선-샤미센)→일본 고유의 3줄 현악기. '三音線'이 아니다.

△三白眼(삼백안-산파쿠간)→눈동자가 위로 치우쳐 좌우 및 아래쪽 세 부분의 흰자가 드러나 보이는 눈. 흉상으로 여김. '산파쿠마나고'라고도 함.

△三銃士(삼총사-三羽烏(산바가라스)→부하나 제자 중 뛰어난 세 사람.

△上機嫌(상기혐－조키겐)→매우 좋은 기분.

△相對便(상대편)→相手(아이테). '서로의 손'이 아니다.

△相棒(상봉－아이보)→짝, 동료. '서로가 몽둥이'라니?

△相子(상자－아이고)→비김, 무승부.

△色鳥(색조－이로도리)→가을 새(俳句에서).

△生娘(생낭－키무스메)→숫처녀. 그럼 숫처녀가 아닌 처녀는 '死娘(죽은 처녀)'이란 말인가.

△生息子(생식자－키무스코)→숫총각.

△生唾(생타－나마쓰바)→군침. 군침이 아닌 침은 죽은 침이란 말인가?

△書架(서가)→本棚(홍다나). 棚은 '시렁 붕'자다.

△庶民(서민)→民庶(민쇼). 우리말과는 거꾸로다. 우리말 '民庶'는 민중이라는 뜻이다.

△西洋文字(서양문자)→蟹文字(가니모지). 가로 쓰는 글자. 蟹는 '게 해'자다.

△夕立(석립－유다치)→여름 오후의 소나기.

△石燒(석소－이시야키)→사기그릇.

△善(선－젠)→'쇠뿔'이란 뜻도 있다. '善は急げ(젠와이소게)'는 '쇠뿔은 단김에 빼라'는 뜻이다.

△先安(선안－사키야스)→값이 싸질 조짐. 반대로 값이 비싸질 조짐은 '先高(사키다카)'다.

△舌代(설대－시타다이)→구술(口述), 구두로 말함. 우리말 '舌代'는 정반대로 '말 대신 편지나 글로 씀'이다.

△舌長(설장－시타나가)→주제넘게 함부로 지껄임. 큰소리침.

△成形外科(성형외과) → 美容外科(비요게카).

△世心(세심-요고코로) → 이성간의 정, 춘정.

△世話(세화-세와) → 도와줌, 보살핌, 신세짐. 세상 소문.

△小遣(소견-코즈카이) → 용돈. 용돈이란 '작게 보내는 것'인가?

△少女(소녀) → 乙女(오토메). 왜 '甲女'가 아니고 '乙女'인가.

△素面(소면-시라후) → 술 취하지 않았을 때의 얼굴. 우리말 '素面'은 '화장하지 않은 얼굴'이다. '맨 얼굴'은 모두가 희다는 것인가.

△消息(소식) → 音書(인쇼). 편지.

△素人(소인-시로토) → 생무지. 초심자. 풋내기. 비전문가. 반대말은 '玄人(구로토)'다.

△小字(소자-코아자) → 町(초), 村(손) 밑의 아주 작은 행정구역.

△手匣(수갑) → 手錠(데죠).

△水菓子(수과자-미즈가시) → 과일. 재미있는 말이다. 과일가게는 '水菓子屋(미즈가시야)'라고 한다.

△手筋(수근-데스지) → 손 근육, 손 힘줄이 아니라 '손금'이다.

△手奇麗(수기려-데기레이) → 손이 이상하게 예쁘다는 뜻이 아니라 '솜씨가 곱다'는 뜻이다.

△首席(수석) → 筆頭(힛토). 우리말 '首席'과 '筆頭'는 전혀 다르다.

△水仙花(수선화) → 花水仙(가스이센).

△手弱女(수약녀-타오야메) → 손이 약한 여자가 아니라 '부드러운 여자' '우아하고 아름다운 여자'다.

△收養父母(수양부모)→里親(사토오야). 수양아들 딸은 里子(사토고).

△手一杯(수일배-데잇파이)→힘에 부침, 힘에 겨움, 힘껏, 힘자라는 대로.

△水協(수협)→漁協(교쿄). '水協'보다는 '漁協'이 할리적인 말인 듯싶다.

△手狹(수협-데제마)→비좁음.

△宿六(숙륙-야도로쿠)→남편을 허물없이 낮춰 부르는 호칭. 영감.

△宿主(숙주-슈쿠슈, 야도누시)→기생충이 기생하는 생물인 '숙주'라는 뜻 말고도 '야도누시'라고 발음하면 '여관 주인'을 가리킨다.

△純金(순금)→金無垢(킨무쿠). '때(垢)가 없는 금'이 순금이란 말인가.

△市勢, 時價(시세, 시가)→相場(소바).

△市子(시자-이치고)→시장에 있는 아들이 아니고 '무당' '무녀(巫女)'라는 뜻이다.

△息女(식녀-소쿠조)→귀한 집 딸. 令孃(영양).

△食單(식단)→獻立(콘다테). 메뉴.

△息子(식자-무스코)→아들, 자식.

△神無月(신무월-칸나즈키, 카미나즈키)→음력 10월.

△新兵(신병)→新手(아라테). 신참(新參).

△新造(신조-신조)→'새로 만든 것'이 아니라 '젊은 아내' '처녀'다.

△身柱元(신주원-치리게모토)→'몸 기둥(身柱)에서 으뜸(元)'이라면 '머리'를 가리킬 듯도 하지만 그게 아니고 '목덜미'다. '구비스지(首筋)'와 같은 말이다.

△信號(신호)→合圖(아이즈). 눈짓, 몸짓, 손짓. '합친 그림'이 아니다.

△心懷(심회)→風懷(후카이). 마음에 품은 생각.

△十兩(십량-쥬료)→일본 씨름꾼 계급의 하나.

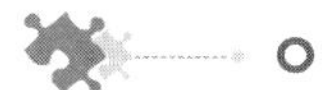

△我慢(아만-가만)→참음, 용서함. 우리말 我慢은 '남을 가볍게 여기는 마음'이다.

△惡人(악인)→惡玉(아쿠다마)→악한 사람. 반대로 善玉(젠다마)는 선인, 착한 사람이다.

△安樂死(안락사)→尊嚴死(손겐시).

△安目(안목-야스메)→비교적 쌈. 반대말은 高目(다카메).

△安物(안물-야스모노)→싼 물건. 싸구려.

△安手(안수-야스데)→싸구려. 품위 없음. '편안한 손'이 싸구려라니!

△岩田帶(암전대-이와타오비)→임신부의 배띠.

△櫻肉(앵육-사쿠라니쿠)→말고기. 빛깔이 벚꽃과 같으므로.

△野郎(야랑-야로)→놈. 새끼. 자식. '馬鹿野郎(바카야로)'는 '바보자식'이란 욕 말이다.

△若木(약목-와카기)→어린 나무.

‘若草(와카쿠사)’는 ‘어린 풀’이다.

△若手(약수－와카테)→한창때의 젊은 사람.

若은 ‘같을 약’ ‘젊을 약’자다.

△若妻(약처－와카즈마)→젊은 아내.

△御來光(어래광－고라이코)→산꼭대기서 맞는 장엄한 해돋이의 장관.

△御髮, 御首(어발, 어수－미구시)→머리털, 머리의 높임말.

△魚腹(어복－교후쿠)→물고기의 밥이 되다, 익사하다.

△魚市場(어시장)→五十集(이사바). 어물전.

△御新造(어신조－고신조)→남의 아내에 대한 높임말.

△御用(어용－고요)→일, 볼일, 용무.

△御前(어전－오마에)→너, 자네. ‘임금의 앞’이 아니다.

△御酒家(어주가－고슈카)→‘사케노미(술꾼)’의 높임말.

△御馳走(어치주－고치소)→손님을 후하게 대접함, 그 대접.

△御親父(어친부－고신부)→춘부장(椿府丈). 어르신. 남의 아버지에 대한 존칭.

△魚貝類(어패류)→魚介類(교카이루이).

△言爭(언쟁)→口論(코론). 우리말에도 ‘口論(구두로 논쟁함)’은 있지만 거의 쓰지 않는 말이다.

△女郞(여랑－메로)→년. 여자를 욕하는 말. 여성 동성애자 Lesbian의 신랑 역할을 하는 여자를 가리키는 게 아니다.

△輿論調査(여론조사)→世論調査(세이론조사).

△女腹(여복－온나바라)→계집애만 낳는 여자를 가리킨다.

반대로 사내아이만 낳는 여자는 男腹(오도코바라)이다.

△旅費, 路資(여비, 노자)→路銀(로긴). 路用(로요). '路金'이 아니고 왜 '路銀'일까.

△女史(여사)→刀自(도지). 중년 이상의 여성에 대한 경칭.

△女將(여장－조쇼)→여관이나 요정 따위의 마담.

△女敵(여적－메가타키)→아내의 간부(奸夫).

△演劇(연극)→芝居(시바이). 옛날 잔디밭에 자리를 깔고 앉아서 했다고 해서 '芝居'다. 희극은 '狂言(교겐)'이라고 한다.

△聯盟(연맹)→連盟(렌메이). '聯邦'은 '連邦(렌보)'이다.

△榮光(영광)→光榮(코에이). 우리말에도 '光榮'은 있지만 거의 쓰지 않는다.

△營養(영양)→榮養(에이요). 우리말 '榮養'은 '지위나 명망이 높아져서 부모를 영화롭게 봉양함'으로 뜻이 전혀 다르다.

△烏瓜(오과－카라스우리)→쥐참외. 우리말은 王瓜, 土瓜.

△烏金(오금－카라스가네)→다음날 바로 갚는 빚. 우리말 '烏金'은 금과 구리의 합금(合金)으로 ① 적동(赤銅) ② 철 ③ 먹의 별칭이다.

△屋根(옥근－야네)→지붕. 덮개.

△腕白(완백－완파쿠)→어린이가 장난스럽고 말을 듣지 않는 모습.

△緩行列車(완행열차)→鈍行列車(돈코렛샤).

△外輪(외륜－소토와)→'바깥쪽 바퀴'가 아니라 '발끝을 밖으로 벌리고 걷는 걸음'이다.

△外貌(외모)→見目(미메). 겉모양.

△料簡(요간－료켄)→좋지 않은 생각, 마음.

△邀擊(요격) → 迎擊(게이게키). 우리말에도 '迎擊'은 있지만 거의 쓰지 않는다.

△料亭(요정) → 揚屋(아게야). 유곽(遊廓).

△用途(용도) → 使途(시토).

△愚禿(우독－구도쿠) → 스님이 자기를 낮춰 이르는 말. '어리석은 까까머리'라는 뜻인가. 우리말의 '빈도(貧道)'에 해당하는 말이다.

△郵遞局(우체국) → 郵便局(유빈쿄쿠). 우리말의 '우편국'은 '우체국'의 옛말이다.

△熊公八公(웅공팔공－구마고하치고) → 서민적이고 무식하지만 착한 사람들.

△熊手(웅수－구마데) → 갈퀴.

△猿股(원고－사루마타) → 팬티. 팬티가 원숭이 허벅지라니?

△元手(원수－모토데) → 밑천, 본전, 자본.

△元子(원자－모토코) → 원금과 이자. 원리(元利). '임금의 맏아들'이 아니다.

△月夜見(월야견－쓰쿠요미) → 달의 신(神).

△僞善者(위선자) → 鄕原(교겐). 소인, 위선자가 '시골 언덕'이라니?

△慰藉料(위자료) → 慰謝料(이샤료). 涙金(나미다킨)이라는 말도 쓴다. 동정으로 주는 돈. '눈물어린 돈'이라는 뜻인가?

△僞幣(위폐) → 僞札(니세사쓰). 우리말에도 '僞札(위찰)'은 있지만 거의 쓰지 않는 말이다.

△威脅(위협) → 脅威(쿄이). 우리말에도 같은 뜻의 '脅威'는 있

지만 거의 쓰지 않는다.

△有難味(유난미－아리가타미)→고마움. '어려움이 있는 맛'이 '고마움'이라니?

△有象無象(유상무상－우조무조)→어중이떠중이.

△留守(유수－루스)→외출하고 집에 없음. 부재중. 우리말 '留守'는 조선시대 정2품 벼슬 이름이다.

△肉細(육세－니쿠보소)→글씨 획이 가늘다, 획이 가는 글자.

△銀行長(은행장)→頭取(토도리).

△飮毒(음독)→服毒(후쿠도쿠).

△擬似(의사)→疑似(기지).

△義捐金(의연금)→義援金(기엔킨). 하긴 '의롭게 버리는(捐) 돈'보다는 '의롭게 당겨(援) 도와주는 돈'이 낫지 않나 싶다.

△以後(이후)→以降(이코).

△溺死(익사)→水死(스이시). 우리말에도 '水死'는 있지만 거의 쓰지 않는다.

△人間(인간－히토마)→人間을 '닌겐'으로 발음하면 '사람'이지만 '히토마'로 발음하면 '사람이 없는 곳(사이)' '사람이 보지 않는 사이(곳)'라는 뜻이다.

△人外((인외－닌가이)→사람대접을 못 받는 천한 사람.

△忍者(인자－닌자)→둔갑술을 쓰는 사람.

△一山(일산－잇산)→큰 절(寺). 절이 산만큼 크다는 뜻인가?

△一緖(일서－잇쇼)→함께.

△日蝕(일식)→日食(닛쇼쿠). 우리말 '日食'도 '日蝕'과 같은 뜻이지만 '日食'은 거의 쓰지 않는다.

△一族, 一門(일족, 일문) → 文葉(몬요).

△立女形(입녀형－타테오야마) → '서 있는 여자의 모습'이 아니라 연극에서 여자 역을 맡은 남자배우 중 으뜸 배우를 가리킨다.

△立方(입방－타치카타) → 세제곱(三乘)이 아니라 무용에서 반주에 대하여 춤을 추는 사람이다. 반주하는 사람은 '地方(지카타)'라고 한다.

△立腹(입복－릿푸쿠) → 화를 냄. 역정을 냄. 같은 한자를 거꾸로 쓰는 '腹立つ(하라다쓰)'는 '노하다' '화가 나다'는 말이다.

△入相(입상－이리아이) → 저녁 무렵, 해질녘.

△剩餘(잉여) → 餘剩(요죠). 우리말 '餘剩'도 '剩餘'와 같은 뜻이지만 '餘剩'은 거의 쓰지 않는다.

ㅈ

△自腹(자복－지바라) → 자기가 지불하지 않아도 될 경비를 구태여 부담하다, 비용을 자담하다.

△雌伏(자복－시후쿠) → 장래를 기약하며 남에게 굴종, 때를 기다림. 우리말의 '雌伏'은 그냥 '남에게 복종함'이다. 새의 암컷이 수컷에 복종하는 것처럼.

△自尊心(자존심) → 意氣地(이키지).

△作男(작남－사쿠오도코) → 농가의 머슴. 여 → 남의 성전환이 아니다.

△雜煮(잡자－조니) → 정월에 먹는 떡국. 煮는 '삶을 자, 끓일

자'자다.

△長居(장거－나가이)→밑질김, 엉덩이가 무거움, 오랫동안 가지 않고 앉아 있음.

△長官(장관)→大臣(다이진). 총리는 '總理大臣(쇼리다이진)'이다.

△將來(장래)→後後(노치노치). '뒤뒤'라면 '과거'가 아니고?

△場末(장말－바스에)→변두리. 마당 끝이 변두리란 말인가.

△丈母(장모)→義母(기보). 우리말 義母는 의붓어미, 수양어미다.

△障碍人(장애인)→障害者(쇼가이샤).

△長點(장점)→長所(쵸쇼). 반대말은 短所(단쇼).

△長歎息(장탄식)→長大息(초타이소쿠).

△場合(장합－바아이)→① 경우 ② 사정 ③ 케이스.

△底豆(저두－소코마메)→발바닥의 물집. '밑바닥에 떨어진 콩'이 아니다.

△赤新聞(적신문－아카신분)→사회 이면의 폭로 기사를 흥미 본위로 다루는 저속한 신문. △前口(전구－마에구치)→신청 접수 따위의 순서가 빠른 일. '앞문'이나 '앞 구멍'이라는 뜻이 아니다.

△前長官(전장관)→元大臣(모토다이진).

△戰戰兢兢(전전긍긍)→戰戰恐恐(센센쿄쿄).

△切親, 親密(절친, 친밀)→入魂(짓콘). 절친한 사이, 친밀한 사이.

△政權移讓(정권이양)→政權委讓(세이켄이쵸)

△停年(정년)→定年(테이넨).

△情死, 集團自殺(정사, 집단자살)→心中(신추). 죽고 싶지 않은 사람과 함께 억지로 죽는 정사는 '無理心中(무리신추)'라고 한다.

△祭物(제물)→人柱(히토바시라). 축성(築城), 축제(築堤), 가교(架橋) 등 난공사 때 사람을 제물로 바치던 일, 또는 그 사람.

△堤防(제방)→土手(도테). 둑. 이가 빠진 노인의 잇몸.

△諸姉(제자－쇼시)→숙녀 여러분. 자매 중 姉만 숙녀고 妹는 숙녀가 아니란 말인가.

△製作(제작)→作製(사쿠세이). 글자가 거꾸로다.

△諸兄姉(제형자－쇼게이시)→여러 선배님들.

△鳥目(조목－초모쿠)→돈. 본디 구멍 뚫린 돈. '새 눈깔'이 아니다.

△釣瓶(조병－쓰루베)→두레박. '낚시질 병'이라니?

△釣錢(조전－쓰리센)→거스름돈, 잔돈.

△釣天狗(조천구－쓰리텐구)→낚시의 명수라고 자랑하는 사람.

△終熄(종식)→終息(슈쇼쿠).

△左官(좌관－사칸)→미장이. 右官이 아니고 左官?

△座所(좌소－자쇼)→귀인이 있는 곳, 거처.

△坐礁(좌초)→座礁(자쇼).

△酒黨(주당)→左党(히다리도). 술꾼. '좌파 정당'이 아니고? 술꾼, 주객(酒客)을 또 '飮助(노미스케)'라고도 한다.

△主謀者(주모자)→首謀者(슈보샤). 우리말에도 '首謀者'는 있

지만 거의 쓰지 않는다.

△廚房(주방) → 板前(이타마에). '板場(이타바)'도 같은 말이다.

△住持(주지) → 住職(쥬쇼쿠). 우리말에도 '주지의 직'이 住職이지만 거의 쓰지 않는다.

△重傷(중상) → 深手(후카데). 깊은 상처.

△中心(중심) → 中子(나카고). ① 내부. ② 포개지는 그릇 중 속으로 들어간 그릇. ③ 과일 따위의 연한 부분.

△中腰(중요－추고시) → 반쯤 일어선 자세. 엉거주춤한 자세. '가운데 허리'가 아니다.

△中中(중중－나카나카) → 상당히, 꽤, 어지간히.

△重態(중태) → 重體(쥬타이). 우리말 重體는 '소중한 몸' '귀한 몸'으로 뜻이 전혀 다르다.

△證據湮滅(증거인멸) → 證據隱滅(쇼코인메쓰).

△地金(지금－지가네) → 도금이나 가공 안한 바탕 쇠.

△地肌(지기－지하다) → 화장 안한 맨살, 맨얼굴.

△地道(지도－지미치) → 견실한 방법. 착실한 태도.

△地方(지방－지카타) → 무용에서 반주하는 사람. 춤추는 사람은 立方(다치카타).

△地色(지색－지이로) → '땅 색깔'이 아니고 직물 따위의 바탕색이다.

△地声(지성－지고에) → 타고난 음성, 본래의 목소리.

△地元(지원－지모토) → 그 지방, 그 고장.

△地鳥(지조－지도리) → 토종닭.

△地酒(지주－지자케) → 그 고장 술, 시골 술.

ㅊ

△車輛(차량) → 車両(샤료). 輛자 대신 両자를 쓰고 있다.

△車座(차좌－구루마자) → 둥그렇게 빙 둘러앉음.

△着物(착물－기모노) → 옷, 의복.

△娼女(창녀) → 傾城(케이세이). 논다니. 본디는 미인을 가리킴. 傾國(케이코쿠)도 미인이다.

△蒼惶, 蒼皇, 蒼黃(창황) → 倉皇(소코). '창고 창'자를 쓰고 있다.

△책(冊) → 本(홍). '근본'이라는 뜻도 있다.

△冊房(책방) → 本屋(홍야). 서점. '본 집'이 책방이라니!

△冊箱子(책상자) → 本箱(홍바코). 책장(冊欌), 책궤(冊櫃).

△妻(처) → 女房(뇨보). '여자 방'이 아니다.

△妻琴(처금－쓰마고토) → 거문고. 남자는 연주하면 안 되는 악기란 말인가.

△尺八(척팔－샤쿠하치) → 퉁소. 길이가 1자 8치(약55㎝)라고 해서.

△賤民(천민) → 下下(게게). 신분이 낮은 사람.

△天火(천화－텐피) → 서양 요리에 쓰는 오븐. 우리말 天火는 '저절로 난 불' '뇌화(雷火)' 등을 뜻한다.

△鐵絲(철사) → 針金(하리가네). '바늘처럼 생긴 금'이 철사란 말인가.

△妾子息(첩자식) → 妾腹(쇼후쿠). 첩의 소생, 첩의 자식.

△靑丹(청단－아오니) → 푸른 흙.

△靑大將(청대장－아오다이쇼) → 푸른 옷을 입은 장군이 아니

고 '구렁이'다.

△青物(청물－아오모노)→푸성귀. 푸른색만 푸성귀란 말인가.

△体面(체면)→世间体(세켄테이).

△酢豆腐(초두부－스도후)→아는 체 하는 사람. 쉰 두부를 가리키며 '이것은 초친 두부라는 요리'라며 엉뚱하게 아는 체 하는 데서 생긴 말.

△初場所(초장소－하쓰바쇼)→매년 정월에 열리는 큰 씨름대회. 春場所(하루바쇼)는 3월에 열린다.

△村時雨(촌시우－무라시구레)→'마을에 있을 때 오는 비'가 아니라 '한 차례 지나가는 비' '가을 소나기'란 뜻이다.

△總髮(총발－소하쓰)→머리털을 모두 빗어 넘겨 뒤통수에서 묶은 남자의 머리형. 에도(江戶)시대의 의사, 수도승, 노인 등이 주로 했던 헤어스타일. pony tail(조랑말 꼬리)형.

△最上(최상)→骨張(곳초). 더 없는 것.

△最尖端(최첨단)→最先端(사이센탄).

△出無精(출무정－데부쇼)→'정자 분비가 안 되는 사람'이 아니라 '외출을 싫어함, 그런 사람'이다.

△出身成分(출신성분)→毛並(게나미). 혈통, 가문, 학벌 등.

△出齒龜(출치구－데바카메)→'이빨 나온 거북'이 아니라 여탕을 들여다보는 따위 변태적인 짓을 하는 남자를 욕하는 말이다.

△醉狂(취광－스이교)→좀 색다른 것을 좋아함, 그 사람. 우리말 醉狂은 '술에 취해 정신이 없음, 제정신이 아님'을 뜻한다.

△馳走(치주－치소)→훌륭한 요리, 음식으로 대접함. 우리말 '馳走'는 '달리다' '달려서 감'이다.

△親舊(친구)→友達(토모다치).

△親孫子(친손자)→內孫(나이손). 외손자는 外孫(가이손)이다.

△親庭(친정)→里方(사토가타).

△七光(칠광－나나히카리)→부모나 군주의 위광(威光)으로 혜택을 입음.

ㅌ

△朶雲(타운－다운)→'한 떨기 구름'이 아니라 '상대방의 편지에 대한 높임말'이다. 귀서(貴書), 귀한(貴翰).

△卓上空論(탁상공론)→机上空論(키죠쿠론). 우리말에도 '탁상공론'과 '궤상공론'은 같은 뜻이지만 후자는 거의 쓰지 않는다.

△誕生(탄생)→生誕(세이탄). 우리말의 '탄생'과 '생탄'도 같은 뜻이지만 '생탄'은 잘 쓰지 않는다.

△彈唱(탄창－단쇼)→악기를 연주하면서 노래 부름.

△脫黨(탈당)→離黨(리토).

△奪略(탈략－다쓰랴쿠)→약탈. 우리말 '탈략(奪掠)'은 略이 아닌 掠자를 쓰고 있다.

△脫衣室(탈의실)→更衣室(코이시쓰).

△湯水(탕수－유미즈)→'끓는 물'이 아니라 '더운 물과 찬물'이다.

△太股(태고－후토모모)→넓적다리, 대퇴(大腿).

△太鼓腹(태고복－타이코바라)→올챙이배. 볼록 튀어나온 배.

△太鼓判(태고판－타이코반)→'큰 북만큼 큰 도장'이란 뜻으로 확실하다고 보장함.

△態度(태도)→物腰(모노고시).

△太物(태물－후토모노)→옷감, 피륙. 견직물을 '고후쿠(吳服)'라고 하는데 대하여 면직물, 마직물을 가리킨다.

△太半(태반)→大半(타이한). 우리말 '태반'과 '대반'은 같은 뜻이지만 '대반'은 거의 쓰지 않는다.

△態態(태태－와자와자)→일부러, 고의로.

△颱風(태풍)→台風(타이후). 台자를 쓴다.

△澤山(택산－타쿠산)→수량이 많음. 澤자는 氵변에 尺자를 붙인 일본식 약자를 쓰고 있다. 중국식 간자는 泽이다.

△澤庵(택암－타쿠앙)→왜무지, 단무지. 澤자는 氵변에 尺자를 붙인 약자를 쓰고 있다.

△土方(토방－도카타)→토목 공사장의 막벌이 일꾼. 한국인이 흔히 '노가다' '노가다 판'으로 잘못 발음하는 말이 바로 이 말이다.

△土百姓(토백성－도뱌쿠쇼)→농사꾼을 업신여겨 일컫는 말.

△土産(토산－미야게)→남의 집을 방문할 때나 여행에서 돌아올 때의 선물.

△土佐犬(토좌견－토사이누)→高知(고치)현의 옛 지방 이름인 土佐(토사) 원산의 일본 개.

△痛手(통수－이타데)→깊은 상처, 중상.

ㅍ

△派手(파수－하데)→화려한 모양.

△波止場(파지장－하토바)→부두, 선창.

△判(판－한)→도장.

△八間(팔간－하치켄)→천장에 매다는 넓적한 큰 등.

△八公(팔공－하치코)→만담 따위에서 극히 서민적인 남자에 대한 호칭.

△八里半(팔리반－하치리항)→군고구마. 맛이 밤(栗), 곧 九里(くり)에 가깝다는 뜻에서.

△八百屋(팔백옥－야오야)→채소 가게, 채소장수.

△八百長(팔백장－야오쵸)→미리 짜고 하는 엉터리 시합, 경기.

△八丁(팔정－핫쵸)→능숙함. 뛰어남.

△八重歯(팔중치－야에바)→덧니. '二重歯'가 아니고 왜 '八重歯'란 말인가.

△片戀(편련－카타코이)→짝사랑.

△片意地(편의지－카타이지)→외고집, 옹고집.

△片田舍(편전사－카타이나카)→벽촌, 외딴 시골.

△便紙(편지)→手紙(테가미). 편지가 '손 종이'라니?

△編輯(편집)→編集(헨슈). 輯자가 아닌 集자를 쓰고 있다. 한자의 본고장인 중국에서는 '모을 집(輯)'자와 '모일 집(集)'자를 구별해 쓰고 있다.

△平家(평가－헤이케)→평민(平民). 우리말 '平家'는 건축 양식의 하나다.

△褒詞(포사－호시) → 찬사. 칭찬의 말.

△褒賞(포상) → 褒美(호비).

△表沙汰(표사태－오모테자타) → 세상에 공공연하게 알려짐.

△品箱(품상－시나바코) → 낚시 도구 상자.

△風速(풍속) → 風脚(카자아시). 바람의 속도.

△諷刺(풍자) → 風刺(후시).

△彼女(피녀－가노죠) → 그녀, 그 여자, 저 여자.

△彼等(피등－가레라) → 그 사람들, 저들.

△彼氏(피씨－카레시) → 그이. 여자가 남편이나 애인을 지칭하는 말.

ㅎ

△下足(하족－게소쿠) → 모인 사람들이 벗어놓은 신.

△下戶(하호－게고) → 술을 못하는 사람. 우리말 下戶는 '가난한 백성'이다.

△學術院(학술원) → 學士院(가쿠시인). 우리말 '學士院'은 고려 초기의 관아 이름이었다.

△閑古鳥(한고조－간고도리) → 뻐꾸기. 갓코(郭公).

△漢字(한자) → '華字(가지)'라고도 한다. 중국어 신문은 華字紙(가지시). 우리말에도 한자를 '華字'라고도 한다.

△合符(합부－아이후) → 수화물의 짐표, 물표.

△合言葉(합언엽－아이고토바) → 암호말. 표어. '말 잎새를 합쳤다'는 뜻이 아니다.

△合札(합찰－아이후다)→물표. 쪽지.

△海産物(해산물)→海幸(우미사치). '바다의 행운'이 아니다.

△行李(행리－고리)→고리짝. 우리말 '行李'는 여행할 때 쓰는 도구, 즉 '行裝(행장)'으로 전혀 다르다.

△行行子(행행자－교교시)→휘파람새 과의 작은 새.

△懸魚(현어－가케사카나)→신에게 바치는 생선. 고대에 나뭇가지 등에 걸어 바쳤다고 해서 생긴 말이다.

△穴馬(혈마－아나우마)→경마에서 예상 밖으로 우승한 말. '구멍 뚫린 말'이라니?

△血統(혈통)→素姓(스조). 집안. 태생.

△刑事犯(형사범)→刑法犯(게이호한).

△虎子(호자－마루)→환자나 어린이가 쓰는 변기.

△狐火(호화－기쓰네비)→'여우 불'이 아니고 '도깨비불'이다.

△惚氣(홀기－노로케)→자기 아내 또는 애인과의 정사를 자랑삼아 이야기함, 또는 그 이야기.

△和歌(화가－와카)→일본 고유 형식의 시.

△花代(화대)→揚代(아게다이). '玉代(교쿠다이)'도 같은 뜻이다.

△話半分(화반분－하나시항분)→사실이라는 것은 이야기의 절반 정도라는 것. 다시 말해 이야기의 반쯤은 과장이거나 거짓이라고 여기라는 뜻.

△和服(화복－와후쿠)→일본 옷.

△華府(화부－가후)→미국 수도 워싱턴.

△和算(화산－와산)→일본 수학, 셈.

△和書(화서－와쇼)→일본어로 쓴 책, 일본 책.

△和式(화식-와시키) → 일본식(式), 일본풍(風). '和食(와쇼쿠)'은 일본 음식.

△和室(화실-와시쓰) → 일본식 방. 다다미방.

△和樂(화악-와가쿠) → 일본 고유의 음악.

△和洋(화양-와요) → 일본과 서양.

△和語(화어-와고) → 일본어. '和蘭語'가 아니다.

△和譯(화역-와야쿠) → 일역(日譯), 일본어로 번역.

△火焰瓶(화염병) → 火炎瓶(카엔빈).

△和字(화자-가지) → 일본 고유의 문자인 仮名(가나).

△和裝(화장-와소) → 일본식 복장.

△化粧室(화장실) → 御不淨(고후조). 手洗(테아라이). 雪隱(셋친). '셋친'은 변소, 뒷간이다.

△火災(화재) → 火事(가지). 우리말 '火事'도 '火災'와 같은 뜻이지만 거의 쓰지 않는다.

△和酒(화주-와슈) → 일본 술. '화해 술'이라는 뜻이 아니다.

△和紙(화지-와시) → 일본 종이.

△花形(화형-하나가타) → ① 인기 있는 화려한 존재. ② 꽃 모양 ③ 꽃무늬.

△丸寢(환침-마루네) → 옷을 입은 채로 잠.

△嗅覺(후각) → 臭覺(슈카쿠).

△後門入學(후문입학) → 裏口入學(우라구치뉴가쿠).

△後妻(후처) → 後釜(아토가마) → '뒤의 솥'이 후처라면 여자가 솥이란 말인가.

△休紙(휴지) → 反故, 反古(호고). 못쓰는 종이. 화장실 휴지는 '塵紙(치리가미)'다.

△胸糞(흉분－무네쿠소)→가슴 속. 기분. '가슴 속 똥'이 '기분'이라니?

△黑文字(흑문자－구로모지)→이쑤시개. 楊枝(요지), 爪楊枝(쓰마요지)도 이쑤시개다.

△黑山(흑산－구로야마)→사람이 많이 모인 모양. 새카맣게 많이 모인 사람. 머리가 검은 데서 유래한 말이다. '백차일(白遮日) 치듯'이라는 우리말과는 반대다.

△黑鼠(흑서－구로네즈미)→주인집의 금품을 훔치는 고용인. 반대로 白鼠(시로네즈미)는 충실한 고용인.

△黑星(흑성－구로보시)→검은 점. 씨름에서 졌다는 표시. 반대로 '白星(시로보시)'은 승리 표시다. 실패. 과녁. 동그라미.

△黑和(흑화－구로아에)→검은 깨로 무침. 그 음식.

△興味津津(흥미진진)→興味新新(쿄미신신).

△稀代(희대)→希代(키다이). 希는 '바랄 희'자이면서 '드물 희'자이기도 하다.

△稀薄(희박)→希薄(키하쿠).

△稀少(희소)→希少(키쇼).

△姬垣(희원－히메가키)→낮은 울타리. '여자 울타리'는 낮다는 것인가.

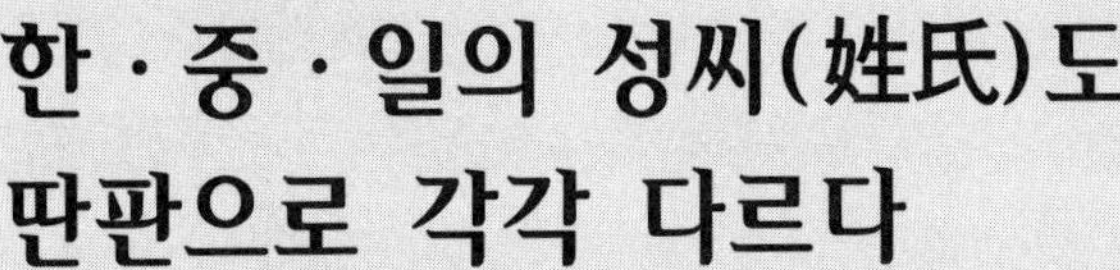

한 · 중 · 일의 성씨(姓氏)도 딴판으로 각각 다르다

07

한·중·일의 성씨(姓氏)도 딴판으로 각각 다르다

인구 13억의 중국인 성씨는 중국 역사가 시작된 5천년 전 하(夏) 은(殷) 주(周) 3대 이전부터 사용된 것으로 중국의 옛 문서를 근거로 알 수 있다. 중국인들이 자신들의 시조라고 믿고 있는 전설상의 제왕인 황제(黃帝)부터가 성은 희(姬), 씨는 헌원(軒轅)이고 족보를 만든 것도 이미 한대(漢代)부터였다. 최근의 왕따량(王大良) 편저 '성씨탐원(姓氏探源)' 등을 보면 송대(宋代)엔 438개, 명대(明代)엔 3천625개였으나 현재는 3~4만 개로 추정되지만 확인된 성씨는 4천100개 정도다.

한국이 성씨를 사용한 것은 고려 초로 알려져 있으나 이미 3국시대부터 고구려엔 高씨라는 성이 있었고 신라에는 昔 朴 金과 함께 李 崔 孫 鄭 裵 薛씨가, 백제엔 沙 燕 解 眞 國 木 苗씨 등이 있었다. 하지만 왕족과 귀족들만이 성씨를 가질 수 있었고 고려 태조 왕건(王建)이 신숭겸(申崇謙) 배극렴(裵克廉) 등 개국공신들에게 성씨를 하사했다는 기록으로 보아 고려 때부터는 성씨가 보편화했던 것으로 보인다. 그 후 근세 조선시대의 '동국여지승람(東國輿地勝覽)'엔 277개의 성씨, '증보문헌비고(增補文獻備考)'에는 486개로 나와 있지만 전 국민이 성씨를 가진 것은 1900년대 근대적인 호적법이 등장하면서부터였고 의무적으로 갖게 됐던 것이다.

최근 조사 결과 우리나라 성씨는 275개지만 혼혈 다문화 가족이 부쩍 늘어나면서 대폭 증가하는 추세다.

일본 역시 근대화의 시발점인 1868년 메이지(明治)유신 이전까지는 왕족과 귀족, 사무라이 정도만이 성씨를 갖고 있었고 약 95%의 서민, 즉 민쇼(民庶)는 성씨를 가지고 있지 않았다. 그러다가 메이지 3년인 1870년 '평민들도 성씨를 가져도 무방하다'는 내용의 이른바 '다이죠칸후코쿠(太政官布告)'에 의해, 그리고 메이지 8년(1875년) '평민도 반드시 성을 불러야 한다'는 포고령에 의해 당시의 일본 인구 3천만이 일제히 성씨를 만들어 갖게 됐던 것이다.

최근의 통계 자료에 의한 일본인의 성씨는 무려 10만1천733종이나 되고 검색 가능한 성씨만도 5만6천912개나 된다.

그런데 이러한 한·중·일 3국의 성씨도 각각 다르다.

한국과 중국인 성씨의 경우 李 王 張 劉 陳 楊 趙 周 吳 徐 孫 宋 高 林 郭 馬 등 일부 두 나라 성씨가 같은 것도 있지만 기타 대부분의 성씨는 다르고 한국과 일본, 중국과 일본의 경우도 마찬가지로 전혀 다르다. 예컨대 우리나라에 가장 많은 성씨인 '金씨'부터가 중국엔 없다. 중국엔 '김'자가 아닌 '쇠 금(金)'자만이 있을 뿐이다. '金'의 발음도 엉뚱 같은 '진'이고 일본인의 '金'자 발음은 또 달라 '긴'이다. 그러므로 한국의 金씨가 중국에 가면 '진(陳?)'씨로, 일본에 가면 '긴(緊?)'씨가 돼버리는 것이다. 그나마 '金'이라는 한자 자체가 없이 한글 표기만의 '김'씨 명함을 중국인이나 일본인에게 건넨다면 그들은 '金'이라는 글자의 성씨를 전혀 상상할 수도 없게 되는 것이다.

'陳'씨도 중국에 가면 발음상 '천(千?)'씨로, 일본에 가면 '친(親?)'씨가 되고 '吳'씨도 중국에선 '우(禹?)'씨로, 일본에선 '고'로 발음해 '고(高?)'씨로 둔갑해버리는 것이다. 평생 성을 가는(바꾸는) 짓을 절대로 하지 않는 한국인의 성을 그들이 마구 바꿔주는 것이다. 그나마 또 한자 '陳'과 '吳'를 밝히지 않고 '진' '오'라고만 한글 표기하면 중국인과 일본인은 전혀 어떤 성씨인지조차 알 수 없게 되는 것이다.

먼저 중국인의 성씨를 살펴보면 어이가 없어 딱 벌어진 입이 다물어지지 않을 정도다.

날 생(生), 싸움 전(戰), 죽일 살(殺), 주검 시(尸), 귀신 신(神), 사람 인(人), 쓰러질 언(偃), 불 화(火), 탈 염(炎), 탈 초(焦), 복입을 상(喪), 욕보일 욕(辱), 벙어리 아(啞), 무당 무(巫), 오랑캐 이, 호, 적(夷, 胡, 狄), 허수아비 우(偶)도 있고 어미 모(母), 아들 자(子), 새끼 자(仔), 할아비 조(祖), 아재비 숙(叔), 손자 손(孫)씨도 있다. 甲 乙 丙 丁, 一 四 九 百 萬 兆도 있고 머리(首), 얼굴(顔), 눈(目 眼), 눈썹(眉), 혀(舌), 어금니(牙), 허리(腰), 주먹(拳), 손바닥(掌), 턱(頤)에다가 소(牛), 호랑이(虎), 범(彪), 곰(熊), 여우(狐), 원숭이(禺), 까치(鵲), 참새(雀), 뱀(巳 蛇), 개미(蟻) 성씨까지 있는가 하면 유(有)와 무(無), 동(東)과 서(西), 노(老)와 소(少), 주(主)와 객(客), 온(溫)과 냉(冷), 매(賣)와 매(買), 곡(曲)과 직(直), 의식주(衣 食 住), 강산해수(江 山 海 水)도 있고 사내(男), 아이(童), 약할 약(弱), 약물 약(藥), 고기 육(肉), 술

주(酒), 먹을 식(食), 나 오(吾), 너 여(汝), 씨 씨(氏)까지 있다.

일본인의 성씨도 괴이하고 망측하긴 중국인 성씨와 마찬가지다. 그들은 보통 두 자로 된 성씨를 가졌지만 한 글자 성씨도 있고 세 자, 네 자, 다섯 자로 된 성씨도 있다.

一 二 三 또는 一二三八 九 十 八百 百百 萬 千萬 億등 숫자 성씨를 비롯해 正月, 八月十五日 十二月一日 등 달과 날짜 성씨, 二千六百年 등 햇수 성씨도 있고 日 月 日日 日月 曜日 天空 星도 있다. 입(口) 코(鼻) 귀(耳) 허리(腰) 등 신체 부위, 물(水) 기름(油) 탄(炭) 총알(彈) 따위는 그래도 봐줄 수 있다. 귀신 중에도 큰 귀신(大神)도 있고 진짜 귀신(眞神), 세 귀신(三鬼), 아홉 귀신(九鬼), 우는 귀신(鳴神), 귀신 대가리(鬼頭), 귀신 꼬리(神尾), 귀신 집(神戶), 귀신 채찍(神鞭)이 있는가 하면 무덤치고도 귀신무덤(鬼塚), 큰 무덤(大塚), 작은 무덤(小塚), 가운데 무덤(中塚), 평평한 무덤(平塚), 개 무덤(犬塚), 손 무덤(手塚)도 있고 마누라에도 내 마누라(我妻), 새 마누라(新妻), 큰 마누라(大妻), 긴 마누라(長妻)에다 소실(小室), 늙은이(翁)도 있다. 개(犬), 쥐(鼠), 돼지아가리(猪口), 돼지 허벅지(猪股), 새우(海老), 들소(野牛), 불타는 돌(燒石), 지금(只今), 청주(淸酒), 홍수(洪水), 출구(出口), 이층(二階), 일본(日本) 등 이루 열거하기조차 어렵다.

그러면 중국인과 일본인의 성씨가 점잖고 고상한 한국인의 성씨와는 비교도 안될 만큼 얼마나 다르고 얼마나 별나고 희한하고도 상상도 못할 만큼 고약한 것들이 있는지 우리 식 발음의 가나다순으로 나열해 보면 다음과 같다.

〈중국인의 성씨〉

△可(옳을 가)→커 △加(더할 가)→지아 △家(집 가)→지아 △甲(첫째천간 갑)→지아 △江(물 이름 강)→쟝 △强(강할 강)→치앙

△刚(굳셀 강)→깡 △降(내릴 강)→쟝 △开(開 : 열 개)→카이 △改(고칠 개)→가이 △介(낄 개)→지에 △盖(덮을 개)→가이 △客(손님 객)→커 △坑(구덩이 갱)→컹 △居(살 거)→쥐 △渠(도랑 거)→취 △乾(하늘 건)→치엔 △怯(겁낼겁)→치에 △见(볼 견)→지엔 △牵(끌 견)→치엔 △缺(이지러질 결)→취에

△计(셀 계)→지 △古(예 고)→구 △固(굳을 고)→꾸 △库(곳집 고)→쿠 △曲(굽을 곡)→취 △公(공변될 공)→꿍 △过(지나칠 과)→꿔 △戈(창 과)→꺼 △官(벼슬 관)→꽌 △贯(꿸 관)→꽌 △冠(갓 쓸 관)→꽌 △关(關 : 빗장 관)→꽌 △光(빛 광)→꽝 △广(廣 : 넓을 광)→꽝 △宏(클 굉)→훙 △巧(공교할 교)→챠오 △桥(다리 교)→챠오 △侨(우거할 교)→챠오

△九(아홉 구)→지우 △求(구할 구)→치우 △句(구 구)→꺼우 △歐(구라파 구)→오우 △鉤(갈고리 구)→꺼우 △菊(국화 국)→쥐

△国(나라 국)→궈 △裙(치마 군)→췬 △屈(굽을 굴)→취 △宫(대궐 궁)→꿍 △弓(활 궁)→꿍 △拳(주먹 권)→취엔 △阙(대궐문 궐)→취에 △贵(귀할 귀)→꾸이 △归(歸 : 돌아

갈 귀)→꾸이
△剧(심할 극)→쥐 △棘(가시나무 극)→지 △勤(부지런할 근)→친
△及(미칠 급)→지△祈(빌 기)→치 △旗(기 기)→치

△男(사내 남)→난 △纳(들일 납)→나 △内(안 내)→네이
△年(해 년)→니엔 △念(생각할 념)→니엔 △宁(寧 : 편안할 녕)→닝 △农(농사 농)→눙 △能(재능 능)→넝

△多(많을 다)→뚜어 △丹(붉을 단)→딴 △檀(박달나무 단)→탄
△谈(이야기 담)→탄 △党(무리 당)→당 △大(큰 대)→따
△代(대신할 대)→따이 △刀(칼 도)→따오 △度(법도 도)→뚜
△到(이를 도)→따오 △涂(塗 : 진흙 도)→투 △陶(질그릇 도)→타오
△顿(조아릴 돈)→뚠 △同(같을 동)→퉁 △东(동녘 동)→뚱
△童(아이 동)→퉁 △冬(겨울 동)→뚱 △豆(콩 두)→떠우

△乐(즐거울 락)→러 △郎(사내 랑)→랑 △浪(물결 랑)→랑
△冷(찰 랭)→렁 △良(어질 량)→리앙 △丽(麗 : 고울 려)→리
△历(歷 : 지낼 력)→리 △力(힘 력)→리 △列(줄지을 렬)→리에
△烈(매울 렬)→리에 △礼(예 례)→리 △老(늙을 로)→라오
△路(길 로)→루 △录(錄 : 적을 록)→루 △牢(감옥 뢰)→라오
△雷(천둥 뢰)→레이 △楼(다락 루)→러우 △伦(인륜 륜)→룬

△轮(바퀴륜)→룬 △勒(굴레 륵)→러 △里(마을 리)→리
△理(이치 리)→리 △离(떠날 리)→리 △履(신 리)→뤼
△利(날카로울 리)→리 △吝(아낄 린)→린

△萬(일만 만)→완 △晩(해질 만, 늦을 만)→완 △滿(찰 만)→만
△望(바라볼 망)→왕 △买(살 매)→마이 △卖(팔 매)→마이
△枚(낱 매)→메이 △梅(매화나무 매)→메이 △猛(사나울 맹)→멍
△绵(솜 면)→미엔 △母(어미 모)→무 △茅(띠 모)→마오
△冒(무릅쓸 모)→마오 △木(나무 목)→무 △目(눈 목)→무
△沐(머리감을 목)→무 △梦(꿈 몽)→멍 △武(굳셀 무)→우
△无, 無(없을 무)→우 △巫(무당 무)→우 △务(힘쓸 무)→우
△毋(없을 무)→우 △门(문 문)→먼 △问(물을 문)→원
△闻(들을 문)→원 △微(작을 미)→웨이 △眉(눈썹 미)→메이
△密(빽빽할 밀)→미

△薄(얇을 박)→뽀 △盘(소반 반)→판 △芳(꽃다울 방)→팡
△拜(절 배)→빠이 △百(일백 백)→바이 △伯(맏 백)→보
△法(법 법)→파 △別(다를 별)→삐에 △丙(셋째천간 병)→빙
△步(걸음 보)→뿌 △甫(씨 보)→푸 △伏(엎드릴 복)→푸
△封(봉할 봉)→펑 △逢(만날 봉)→펑△凤(새 봉)→펑
△俸(녹 봉)→펑 △富(부자 부)→푸 △傅(스승 부)→푸
△奔(달릴 분)→뻔 △费(쓸 비)→페이 △肥(살찔 비)→페이
△秘(숨길 비)→미

△四(넉 사)→쓰 △巳(뱀 사)→쓰 △蛇(뱀 사)→서
△士(선비 사)→스 △思(생각 사)→쓰△舍(집 사)→서
△社(단체 사)→서 △师(스승 사)→스 △司(맡을 사)→쓰
△射(쏠 사)→서△捨(버릴 사)→서 △奢(사치할 사)→서
△乍(잠깐 사)→자 △沙(모래 사)→사 △山(메 산)→산
△伞(우산 산)→산 △算(셀 산)→쏸 △散(헤칠 산)→산
△杀(殺 : 죽일 살)→사 △萨(보살 살)→싸 △森(나무 빽빽할 삼)→썬
△相(서로 상, 볼 상)→시앙 △商(장사 상)→상 △丧(복 입을 상)→쌍
△双(쌍 쌍)→쐉 △色(빛 색)→써 △生(날 생)→성
△西(서녘 서)→시 △书(書 : 글 서)→수 △绪(실마리 서)→쉬
△席(자리 석)→시 △先(먼저 선)→시엔 △善(착할 선)→산
△仙(신선 선)→시엔 △舌(혀 설)→서 △雪(눈 설)→쉬에
△设(베풀 설)→서 △泄(샐 설)→시에 △闪(번뜩일 섬)→산
△聂(소곤거릴 섭)→니에 △少(젊을 소)→샤오 △所(바 소)→쑤어
△诉(아뢸 소)→쑤 △束(묶을 속)→수 △孙(손자 손)→쑨
△松(소나무 송)→쑹 △水(물 수)→수이 △首(머리 수)→서우
△守(지킬 수)→서우△寿(목숨 수)→서우 △树(나무 수)→수
△帅(장수 수)→솨이 △穗(이삭 수)→쑤이 △叔(아재비 숙)→수
△宿(묵을 숙, 잘 숙)→쑤 △肃(엄숙할 숙)→쑤 △述(말할 술)→수

△瑟(큰 거문고 슬)→써 △习(배울 습)→시 △乘(탈 승)→청
△胜(이길 승)→성 △时(때 시)→스 △是(옳을 시)→스
△视(볼 시)→스 △市(저자 시)→스 △施(베풀 시)→스
△始(처음 시)→스 △尸(주검 시)→스 △侍(모실 시)→스
△柴(땔나무 시)→차이 △食(먹을 식)→스 △识(알 식)→스
△息(숨 식)→시 △身(몸 신)→선 △新(새 신)→신
△神(귀신 신)→선 △伸(펼 신)→선 △薪(땔나무 신)→신
△室(집 실)→스 △审(살필 심)→선 △氏(씨 씨)→스

△牙(어금니 아)→야 △雅(바를 아)→야 △哑(벙어리 아)→야
△衙(관청 아)→야 △娥(예쁠 아)→어 △蛾(나방 아)→어
△乐(樂 : 풍류 악)→위에 △颜(얼굴 안)→이엔 △眼(눈 안)
→이엔
△雁(기러기 안)→이엔 △谒(뵐 알)→이에 △轧(삐걱거릴 알)
→야
△仰(우러러볼 앙)→양 △爱(사랑 애)→아이 △崖(낭떠러지 애)
→야
△艾(쑥 애)→아이 △液(즙 액)→이에 △也(어조사 야)→이에
△夜(밤 야)→이에 △惹(이끌 야)→러 △弱(약할 약)→루어
△约(약속 약)→위에 △若(같을 약)→루어 △药(藥 : 약물 약)
→야오
△样(모양 양)→양 △壤(고운 흙 양)→랑 △让(사양할 양)
→랑
△渔(고기 잡을 어)→위 △语(말할 어)→위 △言(말씀 언)
→이엔

△偃(쓰러질 언)→이엔 △如(같을 여)→루 △予(나 여)→위
△汝(너 여)→루 △与(더블 여)→위 △舆(수레 여)→위
△亦(또한 역)→이 △译(번역할 역)→이 △然(그러할 연)→란
△烟(연기 연)→이엔 △软(부드러울 연)→루엔 △热(열 열)
→러
△厌(厭 : 싫어할 염)→이엔 △炎(탈 염)→이엔 △盐(소금 염)
→이엔
△荣(번영할 영)→룽 △泳(헤엄칠 영)→융 △艺(藝 : 재주 예)
→이
△裔(후예 예)→이 △吾(나 오)→우 △乌(까마귀 오)→우
△伍(다섯 사람 오)→우 △温(따뜻할 온)→원 △愠(성낼 온)
→원
△瓮(항아리 옹)→웡 △讹(잘못될 와)→어 △曰(가로되 왈)
→위에
△腰(허리 요)→야오 △谣(노래할 요)→야오 △浴(미역 감을
욕)→위
△辱(욕보일 욕)→루 △用(쓸 용)→융 △容(얼굴 용)→룽
△牛(소 우)→니우 △右(오른편 우)→여우 △友(벗 우)→여우
△羽(깃 우)→위 △雨(비 우)→위 △于(어조사 우)→위
△尤(더욱 우)→여우 △忧(憂 : 근심할 우)→여우
△偶(허수아비 우)→오우 △禺(긴꼬리원숭이 우)→위
△邮(郵 : 역말 우)→여우 △优(優 : 뛰어날 우)→여우
△云(雲 : 구름 운)→윈 △运(運 : 돌 운)→윈 △熊(곰 웅)→
시웅

△圆(둥글 원)→위엔 △月(달 월)→위에 △位(자리 위)→웨이 △危(위태할 위)→웨이 △有(있을 유)→여우 △由(말미암을 유)→여우

△油(기름 유)→여우 △柔(부드러울 유)→러우 △孺(젖먹이 유)→루

△幼(어릴 유)→여우 △幽(그윽할 유)→여우 △肉(고기 육)→러우

△育(기를 육)→위 △润(윤택할 윤)→룬 △融(녹을 융)→룽 △戎(병장기 융)→룽 △隐(숨을 은)→인 △乙(둘째천간 을)→이

△音(소리 음)→인 △荫(그늘 음)→인 △邑(고을 읍)→이 △衣(옷 의)→이 △义(義：옳을 의)→이 △意(뜻 의)→이 △医(의원 의)→이 △蚁(蟻(개미 의)→이 △易(쉬울 이)→이 △夷(오랑캐 이)→이 △颐(턱 이)→이 △翼(날개 익)→이 △人(사람 인)→런 △仁(어질 인)→런△因(인할 인)→인 △忍(참을 인)→런 △引(당길 인)→인 △一(한 일)→이 △日(날 일)→르

△子(아들 자)→쯔 △仔(새끼 자)→쯔 △慈(사랑할 자)→츠 △刺(찌를 자)→츠 △紫(자줏빛 자)→쯔 △雀(참새 작)→취에 △鹊(까치 작)→취에 △作(지을 작)→쭈어 △潜(자맥질할 잠)→치엔

△暂(잠깐 잠)→짠 △长(길 장)→창 △将(장차 장)→장 △掌(손바닥 장)→장 △庄(莊：별장 장)→좡 △在(있을 재)→짜이

△再(두 번 재)→짜이 △才(재주 재)→차이 △哉(어조사 재)→짜이

△狄(오랑캐 적)→띠 △前(앞 전)→치엔 △战(싸움 전)→잔

△典(법 전)→띠엔 △专(專 : 오로지 전)→좐 △节(마디 절)→지에

△切(벨 절)→치에 △折(꺾을 절)→저 △占(점칠 점)→잔

△接(사귈 접)→지에 △丁(넷째천간 정)→띵 △正(바를 정)→정

△政(정사 정)→정 △情(뜻 정)→칭 △静(고요할 정)→징

△祭(제사지낼 제가 아닌 성씨 제)→'지'가 아닌 '자이'

△题(표제 제)→티 △祖(할아버지 조)→주 △朝(아침 조)→차오

△兆(1조 조)→자오 △糟(지게미 조)→짜오 △枣(대추 조)→짜오

△灶(부엌 조)→짜오 △尊(높을 존)→쭌 △种(種 : 씨 종)→중

△终(끝 종)→중 △左(왼편 좌)→쭈어 △佐(도울 좌)→쭈어

△主(주인 주)→주 △住(머무를 주)→주 △酒(술 주)→지우

△仲(버금 중)→중 △只(다만 지)→즈 △迟(遲 : 더딜 지)→츠

△直(곧을 직)→즈 △真(참 진)→전 △集(모을 집)→지

△执(執 : 잡을 집)→즈

△且(또 차)→치에 △次(버금 차)→츠 △赞(도울 찬)→짠

△察(살필 찰)→차 △唱(부를 창)→창 △仓(倉 : 곳집 창)→창

△苍(蒼;푸를 창)→창 △策(대쪽 책)→처 △戚(겨레 척)→치

△泉(샘 천)→취엔 △铁(쇠 철)→티에 △捷(빠를 첩)→지에
△青(푸를 청)→칭 △清(맑을 청)→칭 △初(처음 초)→추
△抄(베낄 초)→차오 △焦(탈 초)→쟈오 △最(가장 최)→쭈이
△祝(빌 축)→주 △春(봄 춘)→춘 △充(찰 충)→충
△醉(취할 취)→쭈이 △趣(뜻 취)→취 △治(다스릴 치)→즈
△漆(옻칠 칠)→치 △称(일컬을 칭)→청

△濯(빨 탁)→주어 △脱(벗을 탈)→투어 △塔(탑 탑)→따
△汤(끓인 물 탕)→탕 △土(흙 토)→투 △通(통할 통)→퉁

△波(물결 파)→뽀 △贝(조개 패)→뻬이 △编(맬 편)→삐엔
△平(바를 평)→핑 △闭(닫을 폐)→삐 △包(쌀 포)→빠오
△布(베 포)→뿌 △暴(사나울 포)→빠오 △捕(잡을 포)→부
△彪(범 표)→빠오 △品(물건 품)→핀 △风(바람 풍)→펑
△丰(豐 : 풍년들 풍)→펑 △笔(筆 : 붓 필)→비

△海(바다 해)→하이 △解(풀 해)→시에 △行(걸을 행)→싱
△向(향할 향)→시앙 △香(향기 향)→시앙 △穴(구멍 혈)→쉬에
△荆(가시나무 형)→징 △虎(호랑이 호)→후 △狐(여우 호)→후
△胡(오랑캐 호)→후 △红(붉을 홍)→훙 △火(불 화)→후어
△花(꽃 화)→화 △患(근심 환)→환 △还(돌아올 환)→환
△环(고리 환)→환 △滑(미끄러질 활)→화 △皇(임금 황)→황
△回(돌 회)→후이 △怀(품을 회)→화이 △横(가로 횡)→헝

△孝(효도 효)→샤오 △後(뒤 후)→허우 △厚(두터울 후)→허우

△暈(현기증 날 훈)→윈 △黑(검을 흑)→헤이 △兴(일 흥)→싱

△姬(아씨 희)→지

〈중국인에겐 '복성(複姓)' 또한 많다.
복성을 '中行(중항)'이라고도 한다.〉

△公孙(공손)→꿍쑨 △公羊(공양)→꿍양 △公子(공자)→꿍쯔 △公族(공족)→꿍쭈 △欧阳(구양)→오우양 △闻人(문인)→원런

△谢丘(사구)→시에치우 △司马(사마)→쓰마 △师宜(사의)→스이

△相里(상리)→시앙리 △鲜阳(선양)→시엔양 △鲜于(선우)→시엔위

△少正(소정)→샤오정 △乐正(악정)→위에정 △鱼孙(어손)→위쑨

△余丘(여구)→여우치우 △五鹿(오록)→우루 △右宰(우재)→여우자이

△越勒(월륵)→위에러 △尉迟(위지)→위츠 △由吾(유오)→여우우

△乙弗(을불)→이푸 △子服(자복)→쯔푸 △子叔(자숙)→쯔수

△子车(자차) → 쯔처 △臧孙(장손) → 짱쑨 △宰父(재부) → 짜이푸
△诸葛(제갈) → 주거 △左丘(좌구) → 쭈어치우 △周生(주생) → 저우성
△周阳(주양) → 저우양 △仲孙(중손) → 중쑨 △仲长(중장) → 중창
△铁伐(철벌) → 티에파 △铁弗(철불) → 티에푸 △漆雕(칠조) → 치땨오
△下门(하문) → 시아먼 △夏侯(하후) → 시아허우 △皇甫(황보) → 황푸

세 글자, 복복성(复复姓)도 있다.
△越质诘(월질힐) → 위에즈지에

〈일본인의 성씨〉

△歌橋(가교) → 우타하시 △可児(가아) → 가지 △가옹(家翁) → 가오
△歌川(가천) → 우타가와△角倉(각창) → 스미노쿠라
△甘露寺(감로사) → 간로지 △江尻(강고) → 에지리 △江馬(강마) → 에마
△江原(강원) → 에바라△巨勢人(거세인) → 코세노히토
△劍持(검지) → 켄모치 △犬(견) → 이누 △犬養(견양) → 이누카이

△犬塚(견총) → 이누즈카△古今亭(고금정) → 코콘테이
△古井(고정) → 후루이 △古筆(고필) → 코히쓰 △瓜生(과생) → 우류
△觀世(관세) → 칸제 △轟武(굉무) → 토도로키 △九鬼(구귀) → 쿠키
△久生(구생) → 히사오 △國頭(국두) → 쿠니가미 △鬼島(귀도) → 키지마
△鬼頭(귀두) → 키도

△낙(樂) → 라쿠 △難波(난파) → 난바 △男谷(남곡) → 오타니
△蠟山(납산) → 로야마 △納屋(납옥) → 나야 △浪花(낭화) → 나니와
△奈良(내량) → 나라 △內海(내해) → 우쓰미 △冷泉(냉천) → 레이제이
△寧(녕) → 네이 △能見(능견) → 노미

△多多良(다다량) → 다타라 △茶屋(다옥) → 차야 △丹羽(단우) → 니와
△丹波(단파) → 탄바 △沓掛(답괘) → 쿠쓰카케 △唐犬(당견) → 토켄
△帶刀(대도) → 타테와키 △大鵬(대붕) → 타이호 △大矢(대시) → 오야
△大神(대신) → 오가 △大熊(대웅) → 오쿠마 △大人(대인) → 오히토
△大田(대전) → 오타 △大鳥(대조) → 오토리 △大中(대중) →

오나카

△大妻(대처) → 오쓰마 △大塚(대총) → 오쓰카 △大砲(대포) → 오즈쓰

△銅脈(동맥) → 도먀쿠 △頭山(두산) → 토야마

△馬場(마장) → 바바 △万多(만다) → 만다 △万里小路(만리소로) → 마데노코지

△卍山(만산) → 만잔 △望月(망월) → 모치즈키 △名古屋(명고옥) → 나고야

△木食(목식) → 모쿠지키 △夢見(몽견) → 유메미 △武(무) → 다케

△武者小路(무자소로) → 무샤노코지 △尾高(미고) → 오다카

△尾上(미상) → 오노에 △尾形(미형) → 오가타

△伴(반) → 반 △飯降(반강) → 이부리 △飯田(반전) → 이이다

△飯塚(반총) → 이이즈카 △白根(백근) → 시라네 △白尾(백미) → 시라오

△白鳥(백조) → 시라토리 △別府(별부) → 벳푸 △福岡(복강) → 후쿠오카

△伏見(복견) → 후시미 △北風(북풍) → 키타카제 △不破(불파) → 후와

△飛來(비래) → 히라이

△四家(사가) → 요쓰야 △四方(사방) → 시카타 △獅子(사자) → 시시

△山名(산명) → 야마나 △三角(삼각) → 미스미 △三國(삼국) → 미쿠니
△三鬼(삼귀) → 미키 △三遊亭(삼유정) → 산유테이
△澁谷(삽곡) → 시부야 △上甲(상갑) → 죠코 △霜多(상다) → 시모타
△桑木(상목) → 쿠와키 △相生(상생) → 아이오이
△色川(색천) → 이로카와 △鼠(서) → 네즈미 △西園寺(서원사) → 사이온지
△西(서) → 니시 △說教(설교) → 셋쿄 △星(성) → 호시 △小國(소국) → 오구니
△小室(소실) → 고무로 △小栗(소율) → 오구리 △小塚 (소총) → 고즈카
△手塚(수총) → 데즈카 △矢頭(시두) → 야토 △矢尾(시미) → 야오
△市場(시장) → 이치바 △植木(식목) → 우에키 △新見(신견) → 신미
△神尾(신미) → 카미오 △神鞭(신편) → 카미무치 △神戶(신호) → 칸베
△双葉山(쌍엽산) → 후타바야마 △氏家(씨가) → 우지이에

△アメリカ → 아메리카 △我妻(아처) → 와가쓰마
△安國寺(안국사) → 안코쿠지 △安東(안동) → 안도
△愛知(애지) → 아이치 △御粥(어죽) → 고카유
△煙山(연산) → 케무야마 △塩見(염견) → 시오미

△念佛(염불)→넨부쓰 △永樂(영락)→에이라쿠
△五代(오대)→고다이 △翁(옹)→오키나 △臥雲(와운)→가운
△倭王(왜왕)→와오 △曜日(요일)→카가히
△龍膽寺(용담사)→류탄지 △龍泉(용천)→류센
△牛場(우장)→우시바 △愚中(우중)→구츄 △月舟(월주)→겟슈
△月形(월형)→쓰키가타 △柳生(유생)→야규 △六角(육각)→롯카쿠
△栗木(율목)→쿠리키 △栗山(율산)→쿠리야마
△陰山(음산)→카게야마 △衣笠(의립)→키누가사
△二階堂(이계당)→니카이도 △二条(이조)→니죠
△人見(인견)→히토미 △日暮(일모)→히구라시
△日本(일본)→니혼 △一条(일조)→이치죠 △入江(입강)→이리에
△立見(입견)→타쓰미 △立石(입석)→타테이시 △入澤(입택)→이리사와
△立花(입화)→타치바나

△子母澤(자모택)→시모자와 △姉小路(자소로)→아네노코지
△長船(장선)→오사후네 △長(장)→초 △長束(장속)→나쓰카
△猪股(저고)→이노마타 △猪熊(저웅)→이노쿠마
△赤尾(적미)→아카오 △赤松(적송)→아카마쓰
△折口(절구)→오리쿠치 △鳥尾(조미)→도리오
△足利(족리)→아시카가 △足立(족립)→아다치

△宗(종) → 소 △種子島(종자도) → 타네가시마 △酒井(주정) → 사카이
△酒泉(주천) → 사카이즈미 △中(중) → 나카
△中大路(중대로) → 나카오지 △中尾(중미) → 나카오
△中塚(중총) → 나카쓰카 △真弓(진궁) → 마유미

△泉(천) → 이즈미 △千家(천가) → 센케 △千金良(천금량) → 치기라
△千葉(천엽) → 치바 △天竺(천축) → 텐지쿠 △鐵心(철심) → 텟신
△鐵眼(철안) → 테쓰겐 △青山(청산) → 아오야마 △草野(초야) → 쿠사노
△塚田(총전) → 쓰카다 △最上(최상) → 모가미 △秋葉(추엽) → 아키바
△秋月(추월) → 아키즈키 △春山(춘산) → 하루야마 △春日(춘일) → 카스가
△出口(출구) → 데구치 △鷲尾(취미) → 와시오 △親子(친자) → 치카코
△七里(칠리) → 시치리

△彈(탄) → 단 △炭(탄) → 탄 △湯本(탕본) → 유모토
△太刀山(태도산) → 타치야마 △澤(택) → 사와 △土居(토거) → 도이
△土肥(토비) → 도히 △土生(토생) → 하부 △土屋(토옥) → 쓰치야
△土子(토자) → 쓰치코

△巴(파) → 토모에 △八角(팔각) → 야스미 △八橋(팔교) → 야쓰하시
△八代(팔대) → 야시로 △八文字屋(팔문자옥) → 하치몬지야
△八百(팔백) → 핫빠쿠 △八田(팔전) → 핫타 △貝塚(패총) → 카이즈카
△平尾(평미) → 히라오 △平福(평복) → 히라후쿠 △平生(평생) → 히라오
△平塚(평총) → 히라쓰카 △平澤(평택) → 히라사와 △浦(포) → 우라
△風間(풍간) → 카자마

△下山(하산) → 시모야마 △鶴見(학견) → 쓰루미 △鶴澤(학택) → 쓰루자와
△蟹江(해강) → 카니에 △行方(행방) → 나메카타 △香月(향월) → 카게쓰
△香川(향천) → 카가와 △穴山(혈산) → 아나야마 △虎屋(호옥) → 도라야
△鴻(홍) → 오도리 △花柳(화류) → 하나야기 △花山(화산) → 하나야마
△火野(화야) → 히노 △荒尾(황미) → 아라오 △荒船(황선) → 아라후네
△灰谷(회곡) → 하이타니 △灰屋(회옥) → 하이야 △朽木(후목) → 쿠쓰키
△黑木(흑목) → 쿠로키 △喜多(희다) → 키타